박정희의 나라
김대중의 나라
그리고
노무현의 나라

나남
nanam

이 병 완

전남 장성 출생
광주고·고려대 신문방송학과, 한양대 언론정보대학원
KBS 기자, 〈서울경제신문〉 정경부장
〈한국일보〉경제부장·논설위원, 예금보험공사 이사
김대중 대통령 비서실 국정홍보조사비서관·국내언론비서관
새천년민주당 국가전략연구소 부소장·정책위원회 상임부의장
16대 대통령직 인수위원회 기획조정분과위 간사위원
노무현 대통령 비서실 기획조정비서관·
정무기획비서관 겸 정무팀장·홍보수석비서관·
비서실장
노무현 대통령 정무특별보좌관
현재 한양대 언론정보대학원 초빙교수, 동신대학교 객원교수

나남신서 1428
박정희의 나라
김대중의 나라
그리고
노무현의 나라

2009년 9월 24일 발행
2009년 9월 24일 1쇄

저자_ 李炳浣
발행자_ 趙相浩
발행처_ (주) 나남
주소_ 413-756 경기도 파주시 교하읍
      출판도시 518-4
전화_ (031) 955-4600 (代)
FAX_ (031) 955-4555
등록_ 제 1-71호(79.5.12)
홈페이지_ http://www.nanam.net
전자우편_ post@nanam.net

ISBN 978-89-300-8428-4
ISBN 978-89-300-8001-9
책값은 뒤표지에 있습니다.

박정희의 나라
김대중의 나라
그리고
노무현의 나라

이병완 지음

나남
nanam

나남신서 1428

박정희의 나라
김대중의 나라
그리고
노무현의 나라

차 례

2009년 5월 22일 밤, 나는 충북 속리산에 있었다. 참여정부 시절은 물론 16대 대통령 선거 전후부터 노무현의 꿈을 함께했던, 그러나 이름 없는 전국의 40여 명의 친구들이 새롭게 노무현의 꿈을 되새겨 보고, 끊어진 꿈을 다시 이어가자는 취지로 마련한 1박 2일 워크숍에 연사로 초청받았다.

강연 제목은 '노무현의 도전과 새로운 시대정신'.

새 정권의 출범과 함께 시작된 참여정부에 대한 전방위적인 권력의 칼날이 마침내 노무현 대통령의 목젖을 겨누고 있던 그 시점이었지만 그날 밤 모인 친구들의 표정에선 어떤 불안도, 분노도 읽히지 않았다.

그것은 믿음 때문이었다. 인간 노무현에 대한 믿음, 노무현 정신에 대한 믿음, 노무현이 꿈꾸었던 역사발전과 진보에 대한 믿음이었다.

그랬다. 못 다 이룬 '노무현의 꿈'이 왜, 반드시 부활할 것인가를 그날 밤 우리들은 모두 알고 있었다. 노무현 대통령은 이 땅의 평범한 대중과 보통의 지식인들이 꾸어온 오랜 꿈을 함께 꾸고, 5년 내내 그 꿈을 나누어 준 첫 대통령이었다.

그 꿈은 대망의 꿈도, 달콤한 꿈도 아니었다. 누구나 함께 배웠던 상식에 대한 꿈이었고, 누구나 그래야 한다고 생각하는 원칙에 대한 꿈이었다. 정의가 항상 이길 수는 없을지라도 불의가 끝내 이기도록 방관해서는 안 된다는 상식이었다. 약자가 항상 보호받을 수는 없을지라도 강자의 횡포를 용인해서는 안 된다는 원칙이었다. 불의와 배신, 기회주의에 대해 분노하고, 그 분노를 숨기지 않은 첫 대통령이었다.

권력을 가진 자들의 특권과 반칙에 대해 어떤 정치적 불이익을 감수하더라도 양보하지 않은 첫 국가 지도자였다. 또한 대통령 이전에 인간으로서 지켜야 할 양심적인 삶의 방식과 태도를 정치의 가장 중요한 가치로 내세우고 당선된 첫 대통령이었다.

정의와 불의, 옳고 그름, 의리와 배신, 지조와 기회주의 등 장삼이사(張三李四)들이 삶의 기준, 인간성의 척도로 판단해온 원칙과 상식을 국정의 지표로 삼고 실천한 첫 대통령이었다.

노무현 대통령은 꿈을 꾸되 밤에 꾸지 않았다. 훤한 대낮 국정의 현장에서 꿈을 꾸었다. 오늘의 꿈이 아니라 미래를 향한, 후세들을 생각하는 꿈이었다. 대통령이 추진한 정책들의 대부분은 내일의 꿈들이었다.

방사선폐기물처리장 건설, 신행정수도 건설 등 지역균형발전전략, 10·4 남북공동선언, 작전통제권 회수와 국방개혁 2020, 한미 FTA, 동반성장 2030 전략 등 10년 후, 20년 후를 내다보는 국가발전전략을 제안하고, 토론하고, 합의해 갔다.

1948년 정부수립 이후 1년 만에 강제 해체되고 만 '반민특위'(反民特委: 반민족행위특별조사위원회) 이래 60여 년 만에 시작된 '친일반민족행위 진상규명위원회'와 '진실화해를 위한 과거사위원회'의 발족과 활동은, 과거를 청산하기 위함이 아니라 진정한 화해와 통합의 미래를 개척하기 위한 결단이었다.

검찰을 제외한 군, 국정원, 경찰 등의 과거사 정리를 통한 진실 밝히기는 이들 권력기관들의 어두운 과거를 씻어내고 국민의 기관으로 거듭나기 위한 징검다리였다.

반드시 누군가는 해야 할 일들이었지만 정치적 이해타산으로 역대 정권들이 미루고 회피했던 국가적, 역사적 과제들이었다. 그러나 노무현 대통령은 미루거나 보류하지 않았다.

노무현 대통령은 '겸손한 권력', '권력의 도덕성'을 실현하기 위해 부단히 몸부림 친 첫 대통령이었다. 그는 대통령 후보시절부터 대통령의 제왕적 권력해체를 주창했다. 대통령 당선자로서 대통령직 인수위원회의 구성과 함께 '국민이 대통령입니다'라는 슬로건을 내걸었다.

노 대통령은 초과권력의 상징인 '통치'나 '통치권'이란 표현을 없앴다. 그동안 통치권이라는 초법적 이름으로 행해진 대통령의 초과권력을 '법 안의 권력'으로 내려놓기 위해 제일 먼저 한 일은 권력기관의 '오도된 충성'과의 싸움이었다. '검사와의 대화'를 통해 검찰과의 끈을 스스로 끊어 버렸다. 국정원장, 기무사령관, 국세청장 등은 물론 어떤 누구와도 독대(獨對)를 허용치 않았다. 권력 오·남용과 호가호위(狐假虎威)의 근원이 되어온 독대라는 밀실 면담의 정치적 유습을 없앤 첫 대통령이었다.

그 대가는 혹독했다. 집권초기부터 좌우 손발이 잘리고, 수많은 지인들이 구속되는 쓰라림을 감내해야 했다. 그러나 인내의 한계와 인간적 절벽에 부딪쳤을 때, 주저 없이 국민에게 '재신임'을 요구했다. '대통령'보다는 '권력의 도덕성'이 정치에 있어 더 중요함을 주창했다.

노 대통령은 굴곡진 현대사의 그늘에서 배태된 불합리한 기득권과 기득권 세력에 대해 결코 호의적이지 않았지만, 합리적이고 이성적인 절조(節操)를 버리지 않았다. 기득권에 대해 노 대통령은 원칙을 제시하고 분명하게 지켰다.

> 지금까지 누려온 기득권을 부정하지 않겠다. 그러나 앞으로는 공평한 기회와 공정한 룰을 지키는 페어플레이를 하라. 참여정부가 할 일은 이 시각 이후부터 공평하고 공정한 게임을 위해 투명하고 엄격한 규칙을 만들고 지키자는 것이다.

참여정부 하에서 전통적인 우리사회의 기득권층이나 기득권 세력이 인위적인 침해를 당한 사례는 없다. 대표적인 경우가 언론정책이다. 권언(權言) 유착의 강권시대를 지나며 우리 사회의 대표적 기득권 세력이 된 족벌신문과 사실상 전쟁을 치렀지만, 족벌신

12

문이 과연 참여정부 하에서 어떤 피해를 입었는가.

다만 청와대를 비롯한 모든 공공기관이 기자실을 모든 매체에 개방, 일부 매체 중심의 기득권을 없애고 공평한 취재의 기회를 부여했다. 언론중재제도 등 언론의 오보 등에 대해 피해구제제도를 강화했다. 무가지 살포, 자전거-상품권 살포 등의 불공정 행위에 대한 규제를 통해 언론·정보 시장에 공정한 경쟁질서를 만들고자 힘겨운 노력을 했다.

노무현 대통령은 국가의 기간조직인 공직사회에 대한 믿음과 신뢰를 가지고 있었고, 그들의 자긍심을 북돋는 데 힘을 쏟았다. 한편으론 공직사회에 새로운 도덕성과 혁신을 요구했다. 도덕성은 법과 정책을 제안하고 집행하는 공직의 가치와 자부심에 연결된다. 그래서 1급 이상 공무원에 대한 엄격한 검증을 시행했다. 과거 공직사회에서 눈감아 주었던 위장전입, 부동산 투기, 농지법 위반은 물론 음주운전 전력까지도 검증의 대상이 되었고, 정무직들은 그 촘촘한 그물을 통과해야 했다. 수많은 장차관 등 정무직들이 검증에서 탈락했고, 이런 새로운 기준은 사회적 합의로 발전해 갔다.

노 대통령은 공직사회의 혁신을 요구했지만, 개혁을 강요하지 않았다. 혁신은 자발적이고 내적 동력에 의한 변화인 반면, 개혁은 외적 충격과 물리력을 동반한 강제적 변화라는 한계를 잘 알았기 때문이다. 또한 권력기관원의 공공기관 출입을 규제했고, 신문의 가판구독 금지, 공직사회와 언론간의 비공식적 담합이나 거래를 금지시킴으로써 공직사회의 자존심을 바로세우고 공직사회와 언론 간의 비대칭적이고 불공정한 유습을 해소해 나갔다.

가치의 혁명

노무현 대통령은 따지고 보면 재임 5년 내내 '가치의 전쟁'을 벌였다. 그러나 이데올로기적 가치가 아니었다. 교과서에서 가르치고 배워온 '원칙과 상식'이라는 가치였다.

원칙과 상식은 노무현 대통령의 전매특허일 수 없다. 그러나 수십 년 권력자와 정치인, 기득권층 등 이른바 사회 지도층부터 반칙과 변칙, 특권을 관행으로 포장하고 당연시해온 시대상황에서, 교과서적 상식과 원칙을 들고 나와 기존의 체제에 끈질기게 도전하고 실천했다는 차이가 있을 뿐이다.

수십 년 권력의 허위와 강압으로 어느덧 사회적 DNA처럼 화석화된 전도된 가치들을 바로세우기 위해 대통령에 도전했고, 대통령이 되었고, 5년 내내 국정운영의 최우선 과제로 실천한 것이다.

그래서 나는 힘주어 말했다. 대통령 노무현이 밀알이 되어 뿌려놓은 이 새로운 가치의 바이러스들은 이제 국민 대다수, 특히 새로운 세대들 속에 숙주(宿主)가 되어 퍼져 있고, 부활의 때가 익어가고 있다고.

바로 노무현 시대는 새로운 가치를 통해 이 땅에 사는 대중들의 삶의 방식과 태도, 환경을 다시 한 번 바꾸어 놓은 소프트웨어 혁명시기였다.

해방 이후 우리 정치사에서 이 땅에 사는 대중들의 삶의 방식과 태도, 환경을 본질적으로 바꾸어 놓은 지도자는 박정희, 김대중, 그리고 노무현일 수밖에 없다. 박정희 시대는 이 땅의 삶을 물리적으로 바꾸어 놓은 하드웨어 혁명시기였고, 김대중 시대는 하드웨어와 소프트웨어를 반반씩 바꾸어 놓은 혁명시기였다면, 노무현 시대는 소프트웨어 혁명시기였다.

무슨 뜻인가. 왜 그런가. 이 땅에 사는 사람들이 무엇을 위해, 어떻게 살아야 하는가에 대한 총체적 가치의 혁명 또는 변화를 일으킨 지도자가 누구였는가. 그리고 그 목적을 달성한 지도자가 누구였는가.

이승만의 나라

이승만을 이야기할 수 있다. 그러나 이승만 시대를 살았던 이 땅의 대중들이 공유했던 가치, 다시 말해 그 시대를 함께하며 공통으로 추구했거나 추구됐던 삶의 방식과 태도, 환경을 규정한 표현을 우리는 찾지 못한다. 해방, 분단, 전쟁, 그리고 4·19 혁명으로 이어진 이승만 시대를 한마디로 혼란과 혼돈, 그리고 가난이었다고 규정한다면 지나친 것일까.

그 전적인 책임을 이승만과 이승만 정권에 돌리자는 것이 아니다. 그때의 정치, 경제, 사회, 국제적 환경과 상황이 그랬다는 것이다. 그러나 "뭉치면 살고 흩어지면 죽는다"는 협박과 '반일, 반공, 통일'의 구호를 통치수단으로 12년을 군림했음에도 이승만 시대는 분단도, 전쟁도, 혁명도 막지 못했다.

"일제시대가 차라리 나았다"는 서민들의 자조와 울분 속에 "못 살겠다 갈아보자"는 외침에 무너지고 말았다. 역사적 논란에도 불구하고 남한 단독정부 수립과 민주주의, 시장경제를 이식한 헌법체계가 그에 대한 공적으로 평가되고 있다. 하지만 그가 대한민국 헌법정신을 지키거나 지키려 노력했던 흔적은 찾기 힘들다.

차라리 이승만 시대의 가장 큰 업적은, 후일 대한민국의 민주주의와 경제발전의 밑바탕이 된 공교육제도의 완성이며, 이를 통해 그의 재임중 96%에 이른 의무교육 취학률에 있다 할 것이다.

어찌됐든 분명한 것은 이승만 대통령은 2차 세계대전 이후 식민지로부터 해방된 국가에서 민중의 끓어오르는 기쁨과 열정을 수렴하지 못한 채 세계 역사상 첫 학생혁명에 의해 추방된 국가원수였다는 사실이다.

박정희의 나라

박정희 시대는 적어도 30년간 지속되었다. 1961년 5월 16일 이후 1990년 3당(노태우 대통령의 민정당, 김영삼 총재의 민주당, 김종필 총재의 공화당) 합당 시기까지를 포괄적 박정희 시대로 보는 것이다. 5·16은 군사혁명으로 시작돼 1972년 이른바 10월 유신을 거

16

치며 군사쿠데타의 본질로 변질되었다.

4·19혁명이 입헌정치와 자유를 쟁취하기 위한 민주주의 혁명이었다면, 5·16혁명은 부패와 무능과 무질서와 공산주의 책동을 타파하고 국가의 진로를 바로 잡으려는 민족주의적 군사혁명이다. 따라서 5·16혁명을 우리들이 육성하고 개화시켜야 할 민주주의 이념에 볼 때는 불행한 일이요, 안타까운 일이 아닐 수 없으나 위급한 민족적 현실에서 볼 때는 불가피한 일이다.

1961년 5월 16일 다음달 나온 〈사상계〉 권두언(卷頭言)의 일부이다. 당대 지식인들의 필독잡지가 〈사상계〉였다. 1년 전인 1960년 4월호 권두언은 이랬다.

이번 3·15 정부통령(正副統領) 선거전에서 너무도 심한 충격을 받았다. 이름일망정 민주국가인데 그 집권당 횡포가 이처럼 혹독할 수 있으랴. 공명과 영달에만 현혹되어 거의 광적으로 날뛰는 그들은 일당독재의 실(實)을 확연히 노출시켰고 일부 악질 지도층은 악랄한 공산당 수법으로 백성의 수족을 꽁꽁 묶어 버리려 들었다. … 우리는 정권교체를 간절히 바랐다. 누구를 미워해서도 아니고 어떤 당에 정권이 넘어감을 원해서도 아니다.

4·19의 촉발을 가져온 대목으로 평가받고 있다. 그러한 〈사상계〉의 5·16 평가는 그 시대적 이해를 표현했다.

'민족주의적 군사혁명'으로 출발한 박정희 시대는 국가재건을 위한 국가 동원체제를 구축했고, 그 시대 세계적 흐름 속에서 나름대로 '부국강병'(富國强兵)의 국가주의적 지향을 가지고 있었으며, 방식은 '개발독재'였다.

부국강병의 '부국'은 자립경제라는 경제적 민족주의 성향을 통해 대중동원과 강제적 자원배분으로 연결되었다. '강병'은 '반공에서 안보'로 진화되면서 방위산업이라는 중화학공업 육성으로 발전되어 재벌체제의 등장을 가져왔다. 동시에 '민족주의적 군사혁명'은 '10월 유신 쿠데타'로 변질되었다.

박정희 시대를 관통한 '증산, 수출, 건설'이라는 '잘 살아보세'의 구호와 GNP와 성장률이라는 물신적 목표가 전 국민적, 전 국토적 변화를 추동시켰다. '마이홈, 마이카, 1인당 GNP 1천 달러 시대'라는 경제적 목표와 '자주국방'으로 진화된 안보목표가 두 축이 되어 강압과 통제 속에 대중적 삶의 방식과 환경을 깡그리 바꾸어 놓았다. 고교 평준화와 그린벨트 정책도 대표적인 사례들이다.

대중의 생존방식과 미래설계가 엄청난 변화를 강요받을 수밖에 없었다. 이 물리적 변화 속에는 정보정치에 대한 두려움과 권력에 대한 불신이 내장되어 있었다. 경부선(京釜線)을 축으로 한 자원배분의 강제적 선택과 집중은 수도권과 영남권의 집중개발로 이어졌고, 농어촌 쇠락과 수도권 비대화, 호남권 소외와 지역감정 조장 등 정치, 경제, 사회 각 분야에 구조적 문제를 배태시켰다. 보릿고개를 넘었지만, 기층민 계층을 확대시켰고 새로운 기득권 계층을 성장시켰다.

결과적으로 박정희 시대는 이 땅의 삶의 환경과 방식에 우리 역사상 가장 강력한 물리적 변화를 가져왔음에도 불구하고, 물리적 변화에 수반하는 화학적 변화를 수용하고 보완할 틀을 갖추지 못한 채 스스로 무너져 버렸다. 박정희 시대의 정치·사회적 갈등이 성장통(成長痛)을 넘어서 고질적 질환으로 넘어갔다. 뒤이어 등장한 전두환, 노태우 시대는 박정희 시대의 유제(遺制)와 유산이 남긴 역사적 후유증이었다.

박정희 시대, 박정희의 나라 30여 년을 한마디로 요약한다면 '피와 땀의 시대'라는 표현이 적절치 않을까. 민주화 투쟁의 '핏자국'과 산업화 건설의 '땀 냄새'가 뒤엉킨 채 오늘을 비추는 거울이 되어, 피의 치열함과 땀의 고귀함이 때로는 교훈이 되고, 때로는 향수가 되어 오늘의 대한민국을 재단(裁斷)하고 있다고 볼 수 있지 않을까.

김대중의 나라

박정희 시대가 서구 발달과정에서 나타나는 19세기적 부국강병의 가치를 지향했다면, 김대중 시대는 20세기적 국리민복(國利民福)의 가치가 발현된 시기였다.

김대중 시대를 언제부터로 볼 것인가. 1971년 4월, 7대 대통령 선거에 신민당 후보로 출마한 이후 2003년 2월, 15대 대통령 임기 종료 때까지 30여 년을 그의 시대로 봐야 할 것이다. 그렇게 보면 시기상 1970~80년대는 김대중 시대와 박정희 시대가 중첩되어

때론 투쟁하고 경쟁하는 두 축이 되어 우리 사회의 전 영역에 광범위한 영향력을 미쳤다.

왜 김대중 시대인가. 그가 1971년 대통령 후보로 출마한 이후 한국의 정치는 영구집권을 향한 강권 독재와 반독재 민주화투쟁의 실질적 대립구도로 전개되었다. 그 이후 전개된 치열한 반독재 민주화투쟁은 1971년 대선에서 나타난 강력한 민의가 정치적 기반이 되고 추동력이 되었다.

민주화 투쟁기에 있어서 김대중과 김영삼, 그리고 재야(在野)라는 큰 줄기가 있었지만 김영삼 세력은 1990년 3당 합당을 통해 사실상 민주주의의 대의를 저버렸다는 평가를 외면할 수 없다. 민주화 투쟁세력이 민주화를 억누르던 집권세력과 야합(野合)한 셈이다.

이 시기 30여 년을 김대중의 시대로 규정함에 있어 중요한 것은 김대중이 단지 반독재 민주화투쟁의 중심이자 상수(常數)였다는 것만이 아니다. 그는 자유, 인권, 평화, 평등이라는 당대(當代) 인류사회의 보편적 가치를 지향하고 실천해 온 한국의 대표적 상징이었기 때문이다.

또한 김대중은 1971년 대선 때부터 대한민국과 우리 민족의 당위적 명제인 한반도 평화와 통일에 대한 일관된 논리와 주장을 집요하게 펼쳐왔다. 냉전체제의 지속과 안보독재가 펼쳐지고 있는 국내외 상황에서 그의 한반도 문제에 대한 끈질긴 접근은 실로 대단한 통찰과 용기였다. 그의 한반도 정책은 당시로선 금기(禁忌)의 벽에 도전하는 것이었다.

남북간의 적대적 관계를 종식시키고 평화통일을 지향하는 '남북

화해·교류·평화통일론'과 미·소·일·중 한반도 주변 4강에 의한 '한반도 평화보장론'은 사실상 역대정권의 한반도 정책의 근간으로 자리 잡았고, 마침내는 그의 집권 기간 중 6·15 남북공동선언으로 구체화된다.

그가 '대중참여 경제론'으로 제창한 경제정책은 경제문제에 사회적 요소를 결합시킨 새로운 접근이었다. 박정희 시대를 지배하고 있던 관치경제, 개발경제, 재벌경제 체제의 횡포와 모순을 시정하고, 보완·개선하려는 이론적 틀을 갖추고 있었다. 중소기업 육성, 주식의 대중화, 경영 전문체제의 확대, 기업경영에 종업원 또는 노조대표의 참여기회 부여 등 시장경제에 서구 사회주의적 요소를 절충한 내용이었다.

한국정치에서 남북문제 등 한반도 정책과 경제 사회정책에 일관된 이론과 논리를 제시하고 발전시켜 정치에 접목시킨 정치 지도자는 김대중 대통령이 처음이었다. 이와 같은 정치철학과 정책 논리는 유신정권과 전두환·노태우 정권, 심지어는 민주화 투쟁의 동지였던 김영삼 정권하에서까지 '색깔론'이라는 정략적 이념 논쟁의 희생을 감내했지만 우리 사회에 진보적 민주 개혁세력의 견인차(牽引車) 역할을 감당해냈다.

또한 그의 대통령 재임중 고용보험 등 4대 보험의 완성과 기초 생활보장 등 사회안전망의 구축, 전교조·민노총의 합법화, 의약 분업 정책의 실시 등은 극심한 우편향적 사회에 좌·우 균형의 가치를 접목시킨 역사적 조치들이었다.

물론 1971년 이후 대권 4수(修)의 과정에서 빚어진 시대적 실패와 실책, 대통령 재임중 야기된 가신(家臣) 정치의 행태와 친인척 비리 등은 비판의 대상임은 분명하다. 그러나 '행동하는 양심'의 표상으로서 인권, 평화, 통일에 대한 시대적 헌신, 분단사상 첫 남북 정상회담과 6·15 공동선언, IMF 외환위기 극복과 IT산업의 획기적 발전 등 김대중 시대 30년의 큰 산맥에 비추어 보면 한 점의 오점에 불과하다 할 것이다.

노무현의 나라

나는 다시 정리했다. 이 모든 것을 그날 밤 참석한 친구들에게 다 말할 수는 없었으나 결론은 분명했다. 우리 현대 정치사는 박정희의 나라 30년, 김대중의 나라 30년이었고, 노무현의 나라가 이미 시작되었음을 역설했다.

앞으로 펼쳐질 노무현 시대의 코드는 시민주권(市民主權)이고 소비자 주권이며, 바로 촛불정신이라고.

권력자가 분양하고, 베풀어주고, 쥐어주는 주권시대는 갔다. 조용필의 '돌아와요 부산항에'가 부산 광복동에서 불리어 국민가요가 되고, 서유석의 '가는 세월'이 대전에서 울려 전국으로 퍼지고, 김만준의 '모모'가 광주 충장로에서 퍼져 나와 전국을 휘감았듯이, 김혜연의 '뱀이다'가 고속도로 휴게소의 좌판에서 튀어나와 전국을 틀어잡듯이 여기 모인 우리들 각자가 지역과 직장, 삶의 현장에서 시민주권, 소비자 주권의 작사·작곡가가 되어 노래를 불러 가야 할 때라고 ⋯.

　오랜만에 벗들을 만난 반가움에, 서로 뜻이 통하는 기쁨에 열띤 대화와 토론이 소주잔에 넘쳤다. 속리산의 밤은 벌써 바로 그날, 5월 23일의 새벽 2시를 가리키고 있었다. 잠자리에 들었다.

　가슴이 답답해 눈을 뜨니 새벽 4시 45분이었다.

　다시 잠을 이룰 수 없었다. 바로 짐을 챙겨 서울로 차를 몰았다. 집에 도착하니 막 7시가 지났다.

　휴대폰이 울렸다. 봉하마을이었다.

　그날 '당신'을 붙잡고 나오며 나는 속으로 울부짖었다. '어젯밤 내가 무슨 말을 했단 말인가. 당신을 향한 추모사를 하고 만 나는 이 무슨 운명인가.'

　7월 10일, 스스로 역사 속으로 뛰어든 대통령 노무현과 내가 함께했던 인간 노무현을 봉화산 자락에 묻었다. 그를 보내던 그날, 글을 쓰고 있다는 내게 남겼던 마지막 말이 떠올랐다.

　"역사도 인생도 운명입니다."

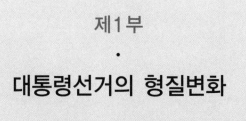

제1부

·

대통령선거의 형질변화

승리의 주역은 국민인가

2007년 12월, 17대 대통령선거에서 진정한 승리의 주역은 누구일까. 이명박 대통령인가. 한나라당인가. 유권자인 국민인가.

이 대통령이 승리의 당사자임은 틀림없다. 그러나 미국 대선에서의 오바마 열풍이나 16대 대선에서의 노풍(盧風)과 같은 새로운 희망과 열기의 주인공이 된 적이 없다. 하물며 역대 대선 중 가장 많은 표차로 승리했으면서도 유권자 대비 30.5%라는 역대 최저의 득표율로 당선된 대통령이다.

당내의 치열했던 경선을 관리하고 이명박 후보를 선출하여 대통령에 당선되도록 지원한 한나라당이 대선 승리에 공헌한 것은 분명하다. 하지만 승리에 결정적으로 기여한 바를 찾기 힘들다. 오히려 10년 만의 집권이라는 말이 무색하게도 대선 승리 후 정권 구성에서도 한나라당은 이명박 캠프에 비해 철저히 소외되었다.

그렇다면 국민들이 승리의 주역인가? 이번 선거에서의 투표율은 역대 대선 사상 최저인 63.0%였다. 유권자 100명 중 이명박 후보를 선택한 30명을 제외한 70명은 투표장에 나오지 않거나 다른 후보를 선택했다. 이것을 보고도 승리의 주역을 국민으로 말하는 것은 승자들이 구사하기 좋아하는 하나의 정치적 레토릭에 불과하지 않을까.

17대 대선의 진정한 승리의 주역은 '양갑'(兩甲)이었다. 〈월간 조선〉 발행인 출신 조갑제 씨와 예비역 대령연합회 회장 서정갑 씨를 말한다. 무슨 말인가.

두 사람, 바로 '양갑'이야말로 세계가 대명천지의 지식정보화, 글로벌시대로 본격 진입하는 21세기의 선두그룹 대한민국에, 20세기의 망령인 이념 전쟁을 일으켜 성공시킨 장본인들이기 때문이다. 이들이 21세기 대한민국에 우파와 좌파, 보수와 진보라는 유령의 바이러스를 뿌려 이념 전쟁의 굿판을 만들어 내 대선을 끌고 갔기 때문이다.

이 굿판에서 조갑제 씨는 축문을 만들어 읽었고, 서정갑 씨는 헌 칼을 휘두르는 춤사위꾼 역할을 맡았다.

〈월간조선〉이라는 매체를 통해 조갑제 씨가 끈질기게 주장하고 생산해 낸 한국판 보수주의의 이론은 이명박 정권의 이념적 근간이자 세력기반인 이른바 '뉴라이트'를 만들어냈다. 이승만 대통령을 '건국의 아버지'로 부활시키고, 박정희 대통령을 '대한민국 건설의 화신'으로 재생시킨 역정의 과실이 21세기판 대한민국 보수주의라는 유령을 만들어 냈다.

조갑제판 박정희 평전인 《내 무덤에 침을 뱉어라》를 비롯한 한국 현대사에 대한 '양갑'의 시각과 집념은 사실 놀랍고도 뜨거운 열정이었다.

그 둘을 이렇게 이끈 힘은 1997년 대선의 참담한(?) 결과가 아니었던가 싶다. '국민의 정부' 출범과 함께 시작된 남북 화해협력 정책, 다시 말해 햇볕정책의 가시화와 남북 정상회담과 6·15 남북공동선언은 그들에게 새로운 각성의 계기가 되었을 것이라는 추론이다.

'양갑'의 운동이 촉발된 과정이 어떠했고, 계기가 무엇이었든지 간에 '양갑'은 예전까지 수구·기득권 세력들의 저급한 색깔논쟁, 빨갱이논쟁에 머물던 이념갈등을 보수와 진보, 우파와 좌파로 업그레이드시키고, 양쪽으로 정렬시켜 냈다. 정치화, 사회화시킨 것이다.

그들의 전략적 구상의 핵심은 조선말기 이후 식민지 시절과 해방, 6·25와 남북분단의 시간과 공간 속에서 중심을 차지해온 친일, 반공, 쿠데타 세력을 근간으로 한 대한민국의 수구·기득권 세력을 근대화·산업화 세력으로 다듬어 내고, 마침내는 '보수'와 '우파'라는 당의정을 입히고, 화려한 의관을 갖추는 데 성공했다는 점이다.

1980년대 들어서며 휘몰아친 민주화 열풍 속에서 좌표를 잃고 30여 년간 누리던 정치·사회적 중심부에서 주변부로 밀려 나가던 전통적 수구·기득권 세력들에게 새 시대에 맞는 이름표와 복장을 입히고, 그들의 피땀 어린 청춘(?)에 대한 훈장을 달아준 것이다.

젖비린내 나는 386세대들에 의해 '수구꼴통'이라는 수모 속에 외곽으로 몰려있던 그들에게 근대화, 산업화, 안보, 반공, 한미혈맹이라는 잃어버린 정체성을 다시 찾아주고, 세련되고 새로운 이름인 '보수'와 '우파'라는 정장을 입혀준 것이다.

그러나 '양갑'의 천재성은 여기서 머물지 않았다. 386세대와 시민사회, 그들의 선배인 1970년대 민주화 세력들은 물론이고 항일 독립투쟁 세대마저도 뭉뚱그려 '좌파'(左派) 라는 한마디로 한데 묶어버린 것이다.

대한민국에서 '좌파'가 갖는 역사적 뉘앙스와 이미지는 무엇인가. 남로당, 공산당, 빨갱이, 사회주의, 무정부주의, 북한, 과격주의 등 수십 년간 한국사회를 통제하던 경기적(驚氣的) 의미를 담고 있다. 서구사회의 좌파가 갖는 평화, 인권, 변화, 개혁, 참여, 연대, 평등, 분배, 복지 등 진보적 가치가 끼어들 틈이 없었다.

굳이 '진보' 대신에 '좌파'라 명명하는 이유가 바로 거기에 있다. 민주화세력과 시민사회 등 변화와 개혁세력에게 '좌파'라는 사슬을 채워 버린 것이다.

조갑제가 한국판 보수·우파의 이론적, 역사적 토대를 발굴·계발해 냈다면, 서정갑은 태극기와 성조기, 그리고 군복을 동원하여 거리와 광장 투쟁을 일으킨 이른바 '아스팔트 우익'인 셈이다. 성우회, 재향군인회, 자유총연맹 등 전통적 군부·우익단체는 물론이고 일부 대형 기독교 교단들을 조직하고 동원하는 선전·선동 활동의 주역을 맡아 냈다. 3·1절, 6·25, 8·15는 물론 심지어 개천절까지도 태극기와 성조기, 군복의 군무(群舞)를 연출해 냈다.

'양갑'은 해냈다. '태극기', '성조기', '군복' 그리고 때로는 '십자가'와 '헌법'을 통해 그들의 세력몰이를 안보와 헌법의 수호자로 변신시켰다. 386세대에 대항하는 456세대(1940년대 생, 1950년대 학번, 60세 이상) 의 혁명을 성공시켰다. 그리고 그들의 혁명은 철저했다. 민주화·개혁 세력들이 10여 년간 교만한 내홍(內訌) 속에 있을 때 지속적이고 치밀한 학습과 선전, 실천의 전술을 실행했다.

보수우파를 자처하면서 전략과 전술, 운동방식은 중국의 문화혁명을 빼닮은 '공산당식'이었다. 그리고 그 요체는 자본주의, 시장경제는 구매력에 의해 움직인다는 기본적 원리였다.

한 가지 예를 들자면, 구매력의 원천인 가장(家長)의 경제권을 통해 20~30대 가족들의 투표를 관리하자는 전략이었다. 456세대와 투표성향이 다른 자녀들에겐 용돈을 줘서 기권하고 놀러가게 한다거나, 용돈으로 투표성향을 구매해 내자는 전술이 단순한 에피소드 이상의 행동으로 옮겨졌다는 무용담(?)이 곳곳에서 사실로 확인되었다.

미국의 세계경제 전략본부인 국제통화기금(IMF)의 경제운용지침을 120% 소화해낸 국민의 정부와, 한미동맹을 군사적 동맹에서 경제적 동맹체제로까지 격상시켰다는 평가를 받은 한미 FTA 협정의 당사자인 참여정부를, 한미동맹 파괴와 친북의 좌파정부로 묶어내는 데 성공한 '양갑'의 전략과 전술이야말로 2007년 대선을 가름하는 진정한 승부수(勝負手)였다.

그럼에도 '양갑'이 2007년 대선 승리에 만족하지 않고 여전히 불만 속에 재야에 머물며 100년 대계의 꿈을 삭이지 않고 있다는 점에서 그들이야말로 진정한 승부사들일 수밖에 없다. 세계관, 인생관, 가치관을 떠나 그들을 경외롭게 볼 수밖에 없는 이유이다.

그렇다면 그들의 꿈과 희망은 계속 이어질 것인가. 결론은 그들의 꿈은 다시 재현되기 힘들 것이라는 점이다.

대한민국의 물리적 변화의 시대

한국은 2002년 대선을 계기로 그 이전 물리적 변화에서 화학적 변화의 시대로 급속히 전화하고 있기 때문이다. 2007년 대선의 결과도 따지고 보면 2002년 대선에서 가시화된 화학적 변화의 한 맥락속에 자리하고 있다.

물리적 변화는 힘과 운동변화를 수반하고, 화학적 변화는 속성의 형질전환이 작용한다. 2002년 대선 이전이 물리적 변화시대였고, 2002년 이후로 화학적 변화의 시대로 전화되었다고 보는 이유는 무엇인가.

우리 헌정사는 1948년 8월 15일 대한민국 정부수립 이후 이명박 대통령까지 10명의 대통령(이승만, 윤보선, 박정희, 최규하, 전두환, 노태우, 김영삼, 김대중, 노무현, 이명박)을 배출했다. 4·19 혁명 이후 윤보선 대통령과 10·26 이후 최규하 대통령을 빼면 실질적 대통령은 8명이다.

이승만 시대

초대 대통령 이승만은 간선 대통령에서 직선까지 3선의 대통령직을 수행하다 결국 4·19 혁명에 의해 무너졌다. 4·19 혁명은 한마디로 관권(官權)에 대한 시민의 저항이었다. 이승만 시대를 성립시키고, 유지시킨 힘은 관권이었다.

이승만은 반민특위(反民特委: 반민족행위특별조사위원회)의 강제 해산을 시작으로 일제하 경찰들과 관리 등 공조직을 중심으로 한 관권세력을 권력의 중추세력화하면서 시종 관권정치를 해왔다. 4·19 혁명의 도화선이 된 3·15 부정선거는 관권정치의 극치를 보여준 사건이었다.

집권당인 자유당이 사실상 행정조직의 하부와 일체화되면서 행정조직에 의해 총체적 부정선거가 행해졌다. 사실 해방과 분단, 그리고 6·25를 거치는 건국 초기의 연속되는 위기적 국면에서, 검·경과 일반 행정조직을 포함한 관권세력 외에 일관된 조직과 체계를 갖출 세력은 존재하기 어려웠던 게 현실이다.

여기에 조선조 양녕대군 16대손이라는 왕손의식이 충만해 있던 이승만 대통령에게 있어 국민은 '신민'(臣民)일 수밖에 없었고, 군과 검·경을 포함한 관료조직은 신하(臣下)적 개념 이상도 이하도 아니었을 것이라는 분석이 가능하다.

선출된 '왕'이었던 대통령 이승만의 집권세력은 관권세력일 수밖에 없었고, 관료조직으로 발전해간 한국의 관권세력은 이후 수십 년 동안 한국의 집권권력의 형성과 유지에 중요한 세력으로 작용한다.

박정희 시대

4·19 혁명정부를 무너뜨린 5·16 쿠데타 이후 박정희 대통령 집권시대는 말할 것도 없이 군부가 핵심세력이었다. 정권의 힘의 원천이 군부에서 비롯되었고, 권력은 국민이 아니라 총구와 폭력에서 나온다는 군부집권 시대가 개막되었다.

군부세력은 6·25를 통해 고도의 교육과 훈련, 조직과 규율로 무장하고, 대규모 엘리트 충원으로 한국 최초의 체계화된 물리적 기반을 갖추게 된다. 이들의 정치권 진입은 30여 년 한국 정치권력의 핵심으로서 권력의 풍향을 좌우하는 상수로 작용한다.

특히 군 정보조직과 원리를 원용해 창설한 중앙정보부는 행정부는 물론 입법부와 사법부까지 간섭과 공작, 감시와 처벌의 대상으로 확대함으로써 억압적 정보통치 시대를 열어갔다. 박정희 시대 절대권력 운용의 주체가 된 중앙정보부는 결국 1969년 3선 개헌, 1972년 유신개헌의 작전 사령부로서 사실상 정치권력의 핵심이 되었다.

이승만 시대의 핵심권력이었던 관권세력은 박정희 시대의 동원경제 체제하에서 기술권력(테크노크라트)으로 성장하면서 차관(借款) 경제 시대의 관권경제를 기획하고 통제함으로써 재벌형성의 산업화시대를 견인해 갔다. 언론 역시 채찍과 당근에 의해 권력순치 시대를 피할 수 없었고, 1974년 말에 일어난 〈동아일보〉 백지광고(白紙廣告) 사태를 계기로 기업형 권언유착(權言癒着)

시대가 시작되었다.

또한 불균형성장 전략을 통한 경제개발과 산업화는 공업화 등 2차 산업 중심의 영남과 농·어업 등 1차 산업 중심의 호남 간에 경제적 불평등을 낳았고, 이에 따른 대립감정을 조장하여 이후에 벌어지는 지역주의 정치의 악순환 시대를 배태했다.

박정희 대통령 집권 18년은 군부세력을 원천으로 한 정보통치와 지역주의적 분할통치, 기술 관료세력의 정립과 관권경제를 통한 재벌기업 형성, 언론유착과 통제 등 총체적인 물리적 강압시대였다.

18년에 걸친 물리적 통제체제가 지속되는 동안 저항세력에게는 배척과 억압이 가해졌고, 반면에 참여·순응세력에겐 정치·경제적 혜택과 급속한 물적 성장의 토대가 제공되었음은 물론이다. 따라서 오늘날 자칭 '보수' 또는 '우파' 세력으로 변신한 제반 세력의 절대 다수는 박정희 정권 18년을 거치면서 물적 토대를 기반으로 정치·경제·사회적 기득권을 형성하고 성장했던 세력이라고 할 수밖에 없다.

물론 여기에는 일제시대 행정 관료세력으로서 이승만 시대의 관권세력에 합류한 뒤, 박정희 시대에 본격 성장하여 관료조직의 상층부를 이룬 세력들도 한 부류를 이루고 있다.

여하튼 박정희 정권 18년은 한국사회 전반에 급속하고도 대규모의 물적·질적 변화를 초래했음에도 불구하고 정치권력 운용은 고도화된 군부 및 정보통치에 의존했다는 점에서 물리적 변화에 따른 화학적 변화는 상실한 채 정치적 퇴보를 가져왔다.

이승만 시대가 학생세력이 주도한 민간봉기로 무너진 반면 박정희 시대는 군부출신 정보정치 조직의 수장에 의한 총격으로 종말을 맞았다는 점에서 박정희 시대 권력의 퇴영적 속성을 적나라하게 드러내고 있다.

우리는 이승만 집권 11년과 박정희 집권 18년을 흔히 독재시대로 부른다. 그러나 양자 간에는 엄청난 차이가 있다.

이승만 시대는 관권에 의한 권위주의 시대이지만 관권의 중심은 경찰력이었고, 독재체제라는 용어보다는 '개인적 통치시대' 또는 '가부장적 통치시대'로 분류된다. 이승만 시대 국가권력의 핵심 집행세력이 경찰이었다는 점은 이승만 정권의 몰락을 가져온 직접적 계기가 1960년 3월 15일, 4월 18일∼19일의 학생시위에 경찰이 무력을 동원해 250여 명의 사망자를 냈다는 사실에서 살펴볼 수 있다. 경찰이 정치적 추종과 선택에 직접 나선 것이다.

그 이전부터 경찰은 이미 6·25 전후를 통해 미약했던 군을 대신해 '좌익 색출'과 '빨치산 토벌' 작전, 해상(海上)에서의 '이승만 라인' 곧 평화선(平和線) 보위에 투입되어 '반공·반일'의 선동정치를 통치의 주무기로 활용해온 이승만식 정치의 전위(前衛)에 있었다.

이승만 대통령의 미국인 자문관 로버트 올리버가 이승만에게 일본 등 근린국가에 대한 비난을 자제해 줄 것을 충고하자 "다 알고 있소. 하지만 나는 평생을 선동가로 살아왔으니 그렇게 할 수밖에 없다"는 말에서 보듯, 이승만의 개인적 통치 핵심은 경찰을 주력으로 한 관권정치와 반일·반공이라는 선동정치였다는 견해가 많다.

반면에 박정희 집권시대는, 1969년 3선 개헌 이후 유신개헌으로 이어지면서 군부 및 정보시스템에 의존한 강압적 통치시대라는 분석이 정확한 해석일 것이다. 5·16 쿠데타 당시 군(軍)은 6·25 이전 8만 명에서 60만 명 이상으로 급성장해 있었고, 현역 장교만 6천여 명에 달했다.

또한 군은 6·25를 거치면서 친일 잔재가 희석되는 동시에 한국 사회에서 가장 큰 엘리트세력의 집단 배출구가 되었다. 이는 전쟁과 그 이후 미국에 의해 집중적이고 체계적으로 훈련과 교육이 이뤄졌기 때문이다.

이처럼 거대 파워집단을 배경으로 탄생한 박정희 정권은 국가 권력의 효율성을 군대식 목표 중심으로 극대화하기 위해 정치와 행정, 입법을 일원화하는 일사불란한 동원체제를 구축했다.

5·16 초기 '국가재건최고회의'는 행정과 입법권의 통합체제였고, 유신 이후에도 국회에 지명직 국회의원 조직인 '유정회'를 만듦으로써 사실상 5·16 초기의 국가재건최고회의와 동일한 통합기능을 작동시켰다. 권력의 집중과 집행의 일원화다.

특히 1972년 유신개헌 이전에 이미 장관의 절반이 군 장성 출신이었고, 해외 파견대사의 5분의 2, 국영기업체장의 3분의 2, 국회의원의 5분의 1이 전직 군인이었음은 물론, 6천여 명의 장교 그룹 중 15% 이상이 시장, 군수, 경찰서장 등을 비롯한 중앙부처의 국·과장급의 중견급 관료로 진출해 있었다.

박정희 정권은 이같이 군(軍)을 바탕으로 한 군대식 국정 집행체제를 통해 강력한 행정 일원체제를 가동했고, 이를 토대로 경부고속도로 등 SOC 건설과 방위산업의 다른 이름인 중화학공업 등 경제의 산업화라는 대한민국의 물리적 변화를 극대화시켰다.

당연하게 이 과정에서 국민의 기본권과 민주주의는 질식되었고, 이는 민주화세력의 결집과 저항을 낳았다. 또한 집권세력의 전략적 또는 자의적 자원분배에 따른 영·호남 간 차별성은 정치적 지역주의로 나타나고 민주화세력의 추동력과 연계되면서 후일 망국적 지역주의의 악순환(惡循環)의 단초를 제공했다.

박정희 시대에 대한 평가는 조갑제와 진중권만큼이나 아직도 극단이다. 그러나 분명한 것은 강압적 군권의 힘을 바탕으로 일관된 동원체제를 통해 대한민국의 정치권력 구조와 경제적 물적 토대가 새롭게 형성된 물리적 변화시대였다는 점이다.

그런 점에서 미국의 경제학자 폴 크루그먼이 미국사의 분류과정에서 제시한 'The Gilded Age'(도금된 시대)라는 정의는 한국 현대사의 박정희 시대를 명명하는 데 차용(借用)이 가능한 표현이라는 생각이다.

*The Gilded Age*는 미국의 소설가 마크 트웨인과 찰스 워너가 쓴 합작소설의 이름으로, 겉은 반짝이고 번드르르 하나 속은 불만과 모순으로 가득 찬 20세기 초의 미국의 시대상을 일컫는다. 남북전쟁이 끝나고 20세기에 들어서기까지 미국은 무서운 속도로 경제적 팽창을 성취하며 1918년 1차 세계대전이 끝났을 때는 세계의 산업왕국으로 변모한다.

그러나 철도, 광산, 유전 등이 개발되는 과정에서 수많은 노동자들이 희생되고, 노동자들에 대한 정부와 기업들의 가혹한 탄압이 자행된 비민주적 행태와 정치적 부패 속에서 모건, 굴드, 록펠러, 카네기, 밴더빌트 등 산업재벌들이 탄생하고, 세계적 산업왕국 미국이 탄생한다. 한마디로 'The Gilded Age'란 미국의 역사에서 천박한 정경유착(政經癒着) 시대라 할 것이다.

미국에서 '도금된 시대'가 있었다면 한국에서의 '도금된 시대'는 조세희의 '난쏘공(난장이가 쏘아올린 작은 공) 시대'라 해도 좋을 것이다. 다만 미국의 '도금된 시대'는 1929년 대공황으로 막을 내린 반면, 한국의 '난쏘공 시대'는 1979년 부마항쟁과 10·26으로 비극적 종말을 고했다.

박정희 시대를 이어 등장한 전두환 시대는 정권적 차원에서 보면 박정희 시대의 말기적, 아류적이면서도 권력쟁취의 역사적, 시대적 의미를 부여하기도 민망하다. 탄생과정이 몰(沒) 시대적이고 비도덕적이며 반인륜적이었기 때문이다. 군부 내 도당(徒黨)적 사조직(私組織)이 동원된 반란을 통해 집권했다는 점에서도 그러려니와 광주민주항쟁에 대한 유혈진압으로 인해 정권이 갖춰야 할 기본적인 정통성과 도덕성을 상실했다.

집권과정이 이승만 시대가 관권 통치시대, 박정희 시대가 군권 정보 통치시대라면, 전두환 시대는 폭압 통치시대로서 정권의 변화가 퇴행적인 물리적 변화에 머물렀다고 보는 게 마땅할 것이다.

그런 점에서 엄격히 말한다면, 박정희 정권은 1979년 10월 26일 밤에 마감되었지만, 박정희 시대는 실질적으로 1987년 6월 29일 막을 내렸다고 봐야 할 것이다.

기득권 세력과 지역주의 정치세력

6월 시민항쟁에 의해 시작된 1987년 체제는 한마디로 절차적 민주주의 체제의 시작인 셈이다. 6월 항쟁의 가장 뚜렷한 요구와 목표가 5공 헌법에 대한 전두환 정권의 호헌 의지(4·13 호헌선언)에 대한 개헌요구였고, 결국 대통령선거를 체육관 선거에서 국민의 직접 선거로 바꾸라는 것이었다. 다시 말하면 박정희 시대 이래 계속된 정권의 물리적 변화, 즉 군부세력에 의한 정권지속을 끝내라는 요구인 셈이다.

전두환 정권이 6월 항쟁의 요구인 직선제를 받아들인 것은 전두환 정권의 딜레마 때문이었다는 것이 정설이다. 집권과정의 폭력과 살상으로 이미 정통성과 도덕성을 상실한 정권이 정권의 역사성이나마 기대하며 추진했던 88 서울올림픽이 1년 앞으로 다가온 탓에 88 올림픽의 진행을 위해서는 결국 6·29 선언을 발표할 수밖에 없었기 때문이다.

6·29 선언은 결과적으로 전두환 정권에게 분명한 정치사적 의의를 부여하게 된다. 한국 정치사에서 처음으로 평화롭게 권력교체가 이루어졌고, 그것도 민주적 절차에 의해 조속히 실행되었다는 점이다.

전두환 정권에서 가장 큰 피해자의 한 사람인 김대중 전 대통령

도 그의 자서전 《역사와 함께, 시대와 함께》(일본 NHK 편)에서
이렇게 말했다.

> 나는 전두환 대통령 시절의 정치는 평가할 가치가 없는 암흑기였다고
> 생각한다. 강권정치에도 세상이 조용했던 것은 세계적 3저(유가, 금
> 리, 환율) 현상의 호기를 맞았기 때문이다. … 전두환 정권에서 단 하
> 나 평가할 만한 점은 평화롭게 정권교체가 이루어진 점이다. … 민주
> 정치의 원칙에 근거해서 평화적 정권교체를 이룩한 의의는 결코 작은
> 것이 아니다.

1987년 6월 항쟁과 6·29 선언, 그리고 12월 16일의 13대 대통
령선거는 지난 40여 년 지속된 한국 정권사의 물리적 변화를 끝내
고 화학적 변화를 기대하기에 충분한 환경이 부상한 것은 사실이
었다. 하지만 군부정권의 종식과 민간정부의 탄생이라는 극적인
화학적 변화로의 희망은 결국 꿈으로 그치고 말았다.

정권을 지배하던 물리력이 사라지자 기득권과 지역주의라는 새
로운 물리적 기반이 등장한 것이다. 박정희, 전두환 시대를 거치
며 형성된 정치적, 경제적 토대를 근간으로 한 기득권 세력과 지
역주의 정치세력이 상호 구심력과 원심력으로 작용하면서 이른바
'1노 3김'(노태우·김영삼·김대중·김종필)의 대결을 가져왔다.
결과는 30여 년 군부정권하에서 형성된 광범위한 정치, 경제, 사
회적 기득권의 구심력에 TK(대구·경북)라는 지역주의가 가세하
며 노태우 정권의 탄생을 가져온 것이다.

1987년 13대 대통령선거가 결과한 1노 3김의 대결구도는 한국

정치에서의 기득권 세력과 지역주의가 새롭고 뚜렷한 상수와 변수로 등장하는 계기가 되었고, 최근의 정치적 구도까지 지배하게 된다. 그런 점에서 13대 대선의 대결구도는 향후 한국 정치사를 좌우하는 물리적 구도의 추동력으로 작용했다.

한국에서의 기득권 세력에 대한 정의는 그렇게 복잡하지 않다. 일제 식민지 지배 이래 한국사회에서 누려온 주류적이고 지배적인 위상과 정치·경제·사회적 혜택과 향수를 지키려는 계층이라고 말할 수 있다.

문제는 이와 같은 기득권층의 형성과정이 이승만의 관권 통치, 박정희와 전두환 시대에 이르는 군권, 폭압 통치시대와 궤를 같이하며 특히 18년이라는 박정희 시대의 급속하고 장기간에 걸친 물적 기반의 팽창기에 광범위하게 형성되었다는 점이다.

앞서 기술했듯이 6·25 이후 60만 명이 넘는 대규모 군(軍)을 운용하면서 5·16과 함께 군부세력이 사회전반에 침투하였다. 군에서 대량 배출된 장교들은 행정·입법부 등 공직사회는 물론 중요 공공기업, 일정규모 이상의 민간기업에까지 대거 유입되었다. 200만 명 수준의 예비군 상비체제 속에 예비역 장교들이 매년 대량 유입되었고, 민간기업에도 예비군 관리업무와 비상 안전관리 요원으로 예비역 장교들이 간부급 지위를 차지하였다.

행정부 내에서도 경제 개발시대의 기술관료 집단이 집중 형성되었고, 군부와 함께 권력유지 강화의 한 축을 담당했던 검찰, 경찰은 물론 사법부까지도 집권체제 세력 안에 편입되었다. 언론 역시 기업적 확장과정에서 집권권력과의 유착과정에 혼입되었다.

경제계도 집권 권력의 절대적인 자원배분과 보호, 보증 아래 대부분의 재벌들이 이 시기에 지도, 육성되었음은 물론이다. 대기업들의 중심 운영체인 전경련(전국경제인연합회)이 차관자금의 배분 등 국가의 자원배분의 통제적 운용을 위해 동원되었고, 청와대의 '중화학기획단'이라는 특별기구를 통해 방위산업을 위시한 민간기업의 중화학 업종이 지정되고, 육성되었음은 주지의 사실이다. 교육계 역시 급속한 산업화에 대응하는 인적 자원의 조달, 유통을 위해 사학(私學)들이 집중 지원·육성되고, 확장되는 시기였다.

지역적으로는 울산, 포항, 구미, 창원 중심의 집중적인 공업화와 함께 고속도로 등 SOC 건설의 지역편중으로 지역적 기득권마저 낳게 된다. 특히 이른바 TK를 중심으로 한 영남지역에 대한 자원의 집중배분은 단지 물적 자원뿐만 아니라 각종 권력기구 등 공조직과 대기업 조직의 인적 자원 배분에도 심각하고 지속적인 불균형을 초래했다.

집권세력과의 지연, 혈연, 학연 등 연고 중심적 인적 배분은 박정희 시대에 이어 전두환, 노태우 시대까지 계속되면서 한국사회의 인적 자원 운용에서도 기득권이 형성되었다.

이와 같은 과정이 사실상 30여 년간 지속되면서 한국사회의 기득계층은 한 세대를 넘어 세대이월(世代移越)의 양상으로 확대된다. 물론 이러한 기득계층의 형성은 박정희 시대가 추구한 목표지향적인 개발독재, 동원체제의 불가피한 유산일 수도 있다.

한정된 자원을 집중과 선택을 통해 배분하겠다는 전략적 선택의 후유증이기도 하지만 국가 자원배분을 정권유지를 위한 기제로도 활용함으로써 사회전반을 수혜와 배제라는 심각한 불균형 상태로 만들었다. 따라서 오늘날까지 지속되는 한국사회의 기득계층의 대다수는 박정희 시대 18년 동안 국가 자원과 권력의 배분과정에 노출된 선택적 대상들이 될 수밖에 없다.

정치적 지역주의 역시 물적 자원배분의 불균형이 가장 큰 요인이지만 권력의 정치적 배분과정에서 불균형과 배척에 대한 불만 역시 정치적 지역주의로 발전했다고 볼 수 있다. 1979년 김영삼 신민당 총재의 국회제명 사태와 10월의 부마항쟁, 1980년 김대중 신민당 고문의 체포와 5월의 광주민주항쟁은 민주주의에 대한 시민적 요구의 폭발이었지만 정치적 지역주의가 민주항쟁을 불러온 요인의 하나로도 볼 수 있다.

오늘날 우리사회에서 자칭 보수 또는 통칭 보수세력으로 불리는 핵심집단, 예컨대 전경련, 재향군인회, 사학연합회, 조중동 등 언론매체, 한나라당 등의 면면을 보면 결국 박정희, 전두환 시대를 거치면서 형성된 권력에 의한 물적·인적 자원의 배분과정에서의 수혜대상, 즉 기득계층임은 새삼스럽지 않다.

박정희, 전두환 시대를 통해 형성된 기득계층이 오늘날 '보수'의 새 이름표로 분장한 과정을 보면 새삼 권태준 서울대 명예교수가 그의 저서 《한국의 세기 뛰어넘기》에서 박정희 시대를 기술하면서 인용한 랄프 다렌도프의 말은 적절하다는 생각이다.

산업자본가도 노동자도 계층으로 태어나거나 전통적 동질성이 없다. 이렇게 새로 만들어진 계급 또는 계층이 그 집단적 동질성을 만들려

44

면 각자 새삼 스스로의 전통을 만들어 내고 의식화하는 데 상당한 시간이 걸릴 터이다. 그렇게 되기까지는 그들 모두 신흥부자이거나 새로운 빈자일 수밖에 없다.

다시 1987년의 13대 대선으로 돌아가면 1노 3김의 대결은 결국 기득권 세력의 승리로 귀착됐다. 물론 김영삼, 김대중 후보 간 단일화 실패가 핵심요인이었다는 것이 정설이다. 정설은 정설일 뿐 확증은 없다. 다만 분명한 것은 지난 30여 년 동안 억압적이고 비민주적 상황에서 형성되고 성장한 기득권층 세력이 절차적 민주화를 통해 제도적 권력 창출에 성공했다는 사실이다.

또한 양김의 후보단일화 실패로 민주화 세력이 지역적 정치세력으로 분열, 퇴보한 채 새로운 기득권을 가진 지역 정치세력으로 변모했다는 점이다.

이후에 전개되는 14대, 15대 대선의 양상과 전개과정은 결국 기득권 세력간의 합종연횡(合從連衡)이라는 물리적 대결의 양상으로 전개되고, 민주주의의 성숙한 속성 변화, 즉 한국사회의 화학적 변화라는 질적 성장을 수용하지 못하고 만다. 박정희 시대가 남겨 놓은 유산에서 벗어나지 못했다는 것이다.

가장 극적인 사건은 1990년 3당 합당(민정당, 민주당, 공화당)과 민자당 창당이다. 3당 합당과 민자당 창당과정의 다양하고 깊숙한 내막과 비사는 논외로 하더라도, 3당 합당은 결과적으로 기득권 확대와 지속을 위한 기득권 세력의 연합이 되었다는 점이다.

3당 합당의 기획과 전략적 이니셔티브가 박정희 시대의 서자격인 노태우 정권에 의해 제기되었고, 부산·경남 민주화 세력의 영수인 김영삼 총재의 민주당과 5·16 세력과 충청권 정치의 영수인 김종필 총재의 공화당이 합류했다.

노태우 정권으로선 당시 여소야대의 국정상황을 타개하고 차기 정권을 담보하는 게 주목적이었을 것이다. 합당의 옵션이었던 의원내각제 개헌 밀약(密約)은 깨지고 15대 대선에서 김영삼 대통령 시대를 열었지만 박정희, 전두환, 노태우 시대로 이어지며 약화되던 한국의 기득권 세력에게 공고하고 지속적인 생존 토대를 제공했다.

물론 김영삼 정권을 거치면서 추진된 다양한 개혁정책들, 예컨대 군부 내 사조직인 하나회 척결, 금융실명제 실행, '역사 바로세우기'를 통한 5·17 쿠데타(전두환, 노태우 대통령)에 대한 역사적·사법적 단죄, 지자제 실시, TV토론을 도입한 공직선거법 개정 등을 통해 우리사회의 민주주의가 제고되었다.

반면에 5·16과 5·17을 통해 형성된 기득권 세력들은 민주화 세력과의 통합을 통해 사실상 권력적 정통성을 얻게 되었고, '집단적 동질성'을 형성하는 계기를 맞게 되었다. 바로 보수와 우익으로의 변형을 꾀하게 된 것이다.

그러나 이보다 중요한 사실은 3당 합당과 김영삼 정권을 통해 5·16, 5·17 세력과 주변 기득권층이 김영삼 대통령을 중심으로 한 민주화 또는 개혁세력의 한 축과 함께 '우파·보수'라는 아이덴티티를 취한 반면, 김대중 대통령을 중심으로 한 민주화·개혁세력을 '좌파'로 몰아세움으로써 구시대적이고 냉전적인 이념대결의 단초를 제공했다는 것이다. 우리사회에 정치적 지역주의에다 냉전적인 이념 대결과 분열의 씨를 뿌린 것이다.

민자당을 거쳐 신한국당으로 변모한 김영삼 정권에서 이재오, 김문수 등 민중당 계열의 극좌적 성향의 정치신인들을 대거 영입한 사례에 비춰보면 김영삼계 민주화 세력의 그와 같은 변질은 참으로 통탄할 일이었다.

김영삼 정권 시대는 우리 헌정사에서 한국사회가 실질적 민주주의로 진입하는 '민주화 정권 1기'였음은 분명하다. 박정희 정권의 친위세력으로 양성되어 5·17 쿠데타의 주역이 되었던 군부 내 사조직인 하나회를 제거함으로써 군을 국민의 군대로 재정립시켰고, 금융실명제와 지자제 실시는 민주주의의 핵심인 경제적 민주화와 정치적 투명성을 추동시키는 요인이었다.

특히 김영삼 정권기에 이루어진 지자제 실시와 TV토론을 의무화한 공직선거법의 개정 등은 우리 정치에서 오랜 병폐의 근원이었던 관권 행정선거와 대중 동원정치 시대를 마감시키는 출발점이 되었다.

그럼에도 불구하고 대북정책에서의 극단적인 대처, 졸속으로 추진된 세계화와 금융개방정책으로 인한 IMF 외환위기의 초래는 민주화 정권 1기의 성과를 반감시키고 국정운영 능력의 한계를 노출하고 말았다.

1997년 치러진 15대 대통령 선거는 궁극적으로 5년 전 치러진 14대 대통령 선거의 유산이었다. 1992년 대선의 공학적 구도였던 3당 합당의 역(逆) 구도가 이뤄졌기 때문이다. 이른바 DJT(김대중

-김종필-박태준) 연합이다.

1990년 3당(노태우-김영삼-김종필) 합당은 박정희 시대의 군부 유산을 이어받은 노태우 정권에 의해 부산·경남 중심의 김영삼 민주화 세력을 수혈하고, 충청권 김종필 세력으로 대표되는 5·16 산업화 세력과의 병합이었다.

3당 합당은 이를 주도한 노태우 정권의 실질적 의도가 어떠했든 지 간에 호남 중심의 김대중 민주화 세력을 고립시키고, 나아가 김대중 민주화 세력을 좌파 또는 급진세력으로 색깔을 덧씌우려 는 전략으로 읽힐 수 있다.

3당 합당과정에서 내각제 개헌 밀약이 있었다는 사실은 한국에 서 일본식 자민당 정권을 꾀한 장기집권 전략이었음도 쉽게 간파 할 수 있다. 그러나 화학적 성분이 다른 합당이 결국 화학적 융합 을 이뤄내지 못하고 깨진 채 김영삼 세력의 집권전략으로 전화되 었음은 주지의 사실이다.

이에 반해 DJT 연합은 합당이 아닌 정파연정(政派聯政)을 통한 공동 집권전략이다. 박정희 시대 이래로 뿌리 깊게 형성된 기득권 세력으로부터 좌파 내지 급진세력으로 구축당해 온 김대중 중심 의 호남 민주화 세력이 5·16을 대표하는 김종필의 충청권과 함께 산업화 세력의 상징적 인물인 박태준(전 포항제철 회장) 씨를 한데 묶음으로써 다시 한 번 세력결합에 의한 대선승리를 쟁취한 셈이 다. 3당 합당에 호응한 김영삼 세력의 구도에 대한 역발상(逆發想)인 셈이다.

15대 대선의 승패요인은 여러 갈래에서 분석해 볼 수 있다. 김대중 후보로선 DJT 연합이 가장 큰 승인(勝因)이었다면 당시 여권의 분열(김영삼 대통령과 이회창 후보의 갈등과 대립, 이인제 의원의 탈당과 독자출마)은 이회창 후보의 결정적 패인(敗因)이었다. 결국 3당 합당으로 탄생한 민자당이 물리적 결합에 그쳤을 뿐 화학적 융합을 할 수 없었다는 점을 보여준 것이다.

그래서일까. 김대중 정권은 말 그대로 합당이 아닌 연합정권이었다. 외교, 국방, 통일, 법무, 국정원 등의 업무는 김대중계가, 재경, 건설, 금감위 등 경제업무는 철저히 김종필, 박태준계가 분할했다. IMF 외환위기 극복과정의 1기 내각 주역인 이규성 재경장관, 이헌재 금감위원장은 김종필계의 추천이었다.

김대중 대통령의 40여 년 정치역정의 주제는 크게 두 가지로 볼 수 있다. 하나는 그의 저서 《대중경제론》에서 볼 수 있듯이 경제적 불균형의 극복을 위한 경제정책의 새로운 패러다임의 추구로 재벌중심 경제의 개혁, 지역 불균형성장 정책의 개편을 그 주조로 하고 있다.

또 하나는 일관되게 주창해온 한반도 평화정책으로 미·러·일·중 등 한반도 주변 4강에 의한 한반도 평화 및 안전보장과 남북간의 화해협력, 평화공존, 평화교류, 평화통일을 기본으로 한 단계적 통일론이다.

DJT 연합정권은 이런 점에서 경제정책을 산업화 세력의 정당에 일임한 반면 통일, 외교, 국방정책은 자신의 휘하에 둔 셈이다.

김대중 정권은 출범과 함께 정권을 '국민의 정부'로 명명하고 국정지표를 '민주주의와 시장경제'로 정했다. 민주화 세력과 산업화 세력의 연합을 보여준 당연한 구호였다. 하지만 대중경제론의 이념성을 희석한 '시장경제'의 강조는 주시해야 할 대목이다. 물론 민주노총과 전교조의 합법화, 사회안전망의 토대 구축 등은 민주주의와 대중경제론의 융해일 수도 있으나 기본적 경제정책의 틀은 국민의 정부 이전부터 이어져 온 맥이 주류를 이룰 수밖에 없었음을 보여준다.

IMF 외환위기라는 외부적 충격에 의해 경제정책의 선택 폭이 제한적일 수밖에 없었을지라도 민주화 세력과 산업화 세력의 연합정권이 갖는 한계를 보여주었다. 외환위기 극복을 위한 다급한 환경 속에서 이루어진 4대 부문(기업, 금융, 노동, 공공 부문) 구조조정에도 불구하고 주요 경제정책은 부동산, 카드정책 등에서 보여주듯 '경기대응 위주'의 기존 정책틀을 벗어나지 못했음을 알 수 있다.

외환위기 극복이라는 시대적 과업 수행과 IT산업의 비약적 발전, 벤처붐을 통한 새로운 산업재편의 가능성을 열기는 했으나, 대기업과 금융산업의 비대화는 가속된 반면 중소기업과 지방의 퇴락, 중산층 붕괴를 막는 서민정책은 과감히 혁신하고 실행하지 못했다. 연합정권이 갖는 정책적 제한과 5년 단임 정권에 따른 시간적 한계였다.

반면에 민주주의는 엄청난 질적 발전과 숙성을 가져왔다. 제도적 개혁의 큰 틀에서보다는 집권층의 민주주의에 대한 철학과 인내에 의존한 면이 컸다. 그보다 더 주목해야 할 사실은 남북관계의 획기적 전환에 따른 환경변화가 민주주의의 질적 발전을 촉발시키는 데 획기적 역할을 했다고 볼 수 있다.

남북 정상회담과 6·15 공동선언, 그리고 김대중 대통령의 노벨평화상 수상 등은 한반도를 누르고 있던 냉전의 기압골을 크게 해체함으로써 사상, 표현, 창작의 자유에 새로운 지평을 열었다. 지구상에 유일하게 남아있는 냉전기류의 해체와 인터넷 등 정보 인프라 분야의 급속한 발전과 보급이 맞물리면서 민주주의가 새로운 차원의 질적 변화를 맞게 된 것이다.

한국 민주주의의 화학적 변화로의 전화

김대중 정권 말기인 2002년에 한국에서 일어난 전대미문의 정치·사회적 사건들 — 민주당의 대통령 후보 국민경선과 노무현 후보의 탄생, 월드컵 열풍과 정몽준 후보의 등장, 노무현-정몽준 후보단일화와 파기, 노무현 대통령 당선 등 — 은 한국 민주주의가 물리적 변화에서 화학적 변화로 전화되었음을 농축적으로 보여준 상징적 사례들이다.

2002년 대선이 왜 우리 대선사(大選史)에서 화학적 변화의 새로운 장(章)을 열었는가.

외형적 요인과 속성적 측면에서 이전 대선과 얼마나 큰 차이가 있는가를 살펴보면 2002년 대선이 한국 정치사에서 가히 혁명적 전환기였음을 알 수 있다.

우선 2002년 대선은 실체화된, 또는 정형화된 물리적 세력이 없는 가운데 치러진 첫 대선이었다. 물리적 대결이 아니었다는 점이다. 과거 대선사를 관통해온 지역연합 또는 지역분할 전략이 애초부터 불가능했고, 지역연합이나 분할을 가능케 할 지역주의적 대표성을 어느 편도 갖지 못했다. 승리한 노무현 후보나 패배한 이회창 후보나 마찬가지다.

노무현 후보의 경우 경남 김해 출신으로 부산에서 정치적 이력을 줄곧 쌓고 도전해 왔지만 그의 좌절의 정치역정이 보여주듯 이른바 PK(부산·경남)의 대표성을 한 번도 인정받지 못했다.

이회창 후보 역시 마찬가지였다. 당시 이 후보는 '8도가 고향'이라고 외칠 만큼의 지역적 연고를 갖고 있었다. 황해도에서 태어났으며, 광주·전남은 이 후보의 외가(外家) 고향인 데다 초등학교나 중학교(일부)를 광주에서 다녔고, 선친의 고향이 충남이었고, 부인은 영남이었다. 서울에서 고교와 대학을 나와 사회생활의 대부분을 서울사람으로 살았다. 그러나 오히려 그 때문에 특정지역의 대표성을 대변하지도 인정받지도 못했다.

막판에 결별을 했지만, 노무현 후보와 후보 단일화에 나선 정몽준 후보 역시 지역적 대표성은 없었다.

민주당 대선후보 경선과정을 보면 더욱 그렇다. 김대중 대통령의 지역적 후계자를 자임하던 한화갑 후보는 광주, 전남 경선에서 3위에 머무르며 패배했다. 충청도 대표주자를 자임했던 이인제 후보 역시 대전·충남에서 지역적 위력을 부분적으로 발휘하는 데 그쳤다.

12월 19일 대선투표의 결과로서 노무현 후보에 대한 호남편중 득표를 지역주의적인 투표의 예로 들기도 하지만 이는 본질과는 다른 정략적 평가일 뿐이다.

앞서 제기한 대로 3월 16일 열린 광주·전남 지역 민주당 후보 경선결과의 연장선상에서 평가하는 것이 옳은 분석이다. 광주·전남 지역 후보 경선에서 이 지역 유권자들이 지역적 기반이 분명하고 사실상 광주·전남을 경선의 대세를 장악할 계기로 여겼던

2002년 민주당 경선 지역별 득표현황

지역	일자	득표					누적득표			비고
		노무현	이인제	정동영	한화갑	김중권	노무현	이인제	정동영	
제주	3.9	125	172	110	175	55			175	김근태, 유종근 조기 후보사퇴
울산	3.10	298	222	65	116	281	423	394	229	
광주	3.16	595	491	54	280	148	1,018	885	283	
대전	3.17	219	894	54	77	81	1,237	1,779	322	한화갑 후보사퇴
충남	3.23	277	1,432	39		196	1,514	3,211	393	
강원	3.24	630	623	71		159	2,144	3,834	584	김중권 후보사퇴
경남	3.30	1,713	468	191			3,857	4,302	1,322	
전북	3.31	756	710	738			4,613	5,012	1,503	
대구	4.5	1,137	506	181			5,750	5,518	1,634	
인천	4.6	1,022	816	131			6,722	6,334	1,817	
경북	4.7	1,246	668	183			8,018	7,002	1,900	
충북	4.13	387	734	83			8,405	7,736	2,240	
전남	4.14	1,297	454	340			9,702	8,190	3,036	
부산	4.20	1,328		796			11,030		4,462	이인제 후보사퇴
경기	4.21	1,191		1,426			12,221		6,767	
서울	4.27	5,347		2,305			17,568			

* 굵은 숫자는 지역별 및 누적 1위 득표수를 나타냄.
* 서울지역은 일반인 인터넷 투표(1750표)의 결과도 포함한 것임.

한화갑 후보를 밀어내고 PK의 대표성마저 불분명했던 노무현 후보를 뽑은 이유에 그 답이 있는 것이다.

후보 경선과 대선에서 나타난 호남지역에서의 노무현 후보의 대량득표는 이 지역 유권자들이 자신들의 정치적 비전에 가장 적합한 동시에 가장 경쟁력 있는 후보를 밀었다는 것 이상도 이하도 아니다.

이회창 후보가 표밭으로 삼아 전력투구했던 충청지역에서의 노무현 후보의 승리 역시 마찬가지다.

3김 시대를 지배했던 대선 국면의 물리적 기반 — 지역, 계보, 조직, 자금 — 이 3김 시대의 해체시점에서 사실상 먼저 해체된 것이다. 특히 2002년 대선자금에 대한 검찰수사에서 보듯이 이른바 '차떼기' 파문 속에 드러난 대선자금만 1천 억 원대에 육박했던 한나라당의 선거자금 살포에도 불구하고 한나라당이 패배한 것은 우리 대선이 내적으로 엄청난 속성 변화를 일으켰음을 대변한다.

과거 대선이 물리적 기반에 근거한 물리적 변화였다면, 무엇 때문에 왜 이런 혁명적 변화, 또는 화학적 변화가 일어났던가.

첫째는, 2002년 대선이 대선사상 처음으로 '가치지향'의 선거로 치러졌기 때문이다.

정치적으로 '지향하는 가치', '가치지향'이라는 용어가 매우 복잡하고 포괄적이어서, 이를 가장 쉽게 표현한다면 일반적으로 이데올로기 또는 이념이란 말이 정확할 것이다. 그러나 2002년 대선에서 이런 용어를 차용하지 않은 이유는 2002년 대선이 이념 또는 이데올로기 대결이 아니라 '상식과 원칙'이라는 가장 기본적인 정

2002년 대선 득표현황

지 역	이회창	노무현
서 울	2,447,376	2,792,957
부 산	1,314,274	587,946
대 구	1,002,164	240,745
인 천	547,205	611,766
광 주	26,869	715,182
대 전	266,760	369,046
울 산	267,737	178,584
경 기	2,120,191	2,430,193
강 원	400,405	316,722
충 북	311,044	365,623
충 남	375,110	474,531
전 북	65,334	966,053
전 남	53,074	1,070,506
경 북	1,056,446	311,358
경 남	1,083,564	434,642
제 주	105,744	148,423
계	11,443,297	12,014,277

치 · 경제 · 사회적 기준을 두고 싸웠기 때문이다.

대통령의 제왕적 권력에 대한 도전, 기득권층의 반칙과 특권 문화에 대한 도전, 지역주의 정치에 대한 도전 등 노무현 후보의 정치의제와 담론들은 가장 기초적인 상식과 원칙들이었다. 지역 균형발전과 지방분권의 강화, 사회안전망의 확대 역시 경제 · 사회적으로 가장 기본적인 상식과 원칙들이었다. 남북문제에 대한 평화냐 전쟁이냐, 안보 · 외교에서의 자주적 균형외교론 역시 마찬가지였다.

그리고 무엇보다도 노무현 후보 자신이 이와 같은 기본적이고, 기초적인 '상식과 원칙'이라는 가치를 주장할 충분한 정치적 · 도덕적 근거와 인간적 의지를 보여줄 수 있는 후보였다는 것이다.

그런 점에서 2002년 대선은 또한 한국 대선사상 진정한 '인물론'(人物論)이 맞붙은 첫 선거이기도 했다. 신뢰와 불신, 의리와 배신, 일관성과 기회주의 등 인물론 중에서도 가장 기본이 되는 인성론(人性論)이 맞붙었다. 이 역시 상식과 원칙이라는 삶의 방식상의 가치였다.

두 번째는, 대한민국 전체가 새로운 세대에 의한 문화혁명(文化革命)에 접어들면서 젊은 세대들의 정치 · 사회적 참여가 급속히 확산되었다는 점이다.

여기에는 IMF 외환위기 과정을 거치면서 과거 30~40여 년간 사회를 지배해 오던 권위체계, 기득권층과 기성세대의 권위주의가 불신 · 해체되는 동시에 6 · 15 남북정상회담과 공동선언을 계기로 사상, 언론, 표현, 창작의 세계에 새로운 지평이 열렸기 때문이다.

더불어 국민의 정부 이래 집중 투자된 IT 등 벤처산업과 인터넷, 휴대폰 등 새로운 소통 인프라의 급속한 확산이 새로운 문화, 새로운 커뮤니케이션, 새로운 가치질서의 토양이 되었다. 이른바 오빠부대의 아이콘들이 대거 등장하며 음반시장과 영화시장 등 대중문화계에 밀리언셀러들이 줄지어 나타나고, '한류(韓流) 문화'라는 새로운 문화시장이 국제적으로 파급되었다.

주체적 아이덴티티로 무장한 1318 세대(13세에서 18세까지의 청소년 세대), 2030 세대(20대와 30대 세대), 7080 세대(1970~1980년대 학번 세대) 등 세대별 문화 트렌드가 기성 미디어계는 물론 뉴미디어계를 휩쓸었다.

이와 같은 새로운 세대의 문화 트렌드의 기본은 주체성이었고 참여와 소통이었으며, 그룹별 담론 공유 세대였다는 특징이 있다. 한마디로 한국적 뉴 웨이브(new wave)가 생성되고 파급된 것이다. 2002년 6월의 한일 월드컵 열풍, 효순-미선 양 사건의 촛불 현상의 주역들이 뉴 웨이브 세대들이었다.

결국 뉴 웨이브와 올드 웨이브의 대결이 2002년 대선의 한 측면인 셈이다. 2002년 대선(민주당 국민참여 경선에서부터 12월 19일까지)은 한국 정치에서는 정치혁명이었지만, 시대적으로 보면 문화혁명의 한 부분일 수밖에 없었다.

노무현 후보는 이와 같은 한국사회의 문화혁명, 뉴 웨이브의 시대적 아이콘이었던 것이다. 그럴 수 있었던 것은 노무현 후보가 그동안 대선사를 지배해온 권력이나 정치권의 물리적 합종연횡에 의해 잃어버린 가치, 뭉개져 버린 가치인 '원칙과 상식'이라는 지향을 복원하고 상징하고 실천했기 때문이다.

따라서 2002년 대선은 전두환 정권의 '정의사회 구현'이 '정의파괴 시대'로, 노태우 정권의 '보통사람들의 시대'가 '특권과 반칙의 시대'로, 김영삼 정권의 '신한국 건설'이 '대한민국 부도사태'로 전락해버린 허위와 왜곡, 불신과 배신의 정치에 반기를 든 대중들의 정치혁명이었고, 문화혁명이었다.

그렇다면 2007년 대선은 어떻게 보아야 할까. 한마디로 규정한 다면 한나라당판(版) 정치혁명의 결과였다. 2002년 대선 국면에서 보여준 민주당의 국민참여 후보 경선제도, 당정분리 원칙과 당권과 대권의 분리, 상향식 공천제도 등 정치개혁을 한나라당이 실천한 반면, 통합민주당은 2002년의 개혁을 진전시키기는커녕 사실상 후퇴시켰다.

또한 참여정부 5년을 거치며 형성된 문화혁명의 트렌드를 이어갈 새로운 트렌드를 생성하기는커녕 퇴행적 트렌드로 복귀하고 말았다. 이미 2002년에 떠나보낸 분당, 합당, 배신, 불신, 기회주의 등 구시대의 유물이 부활한 반면, 미래를 향한 새로운 비전과 이를 이끌어갈 아이콘의 부재가 결국 대패의 근본원인이었다. 뉴 웨이브 세대의 불신과 외면을 자초한 것이다.

반면 한나라당과 조중동을 중심으로 한 연합세력은 새로운 가치전쟁, 좌우대립이라는 끈질긴 이념전쟁을 일으켜 456세대(1940

16 · 17대 대선의 연령대별 투표율 변화 비교

구 분	20대 전반	20대 후반	30대 전반	30대 후반	40대	50대	60대 이상	전 체
17대	51.1	42.9	51.3	58.5	66.3	76.6	76.3	63.0
16대	57.7	55.2	64.3	70.8	76.3	83.7	78.7	70.8

출처: 중앙선거관리위원회, 〈17대 대통령선거 투표율 분석 보고서〉, 2008. 3. 21

년대 출생, 1950년대 학번, 60세 이상) 혁명을 성공시켰다. 일종의 복고(復古) 향수혁명(鄕愁革命)을 조작한 '양갑'(조갑제, 서정갑)의 전쟁이 승리한 것이다. 2002년과 비교할 때 턱없이 낮아진 투표율과 세대별 투표율 차이, 유권자 대비 30. 5%에 불과한 득표에도 불구하고 532만 표의 대승을 거둔 이유가 여기에 있다.

중앙선거관리위원회가 분석한 16, 17대 대선의 연령대별 투표율 변화에서 알 수 있듯이, 20대 전반 연령층이 상대적으로 투표율이 높고 변화가 적은 것은 군 복무자의 부재자 투표의 영향이었다.

그리고 17대 대선은 16대 대선과 비교해 전체 투표율이 7. 8% 포인트 감소하였는데, 20대 후반에서 30대 후반까지는 12. 3%포인트에서 13%포인트까지 매우 큰 폭으로 감소한 반면, 60대 이상은 2. 4%포인트라는 미미한 수준의 감소만 있었다. 결국 16대에 비해 17대 대선은 젊은 층의 대거 투표불참과 노년층의 결집이라는 연령별 특징을 갖는 선거였다.

한나라당의 전략인 신기루 같은 좌 · 우 이념대결의 조장과 물신신화(物神神話)적인 경제논리와 선전 · 선동이 주효했다. 그러나 이러한 선전과 선동이 먹혀들 수 있는, 간과할 수 없는 문화적 트렌드가 우리사회 저변에 흐르고 있었음을 주시할 필요가 있다. 국민의 정부 이래 둑이 터진 사상, 표현, 창작의 자유가 참여정부 들어 만개하면서 대중문화계, 특히 영화계에 전쟁과 군복, 교복과 폭력이 넘쳐나고 있었다는 사실이다.

2003년 이후 수백만에서 천만 명 이상의 관객을 동원한 영화들을 보라. 국민의 정부 시절 〈쉬리〉(1999년)와 〈친구〉(2001년)의 흥행을 필두로 하여, 2003년 이후에는 〈실미도〉, 〈태극기 휘날리며〉, 〈웰컴 투 동막골〉 등이 공전의 히트를 치며 중·장년 이상 관객들을 끌어 모으지 않았던가.

역대영화 흥행 순위 (2007년 8월)

흥행 순위	영화명	제작년도	관객 수(만 명)
1	괴물	2006	1,301
2	왕의 남자	2005	1,230
3	태극기 휘날리며	2004	1,175
4	실미도	2003	1,108
5	친구	2001	818
6	웰컴 투 동막골	2005	801
7	타짜	2006	685
8	미녀는 괴로워	2006	659
9	쉬리	1999	621
10	투사부일체	2006	611

서울시청 앞에 모여 성조기와 태극기를 휘날리던 군복과 베레모, 검은 선글라스의 군무(群舞)가 연상되지 않은가. 흡사 네오콘 생성기인 미국 레이건 대통령 시절을 풍미했던 월남전 영화들, 그 중에서도 시리즈로 히트했던 영화 〈람보〉가 레이건 시대 미 영화계의 코드였던 사실을 떠올리게 한다면 비약일까.

2002년부터 시작된 한국 대선에서의 화학적 변화는 여전히 진행형이다. 그 핵심은 가치의 전쟁이고, 새로운 문화적 트렌드와의 대면(對面)과 해독(解讀)이다.

촛불로 대변되는 시민주권시대를 주도할 '원칙과 상식'의 가치는 여전히 유효하다. 다만 참여와 소통이라는 주체성 넘치는 생활정치의 트렌드를 이끌어 갈 시민주권 시대의 정치적 구심력과 새로운 아이콘의 생성과 등장이 오늘날 주어진 과제이다.

제2부

·

정권심판론의 허구

"참여정부는 실패했다?"

많은 사람들이 참여정부는 실패했다고 이야기한다. 왜 실패했다고 보느냐고 물으면 각기 다른 이유로 실패의 근거를 든다. 총체적으로 실패했다는 극단론자부터, 정치적 실패, 경제적 실패, 사회적 실패, 남북관계를 포함한 외교적 실패, 나아가 이념적 실패에 이르기까지 실패의 논거들이 다양하다.

당초부터 참여정부, 구체적으로는 노무현 정권의 탄생 자체를 반대했거나 거부했던 정치적 반대론자들이 주장하는 참여정부 실패론은 시비의 대상이 될 수 없다.

그러나 참여정부, 노무현 정권의 탄생과 출범을 지지했거나 수용했던 사람들이 평가하는 '참여정부·노무현 정권의 실패론'을 따지고 보면 대개는 참여정부 5년 동안 자신들의 관심분야 또는 희망사항이 기대에 미치지 못했거나, 기대를 저버렸다고 주장한다.

새삼 실패론의 논거를 따져보겠다는 것이 아니다. 실패론의 불합리성, 논거의 미흡함 또는 논리의 모순점을 명백히 밝혀준다 하여도 피할 수 없는 최종 귀착점에 당도하기 때문이다. 이유야 어떻든 정권을 뺏기지 않았느냐는 것이다. 정권을 빼앗긴 마당에 어떤 설명도 구차한 변명일 수밖에 없다는 것이다. 이 지점에서 참여정부의 잘잘못은 논외가 되고 만다. 정권 재창출(政權 再創出)

에 실패했으니 결과적으로 실패했다는 단순 논리만이 존재한다.

　슬프지만 현실이다. 설령 이제 와서 "구관이 명관이었다", "그래도 참여정부 때가 좋았다", "참여정부가 역사적으로 의미 있는 일을 많이 했다"고 인색한 상대평가를 위로삼아 내놓는다 할지라도 '참여정부는 실패했다'는 대세를 벗어나기엔 아직은 역부족인 것이 또한 현실이다. 정권 재창출에 실패했다는 원죄(原罪)를 벗어날 수 없기 때문이다.

정권 재창출의 의미

그렇다면 정권 재창출을 이뤄낸 정권은 성공한 정권인가. 아니 정권 재창출을 이뤄내야만 성공한 정권인가.

국민직선 5년 단임제를 택한 1987년 민주화체제 이후 정권 재창출에 성공한 경우는 전두환 정권과 노태우 정권, 그리고 김대중 정권이다.

전두환 정권은 노태우 씨를 후계자로 지명하여 노태우 정권을 탄생시켰다. 노태우 정권은 3당 합당을 통해 김영삼 정권을 출범시켰다. 김대중 정권은 노무현 정권으로 이어졌다. 반면 정권 재창출에 실패한 정권은 김영삼 정권, 노무현 정권이다.

정권의 성공과 실패를 가름하는 최종 잣대를 정권 재창출 여부로 따진다면 성공한 정권은 전두환·노태우 군사정권과 김대중 정권인 셈이다.

그러나 만약 누군가 정권 재창출에 성공했기 때문에 전두환·노태우 정권을 성공한 정권이라고 평가한다면 이는 보편적 시각을 갖지 못한 심각한 외눈박이 증상을 가진 사람일 것이다.

전두환 대통령은 자신이 지명한 후계자 노태우 정권에 의해 이 땅에서 처음으로 절간(백담사)에 유배된 첫 대통령이 되었다. 노태우 대통령 역시 자신이 재창출을 성공시킨 김영삼 정권에 의해 전두환 대통령과 함께 역사적, 형사적 단죄로 감옥생활을 한 대통령으로서 두 사람은 '전직 대통령 예우에 관한 법률' 적용이 박탈된 진기록을 갖고 있다.

김대중 정권은 예외일까. 김대중 정권은 후임 정권에 의해 정치적으로나 역사적으로 단죄되지 않은 첫 정권이다. 또한 김대중 정권의 주요 정책기조 등이 후임 노무현 정권에 의해 공개적으로 계승·발전된 것임이 천명되었고, 많은 부문에서 현실화된 것 역시 사실이다.

김대중 정권은 현행 헌정체제 하에서 후임정권에 의해 역사성이 승계되고, 정치적으로 부정되거나 단죄를 면한 유일한 정권이란 점에서 최소한 실패하지 않은 정권인 셈이다.

그렇지만 성공한 정권이라는 평가의 완결성을 인정하기엔 아직 시대의 삭풍(朔風)이 거세다. '잃어버린 10년'이라는 한나라당의 구호가 보여주듯 이명박 정권에 의해 김대중·노무현 정권 전체가 부정되고 있기 때문이다.

다시 본론으로 돌아가자. '참여정부는 실패했다'는 말은 옳은 평가인가. 적어도 다음 정권을 재창출하거나 승계시키지 못했기 때문에 참여정부는 실패했다고 평가한다면 이것이 역사적으로나 실질적으로 얼마나 허구에 찬 정파적 명제인가는 단숨에 드러난다.

그렇다고 참여정부와 노무현 정권이 성공했다고 강변하자는 것이 아니다. 후임 정권을 재창출하지 못했기 때문에 결과적으로 실패했다는 자괴적 인식과 주장을 벗어나야 한다는 것이다.

그렇게 하기 위해선 또 하나 건너야 할 인식의 괴리가 있다. 흔히 쓰이고 있는 '정권 재창출'이라는 용어의 덫이다. 정권 재창출이라는 용어를 편의적으로 사용했지만 5년 단임 대통령제에서 정권 재창출이란 엄밀한 의미의 효용성과 타당성을 가지고 있는지 따져볼 일이다.

정권 재창출이 가능하기 위해선 집권세력(정권)이 대선과정에서 주체적으로 개입하거나 기여해야 한다는 전제가 성립되어야 한다. 또한 정권 재창출의 목적과 지향하는 가치가 집권세력과 동일하거나 승계·발전의 목표가 분명해야 할 것이다. 집권세력이 후임 정권을 재창출하려 한다면 이는 너무나 당연한 논리이자 분명한 당위이다.

1987년 이후 우리 헌정사(憲政史)에서 집권세력이 정권 재창출의 주체로서 이 같은 의미의 정권 재창출에 성공한 경우는 과연 존재하는가.

1987년 체제의 첫 주자인 노태우 정권은 집권세력으로서 정권 재창출을 목적으로 가장 적극적이고 직접적인 전략을 구사했다. 노태우 정권은 1990년 3당(노태우 총재의 민정당, 김영삼 총재의 민주당, 김종필 총재의 공화당) 합당을 통한 민자당의 탄생으로 1992년 김영삼 정권이라는 자파정권의 재창출에 성공했다.

그렇다면 김영삼 정권의 출현은 노태우 정권의 정권 재창출의 결실로 보아야 하는가. 김영삼 정권의 출범 후 이른바 '역사 바로 세우기' 과정에서 이루어진 노태우 정권에 대한 역사적, 법률적, 정치적 단죄를 떠나서라도, 김영삼 정권이 노태우 정권의 승계라고 생각할 리는 없을 것이다.

　김영삼 정권 하에서 그 같은 언급을 들어본 적도 없고, 그러한 언급을 기술한 기록도 아직 보지 못했다. 3당 합당은 단지 당시 민주당 총재의 대통령 집권전략이었다는 것은 정치적 상식이다.

　1992년 대선 당시 김영삼 후보의 가장 뚜렷하고 특징적인 공약이자 구호가 '군정(軍政) 종식'이었다. 김영삼 대통령은 자신의 정권을 '문민정부'라고 명명했다. 전임 노태우 정권에 대한 적극적인 부정을 통해 집권에 성공한 셈이다.

　또한 김영삼 정권에서 단행된 군내의 사조직(私組織)인 '하나회' 해체와 군 출신의 전임 대통령에 대한 단죄는 전임 정권의 중추·핵심세력을 와해시켰다. 집권당도 민자당에서 '신한국당'으로 개명시켰다. 집권의 목적도 수단도 전임 정권의 부정이고, 단절이고, 파괴였다. 정권 재창출이라는 용어는 어느 틈새에서도 의미가 존재하지 않는다.

　헌정질서의 파괴나 개변 없이 이루어진 첫 정권 재창출의 내용은 전임 정권에 대한 철저한 속성 파괴였고, 변혁에 대한 도전이었다. 한마디로 정권 재창출의 객체가 없다는 뜻이다. 단지 새로운 집권세력만이 있었을 뿐이다.

　집권에는 실패했지만 1997년 대선에서 한나라당의 이회창 후보는 과연 김영삼 정권에게 정권 재창출의 주체(主體)였을까, 객체(客體)였을까. 결과로만 보면 이른바 정권 재창출의 실패였다는 역사적, 정치적 서술이 가능할 것이다.

　1997년 대선과정에서 이회창 후보가 김영삼 정권의 승계세력으로 자임한 흔적은 찾기 힘들다. 이회창 후보의 정치적 입지과정, 예컨대 김영삼 대통령에 의한 감사원장, 국무총리 발탁과정과 그 이후의 두 사람간의 정치적 괴리와 인간적 갈등은 임명권자와 수임권자의 인간적 의리라는 상궤(常軌) 마저 벗어났다는 것이 당시의 양상이었고, 정치적 평가였다.

또한 1997년 초 발생한 한보사태 이후 계속된 경제적 혼돈과 IMF 외환위기는 김영삼 정권에 대한 총체적 부정을 유발할 수밖에 없는 상황이었다. 실체적 이유야 무엇이었든 이 와중에서 발생한 이인제 의원의 한나라당 탈당과 출마, 이회창 후보 지지자들에 의한 김영삼 대통령 모욕(인형 파괴) 사건은 두 사람의 파국적 관계를 여실히 보여주었다.

설령 이회창 후보가 집권에 성공했다 하더라도 6·25 이래 최대의 국난으로 일컬어지던 IMF 외환위기를 초래한 정권에게 정권 재창출의 의미를 부여할 수 없었을 것이다.

가정(假定)에 가정을 더한 추론(推論)이지만 만약 1997년에 전개된 정치적 상황에서 이회창 후보가 집권했더라면 김영삼 대통령으로서는 정권교체 이상의 심리적·정치적 고뇌와 압박을 받는 상황이 전개되지 않았으리라는 보장도 없었을 것이다.

그렇다면 김대중 정권과 노무현 정권의 관계는 앞서 제기한 진정한 정권 재창출의 관점에서 유효한 의미를 갖는 것일까.

두 가지 측면에서 살펴볼 필요가 있다. 우선 집권세력, 무엇보다도 집권 당사자인 김대중 정권의 적극적인 정치적 의지가 집권

기간이나 대선과정에서 표출되었나 하는 점이다. 다음으로는 집권에 성공한 노무현 후보가 집권중 김대중 정권의 가치지향과 정책적 목표를 어느 정도 수용하고 승계·발전시키려는 의지를 나타냈느냐는 점이다.

첫 번째 관점에서 보면 역대 어느 정권과 비교해도 노무현 후보는 집권세력 내의 정치적 입지과정에서 정권으로부터 어떤 의미 있는 수혜를 받았다거나 기대, 희망을 안고 있었다는 족적을 발견할 수 없다.

예컨대 노태우 대통령은 전임 전두환 정권에 의해 후계자로 등극한 상태에서 1987년 대선에 임했다. 엄청난 인적·물적 토대가 보장되고 지원되는 대선과정이었다.

김영삼 대통령 역시 3당 합당을 통해 차기 대통령 후보라는 고지를 선점했었고, 집권 노태우 대통령 역시 차기 정권의 재창출을 염두에 두고 3당 합당의 주역을 맡았다는 것은 구차한 재론이 필요 없을 것이다. 김영삼 후보는 3당 합당에 의해 인적·물적·지역적으로 공고한 토대를 갖출 수 있었고, 결과 역시 성공이었다.

김영삼 정권 시절의 이회창 후보 역시 감사원장에서 국무총리로 발탁된 정치적 입지의 과정이 있었고, 그 토대 위에서 대통령 후보를 선취(先取) 할 수 있었다.

지난 1987년 이후 대선과정이 보여주듯 집권세력은 정권 재창출을 목표로 차기 대선후보 입지를 위한 전략적, 정치적 수순을 연출했다.

이런 사례에 비추어보면 노무현 대통령의 집권과정은 유일한 예외로 기록될 만하다. 노무현 대통령은 2002년 대선후보로 선출되기까지 김대중 정권 기간 내내 여권의 역학구도 하에서 정치적 상수(常數)로 작용한 적이 없었다. 당시 여권 내에서뿐만 아니라 정치권 전체에서 정치적 무게로 작용하거나 의미 있는 대권후보의 반열에 오른 적도 없었다.

김대중 정권 하에서 노무현에게 주어진 지위와 역할은 항상 PK(부산·경남)에 대한 지역적 배려 차원을 벗어난 적이 없다. 김대중 정권이 그에게 부여한 해양수산부 장관직이 이를 상징한다. 해양수산부 장관은 국무위원 서열상 가장 하위에 속한다. 또한 2001년 하반기 이른바 정풍(整風) 사건으로 김대중 대통령이 새천년민주당 총재직을 사퇴한 이후 새천년민주당과 청와대 등 여권의 대권후보 역학구도는 내용상 이인제 주류론과 한화갑·정동영 등의 비주류로 나뉘어 있었고, 노무현은 관심 밖의 기타 후보군에 속해 있었다.

노무현에 대한 여권을 포함한 정치권에서의 시선이 이러하니 정치권 밖에서도 노무현에 대한 관심은 논외의 대상이었다.

대선이 치러진 2002년 벽두, 한 국내 메이저 언론사가 새해 특집으로 실시한 여야 대선후보군 여론조사에서 노무현은 조사대상 명단에서 제외되어 있었다. 그 언론사가 반(反)노무현 정서를 가지고 있어서가 아니라 여론조사를 맡은 여론조사 기관에서 노무현을 유효한 대선후보군으로 보지 않았기 때문이다.

이런 점에서 노무현 대통령의 집권은 집권세력이 어떤 전략적 의지나 정치적 기대를 부여하지 않았던 첫 정권 재창출로 기록될 것이다.

　반면에 노무현 정권은 집권과정(대선)에서뿐만 아니라 집권기간중에 전임 정권의 이념적 가치와 정책적 지향을 가장 확실히 계승·발전시키겠다는 것을 천명하고 집권한 첫 정권이었다.

　우리 헌정사의 대선후보 선출과정이나 대선과정에서 집권 대통령과의 이른바 정치적 '차별화 전략'을 시도하지 않은 거의 유일한 대권후보였다.

　2002년 당시 김대중 대통령은 아들 형제와 관련된 의혹사건으로 정치적 곤경에 처해 있었으나 노무현 후보는 국민의 정부 5년의 업적을 높이 평가하고, 승계·발전을 외치고 다녔다.

　그 이전에 김대중 정권이 언론사에 대한 대대적인 세무조사를 단행, 정권이 이른바 조·중·동 등 언론계로부터 엄청난 공격에 직면해 있을 때도 언론사에 대한 세무조사의 정당성을 공개적으로 옹호한 첫 여권 정치인이 노무현이었다. 민주주의의 성숙, 지역구도 극복, 한반도 평화와 남북 화해협력 정책에 대한 일관된 의지 역시 김대중 정권과의 연속선상에 있었다.

　지금까지 우리가 사용하거나 인식해 온 정권 재창출의 진정한 의미가 우리 정치현실에서 어떻게 투영되어 왔는가를 살펴보았다. 정권 재창출의 정치학적 의미가 무엇인지는 좀더 살펴봐야 하겠지만, 일반적인 인식은 집권측이 다음 정권을 자파 정권으로 구체적으로 승계시킨 것을 의미한다. 정권 재창출의 주체가 집권세력이라는 것이다.

그러나 앞서 언급했듯이 정권담임세력이 자파세력을 다음 집권세력으로, 정확하게는 다음 대통령으로 만들기 위한 전략적 역할과 노력을 쏟아내 성공한 사례들은 있지만, 후임 집권 대통령이 전임 정권의 정치적 비전과 정책지향을 승계·발전시켰다기보다는 전임정권에 대한 부정과 비판이라는 정치적 차별화를 통해서 오히려 전임 정권과의 역사적 단절을 선택했다.

다만, 노무현 정권이 김대중 정권을 승계·발전시켰다는 유일한 예외가 있지만, 이 경우 김대중 정권이 노무현 정권의 탄생을 위해 주체적 역할이나 전략적 개입을 한 적은 없었다. 엄격한 잣대로 보면 노무현 정권은 김대중 정권이 재창출해 낸 것이 아니라 노무현 정권이 김대중 정권을 승계한 것이다.

결국 우리 정치사에서 정권 재창출(전두환-노태우, 노태우-김영삼)은 있었지만 정권승계는 실패했고, 정권승계(김대중-노무현)는 성공했지만 정권 재창출은 아니었다.

여기서 우리는 1987년 헌정체제 이후 정권의 역사에서 '정권 재창출'이라는 용어가 말 그대로 정치적 수사에 불과할 뿐 실질적 의미로 작용한 적이 없었음을 알게 된다. 정권 재창출의 주체와 객체가 정권 재창출이라는 진정한 의미를 공유한 사례가 없기 때문이다. 전임 정권의 철학과 비전, 지향이라는 가치를 승계·발전시키겠다는 상호의지와 노력의 결과로서 새로운 정권이 탄생하고 출범한 적이 없었음을 우리 정권사(政權史)는 보여준다.

오히려 현 헌정체제하에서는 정권 재창출이라는 용어 자체가 성립할 수 없다고 보는 편이 맞을 것이다. 진정한 정권 재창출을 막는 현 헌정체제의 구조적 문제와 우리 정치환경이라는 현실적인 문제가 함께 작용하고 있기 때문이다.

왜 그렇다는 것인가. 무엇보다도 현행 5년 단임 대통령제의 한계이다. 현행 헌법체계가 갖고 있는 학술적 논쟁은 이미 2007년 벽두에 노무현 대통령에 의해 제안된 다음과 같은 개헌논의에서 충분히 공론화된 바 있기 때문에 여기서는 재론할 필요성은 없다고 본다.

2007년 개헌 제안과 논의 과정, 그리고 결과

2007년 1월 9일 노무현 대통령은 대국민담화를 통해 '대통령 4년 연임제와 대통령과 국회의원의 임기 일치'를 담은 이른바 '원포인트' 개헌을 국민과 정치권에 정식으로 제안했다.

이후 대통령의 개헌발의권을 4차례나 연기하면서 정치권의 합의를 촉구한다. 특히 3월 8일 '특별 기자회견'을 통해 노 대통령은 "각 당이 개헌내용과 일정을 제시하고 대국민 공약한다면 개헌안 발의를 연기하겠다"며 정치권에 신뢰할 수 있는 개헌약속을 요구했다.

4월 11일 한나라당과 열린우리당·민주당·민주노동당·국민중심당 등 5개 정당과 통합신당모임 원내대표 6인이 개헌문제를 18대 국회 초반에 처리한다고 합의하여 국회 차원의 입장을 발표하면서 노무현 대통령에게 임기중 개헌 발의를 유보해줄 것을 공식적으로 요청했다. 노 대통령은 4월 14일 당의 합의를 수용해 개헌안을 발의하지 않기로 했다.

노무현 대통령 개헌제안 대국민담화문

국민 여러분, 새해, 여러분의 건강과 행복을 기원합니다.

올해는 1987년 6월 민주항쟁 20년이 되는 해입니다. 또한 6월 항쟁의 결실로 개정된 현행 헌법이 시행된 지 20년을 맞는 해이기도 합니다. 헌법은 국가와 공동체의 기본규범이자 시대정신과 가치가 제도화된 틀입니다. 현행 헌법 아래 우리는 국민의 손으로 직접 대통령을 선출하고, 국민의 선택에 따라 정권을 교체하는 민주주의를 실현했습니다. 또한 권위주의와 특권구조를 청산하고, 공정하고 투명한 민주사회의 기틀을 완성했습니다. 그러나 20년이 지난 현 시점에서 우리 헌법은 이제 새로운 시대정신에 부합하는 규범을 담아야 할 필요성이 높아지고 있습니다.

오래 전부터 정치권과 학계, 시민사회에서 헌법 개정에 대한 문제제기가 있었습니다. 지난 1997년 대통령 선거 때는 '내각제 개헌'이 공약으로 제시되었고, 2002년 대통령 선거에서도 양당의 후보 모두가 "임기 안에 국민의 뜻을 모아 개헌을 추진하겠다"고 공약한 바 있습니다.

헌법은 대한민국 공동체의 최고규범이므로 그 개정은 국민적 합의가 전제되어야 합니다. 각자가 이상적으로 생각하는 개헌을 주장하다 보면, 가치와 이해관계가 충돌하면서 합의를 이루기도, 실현하기도 어렵습니다. 지금까지 개헌 주장과 논의가 지속적으로 제기되었지만 진전되지 못했던 것은 그 때문이라고 생각합니다.

따라서 저는 국민적 합의 수준이 높고 시급한 과제에 집중해서 헌법을 개정하는 것이 필요하다는 판단에서 대통령 4년 연임제 개헌을 제안합니다.

1987년 개헌과정에서 장기집권을 제도적으로 막고자 마련된 대통령 5년 단임제는 이제 바꿀 때가 되었습니다. 선거의 공정성과 투명성이 비약적으로 제고되고 국민의 민주적 역량이 성숙한 오늘의 대한민국 현실에서 단임제가 추구했던 장기집권의 우려는 사라졌고, 오히려 많은 부작용이 나타나고 있습니다.

단임제는 무엇보다 대통령의 책임정치를 훼손합니다. 대통령의 국정 수행이 다음 선거를 통해 평가받지 못하고, 또한 국가적 전략과제나 미래과제들이 일관성과 연속성을 갖고 추진되기 어렵습니다. 특히 임기 후반기에는 책임 있는 국정운영을 더욱 어렵게 만들어 국가적 위기를 초래하기도 합니다. 대통령 5년 단임제를 임기 4년에 1회에 한해 연임할 수 있게 개정한다면 국정의 책임성과 안정성을 제고하고, 국가적 전략과제에 대한 일관성과 연속성을 확보하는 데 크게 기여할 것입니다.

대통령 임기를 4년 연임제로 조정하면서, 현행 4년의 국회의원과 임기를 맞출 것을 제안합니다. 현행 5년의 대통령제 아래서는 임기 4년의 국회의원 선거와 지방자치단체 선거가 수시로 치러지면서, 정치적 대결과 갈등을 심화시키고, 적지 않은 사회적 비용을 유발하여 국정의 안정성을 약화시킵니다.

대통령 4년 연임제와, 대통령과 국회의원 임기일치 문제는 정치권, 학계, 시민사회, 국민들 사이에서 이미 오래 전부터 공론화되어 왔고 합의수준도 높습니다. 2002년 대선에서도 후보들이 공약해 왔고, 지금 여야의 정치 지도자들도 필요성을 말한 바 있고, 지난해 말 정기국회에서도 대표연설과 대정부질문 등을 통해 제기된 바 있습니다.

정치권 일부에서는 다가오는 대통령 선거에서 공약하고 차기 정부에서 개헌을 추진하자고 합니다. 하지만 차기 정부에서의 개헌은 사실상 불가능합니다. 차기 국회의원은 2012년 5월에 임기가 만료되고, 차기 대통령은 2013년 2월에 임기가 만료되므로 단임 대통령의 임기를 1년 가깝게 줄이지 않으면 개헌이 불가능하게 되어 있기 때문입니다. 대통령이든 국회의원이든 임기를 줄인다는 것은 대통령이나 국회의원 어느 쪽도 수용하기 어려우므로 사실상 불가능한 일입니다.

따라서 우리 헌법상 대통령과 국회의원의 임기를 특별히 줄이지 않고 개헌을 할 수 있는 기회는 20년 만에 한 번밖에 없습니다. 이번을 넘기면 다시 20년을 기다려야 합니다.

대통령 선거를 앞둔 시점에 대통령이 갑작스럽게 개헌을 제안하는 것은 어떤 정략적인 의도가 있는 것 아니냐는 비판이 있을 것입니다. 그러나 결코 어떤 정략적인 의도도 없습니다. 대통령 4년 연임제, 대통령과 국회의원의 임기를 일치시키는 개헌은 대통령 선거를 앞둔 어느 정치세력에게도 유리하거나 불리한 의제가 아닙니다. 누가 집권을 하든, 보다 책임 있고 안정적으로 국정을 운영할 수 있는 기반을 만들자는 것입니다. 따라서 단지 당선만 하려는 사람이 아니라 책임 있게 국정을 운영하려는 사람이라면 누구라도 이 개헌을 지지하는 것이 사리에 맞을 것입니다.

저는 그동안 정치권의 논의를 기다려 왔습니다. 그러나 이제는 더 이상 기다릴 만한 시간적인 여유가 없는 것 같습니다. 저는 후보로서 그리고 당선자로서 국민에게 약속한 공약에 대하여 무거운 책임감을 가지고 있습니다. 그리고 저는, 스스로 개헌 발의권을 가지고 있으면서, 지금 당장 정치권 전체의 합의가 이루어져 있지 않다는 이유만으로 국가의 미래를 위하여 반드시 해야 할 중차대한 국가적 과제를 처리하지 않고 미루다가, 20년 만에 한 번 오는 기회를 떠내려 보낸다는 것은 대통령의 책임을 다하지 않는 것이라는 생각을 가지고 있습니다.

그래서 저는 오늘 국민 여러분에게 이 제안을 드립니다. 저는 지금부터 국민 여러분과 여야 정치권의 의견을 수렴할 것입니다. 찬반 의견뿐만 아니라, 4년 연임제의 범위 안에서 바람직한 개헌의 내용에 관해서도 의견을 들을 것입니다. 저에게 주어진 권한과 의무를 행사하지 않아야 할 명백한 사유가 없는 한, 너무 늦지 않은 시기에 헌법이 부여한 개헌 발의권을 행사하고자 합니다.

국민적 합의수준이 높고 이해관계가 충돌하지 않는 의제에 집중한다면, 빠른 시일 내에 국회의 의결과 국민투표를 통해 개헌을 완료할 수 있을 것입니다.

21세기 새로운 한국을 위하여 권력구조 문제를 비롯하여 우리 헌법의 많은 부분을 손질해야 한다는 의견이 있다는 사실은 저도 잘 알고 있습니다. 그러나 이번에 대통령과 국회의원의 임기를 일치시키는 개헌을 해놓지 않으면, 앞으로 20년 동안은 논의만 무성할 뿐, 개헌은 이룰 수 없는 상황이 되고 말 것입니다. 이번 개헌이 이루어지고 나면, 이제 시기의 제한이 없이 우리 헌법을 손질하는 개헌이 가능해질 것입니다.

지금 우리는 변화의 속도가 국가의 흥망을 좌우하는 시대에 살고 있습니다. 변화가 필요할 때 변화하지 않으면 세계 경쟁에서 낙오할 수밖에 없습니다. 개혁이 필요할 때 개혁을 이루는 것이 성공하는 대한민국으로 가는 길입니다. 당장의 정치적 이해관계를 셈할 일이 아닙니다. 셈을 하더라도 셈을 정확하게 하면 모두에게 이익만 있을 뿐, 누구에게도 손해가 되는 일이 아니라는 것은 금방 이해할 수 있는 일입니다.

대한민국의 미래와 정치발전을 위해서는 불합리한 제도는 고쳐서 합리적인 제도 위에서 다음 정부가 출범하여 보다 강력한 추진력으로 책임 있게 국정을 수행하는 게 바람직합니다. 정치권과 국민 여러분의 결단을 당부드립니다.

감사합니다.

2007년 1월 9일 대통령 노무현

문제는 새 대통령에 의한 새 정권이 출범하자마자 대통령(혹은 집권세력)은 5년 후를 겨냥한 새로운 미래세력, 구체적으로는 새

대권세력의 도전에 직면한다는 점이다. 물론 야당세력의 도전은
당연하지만 야당세력보다는 여권 내에서 차기를 겨냥한 치열한
내부각축(角逐)이 정권 초부터 벌어진다는 것이다. 여권 내부의
조기 대권각축은 1987년 이후 우리 헌정사에서 한 번도 예외 없이
벌어졌다.

노태우 정권 하에서의 3당 합당과 이후 전개된 김영삼의 치열한
대권가도 행진, 김영삼 정권 하에서 벌어진 이회창과 이인제 간의
대권 경쟁, 김대중 정권 하에서의 이인제·한화갑·정동영 등의
대권 각축, 노무현 정권 하에서의 정동영과 김근태 등의 대권 경
쟁 등이 보여주듯 새 정권은 출범과 동시에 차기대권 행진을 벌이
는 대권주자들에 의해 내부 권력갈등을 빚어왔다.

물론 정권마다 집권 대통령과 차기 주자들 간의 갈등에는 정도
의 차이는 있었고 시간상의 차이도 있었지만, 대부분은 집권 2년
차를 넘기면서 현행 집권세력과 차기 대권세력 간의 갈등이 거의
정형화되어온 것이 우리 정치의 피할 수 없는 현실이었다. 그 결
과 집권 중반 이후 집권여당 또는 행정부를 포함한 여권은 내분에
휩싸이거나 깨지는 현상을 되풀이해왔다.

노태우 정권 하에서 민정계와 김영삼 중심의 민주계의 극심했
던 분열, 김영삼 정권하에서 집권동맹이었던 김영삼과 김종필의
결별, 이회창과 이인제의 분열, 김대중 정권하에서 역시 집권연
합세력이었던 김대중과 김종필의 결별과 2001년 후반기의 정풍쇄
신 파동, 노무현 정권하에서 청와대와 정동영·김근태 등과의 갈
등과 내홍이 보여주듯이 5년 단임제는 사실상 기껏해야 3년 단임

제에 불과하다는 비판을 면키 어려웠다.

이제 집권 2년차에 접어든 이명박 정권 역시 이와 같은 전철을 벗어나긴 어려울 것이라는 예후는 짙게 드리워져 있다. 이른바 친이(친 이명박)파와 친박(친 박근혜)파 간의 갈등과 내홍(內訌)은 정권출범 전후부터 불거져 왔고, 벌써 주이야박(晝李夜朴)이라는 용어까지 등장하고 있다.

한국에서는 대통령의 레임덕 현상이 대통령 취임식 다음 날부터 시작된다는 자조(自嘲)가 나오게 된 정치사적 사례들이다. 유력신문의 정치부장 출신 간부가 "대통령 취임식 때 단상에 앉아 있는 사람들은 취임사를 하는 대통령의 뒤통수를 보고 있다. 그들의 시선은 벌써 다음날부터 벌어질 차기 대권경쟁에 가 있는 것이다. 이것이 한국의 정치판이다"라고 촌평한 것을 들은 적이 있다.

임기 초반부터 집권세력 내부로부터 야기되는 차기세력과의 갈등과 내홍·분열의 씨앗을 키울 수밖에 없는 5년 단임 대통령제는 이른바 성공한 대통령을 만들 수 없는 가장 큰 요인이 된다. 여권 내부에서 시작되는 차기 대권주자들의 각축과 갈등은 단순히 집권세력의 불안정이라는 정치적 문제뿐만 아니라 시간이 갈수록 행정부·언론·시민사회세력 등 방계 권력세계의 갈등과 분열마저 동반한다.

특히 차기 대권과의 권언(權言) 유착이 이제는 상습적 고질로 변한 일부 언론들의 행태는 대통령 레임덕을 부채질하면서 정치적 불안을 사회적으로 확산시켜 왔다. 킹메이커의 역할을 얼마만큼 밀도 있게 맡느냐에 사운(社運)을 거는 일부 대형매체들에게 3년차 정도에 접어든 현 집권세력 또는 대통령은 이미 단물이 빠진 노폐물에 불과하고, 새로운 수익모델인 차기대권에 승부를 걸어 왔다.

따라서 새로운 대권주자 만들기 과정이 치밀하게 전개되고, 그들이 선택한 대권주자 외에는 거꾸로 죽이기 전략이 병행돼 왔다. 이러한 정치적 한계로 인해 집권한 대통령 또는 정부가 설령 위대한 업적을 쌓았더라도 객관적 평가의 여유나 질서를 갖출 수는 없다. 우리 정권사(政權史)가 보여주는 부정과 단절의 역사가 지속되는 요인이고, 진정한 정권 재창출의 의미가 상존할 수 없는 이유이다.

5년 단임제가 안고 있는 조기 레임덕 현상은 차기대권을 노리는 여권 내 권력다툼에서 비롯된다. 집권세력(또는 대통령)에게서 빚어질 수밖에 없는 정치적, 정책적 시행착오는 크든 작든 차기 권력다툼에 의해 필요 이상으로 증폭되지만 5년 단임 대통령은 이를 보정하거나, 해소하거나, 극복해나갈 물리적 한계를 벗어날 수 없다.

이 과정에서 차기 대권이라는 새로운 수익모델을 찾아 정략적, 전략적 수순에 들어간 정파적 언론 등 사회세력과 권력기관들의 줄서기가 가세되면 정권은 임기를 마치기도 전에 이미 실패한 정권의 늪에 빠지게 돼 있다.

이는 정권교체기마다 여권후보들이 전임 정권을 부정하는 이른바 '집권 대통령과의 차별화 전략'을 상습적으로 선호, 채택하는 원인이기도 하다. 우리 정치사에서 당대(當代)에는 실패한 정권(대통령)은 있어도 성공한 정권(대통령)이 생성될 수 없는 까닭이 이런 구조적 문제에서 기인한다.

정권 심판론

그렇다면 대선 때 제기되는 정권심판론(政權審判論)은 현실정치에서 맞는 용어일까. 정말 정권심판의 결과로 대선이 귀결된 것일까. 5년 단임제가 내포하고 있는 국정운영의 구조적 문제점은 정책의 시작과 끝이 일치하지 않는다는 것이다.

각종 주요 정책은 입안, 실행, 보완, 결실, 평가의 과정을 통해 성패가 가름된다. 하지만 앞서 언급했듯이 현행 5년 단임제는 실은 기껏 3년 정도의 집행기간에 지나지 않는다고 지적했듯이 어떤 주요 정책도 집권기간에 입안과 실행과정으로 끝나거나, 때로는 입안과정으로 보낼 수밖에 없는 한계를 노출해왔다.

대부분의 주요 집권 정책공약 등이 현재진행형 집행단계에 빠져있거나, 놓여있으면서 국민들에게 가시적 성과를 손에 쥐어주기가 어렵게 된다. 이런 환경과 상황 하에서 언론과 여론에 편승한 차기 대권행진이 시작되면 급속한 레임덕과 함께 집권정부에 대한 실패론이 고개를 들기 시작하고, 대부분의 이슈와 공격이 경제·민생 분야에 집중된다.

1987년 이후 역대 어느 정권도 언론과 야당, 여론으로부터 경제정책이 성공했다는 평가를 받은 적이 없다. 정권마다 집권기간중에 하나같이 경제위기와 파국론(破局論)에 직면했고, 어떤 객관

적 자료나 통계가 제시되어도 그러한 비판적, 부정적 평가를 벗어
난 적이 없다.

노태우 정권은 88서울올림픽 이후 여권 내부에서부터 분출한
'총체적 경제위기론'에 직면, 12·12 증시부양책과 200만 호 주택
건설 등 과격대책을 거치며 결국은 3당 합당이라는 미증유(未曾
有)의 정치 쿠데타로 이어졌다.

이어 등장한 김영삼 정권은 출범과 함께 경제위기론을 극복하
기 위해 '신경제 100일 계획'이라는 전투적 경제대책을 내놓았고,
눈덩이처럼 커진 무역적자 등 이른바 버블경제 끝에 OECD 회원
국 가입 1년여 만에 IMF 외환위기라는 초유의 경제파탄으로 막을
내렸다.

김대중 정권도 1년 반 만에 외환위기를 극복했다는 역사적 평가
도 잠시였을 뿐 2000년 집권 중반기 이후엔 일부 언론과 야당으로
부터 끊임없이 경제위기론에 시달렸다.

노무현 정권 역시 정권 내내 경제위기와 민생파탄론으로 공격
받았고, 결국은 2007년 '경제대통령론'을 내세운 이명박 정권을
탄생시켰다.

자본주의 시장경제를 근간으로 하는 민주주의 체제 하에서 경
제·민생 문제로부터 자유로울 수 있는 정권은 있을 수 없다. 특
히 40여 년 가까이 독재정권의 경제지상주의적 개발·동원체제에
익숙해져 온 한국적 특수성에 비추어 경제적 현상과 결과는 정권
또는 대통령의 1차적 책임으로 귀결돼 왔다.

개발·동원 위주의 관치·산업화 시대를 지나고, 세계화·글로

벌 개방시대를 거쳐 지식정보화시대로 접어든 한국경제의 체질과 흐름, 위상에도 불구하고 경제는 5년이라는 집권기간 내의 대통령과 정부에 달려 있다는 관성과 인식이 여전히 지배적인 탓이다.

5년 단임제 하에선 경제문제의 경우 경기대책만 있지 경제정책은 있을 수 없는 구조를 지녔다. 40여 년 이상 지속된 목표 위주의 성장률 지상주의의 후진적 경제구조와 인식, 관행을 바꾸기 위해선 5년은 상징적 평가 외에 실질적 결실을 이루기엔 턱없이 짧은 시간이다. 일종의 공사 발주기간에 불과할 수도 있다.

해방 이후 한국경제사는 정권사와 큰 맥락을 같이해 왔다. 해방 후 이승만 정권기는 농어업 등 1차 산업 중심의 미국 원조경제 체제였다.

18년 박정희 정권기는 전반기엔 미국 원조와 차관(借款) 중심의 경공업시대, 후반기엔 차관 중심의 중화학공업과 SOC건설 시대, 전두환·노태우 정권기는 중화학과 전자, SOC 등 산업화 본격시대, 김영삼 정권기는 OECD 가입 등 세계화 전략과 금융개방시대, 김대중 정권 이후는 경제 구조조정과 IT산업, 벤처산업 등 지식정보화시대 진입 등으로 대별해 볼 수 있다.

이 과정에서 한국경제는 눈부신 외형성장 속에서도 부침을 겪었고, 특히 2차 오일쇼크의 1980년과 IMF 외환위기의 1998년에는 마이너스 성장으로 추락하며 일대 위기에 빠지기도 했다. 따라서 1980년 이후 한국 정치사에서 경제적 위난(危難) 극복의 정권을 들라고 하면 전두환 정권과 김대중 정권을 꼽을 수 있다. 그렇다면 과연 한국 정치사에서 전두환 정권과 김대중 정권은 경제적 위난극복의 정당한 대중적 평가를 받았다고 할 수 있는가.

전두환 정권은 1980년 신군부 쿠데타, 5·18 광주민주화항쟁 강압 등 정통성 결여와 군부독재의 한계로 사실상 무너졌다. 후임 노태우 정권이 성립한 것은 전두환 정권의 경제적 성과의 반영이 아니라 김영삼과 김대중 등 민주화세력의 분열이 가져온 정치공학적 결과였다.

김대중 정권에 이어 출범한 노무현 정권은 김대중 정권의 위업인 IMF 외환위기 극복의 성과가 투영된 결과였던가. IMF 외환위기의 성공적 극복이라는 성과가 없었다면 노무현 정권의 성립이 이루어지지는 못했을 수 있다는 추론은 가능할지 모르지만 경제적 위난극복의 결과로서 노무현 정권이 출범할 수 있었던 것은 아니었다.

이미 김대중 정권 중반부터 경제위기론이 파상적으로 전개되었고, 노무현 후보와 이회창 후보 간의 대선경쟁에서 주요 쟁점은 김대중 정권의 외환위기 극복의 성과에 대한 평가문제가 아니었다. 야당후보였던 이 후보가 시종 여론지지를 앞서가던 과정이 그러했고, 후보당선 이후 노무현 후보의 부침(浮沈)이 보여주었듯이 김대중 정권의 국난극복의 위업은 쟁점의 대상이 아니었다.

노무현 후보의 주요 슬로건은 '낡은 정치 청산'과 '신행정수도 건설' 등 지역균형발전 전략이었던 반면, 이회창 후보측은 오히려 김대중 정권의 경제실정, 민생문제에 집중됐던 점이 이를 보여준다.

반면에 정권의 경제적 파국이나 실패가 후임 정권성립에 어떤 결과를 미쳤던가를 반추해보면 대선과 경제적 성패의 상관작용의 문제가 보다 명료해진다.

예컨대 1997년 대선은 새해 벽두부터 한보철강 부도 등 연이은 대기업 부도로 시작되어 12월 3일 IMF 자금수용에 조인한 IMF 외환위기로 막을 내렸다.

과정이야 어떻든 김영삼 정권은 국가경제를 부도낸 경제파국의 정권으로 규정될 수밖에 없었다. 이런 배경만 놓고 보면 대선결과는 야당후보(김대중)의 압도적 승리가 예상되는 것이 정상적인 해답일 것이다.

그러나 대선결과는 김대중의 승리로 귀착되긴 했지만 여당후보와의 표차는 기껏 39만 표에 불과했다. 그야말로 신승(辛勝)이고 기적이었다.

더구나 김대중의 승리는 이른바 DJT(김대중-김종필-박태준) 연합에도 불구하고 여권의 분열(이인제의 탈당과 독자출마)에 따른 결과라는 것이 보다 냉철한 분석일 것이다. 사실상 당시 여권표로 분류되는 493만 표를 이인제 후보가 가져갔기 때문이다.

표를 분석해 보면 '6·25 이래 제2의 국난'을 초래한 김영삼 정권이 실질적으로 심판받았다는 징표는 찾기 힘들다. 1997년 대선은 김영삼 정권이 심판받은 것이 아니라 이회창 후보가 실패했다는 논리가 오히려 설득력 있는 분석일 것이다.

하지만 2007년 대선은 참여정부의 경제실패에 대한 정권 심판론의 결과가 아니었느냐는 반론이 제기될 것이다. 한나라당의 주장이 그랬고, '경제 대통령'을 들고 나와 승리했기 때문이다. 과연 그런가. 승패와 관계없이 참여정부 심판론은 진실을 이야기한 것인가.

경제대통령론을 내세운 이명박 후보가 역대 대선사상 532만 표라는 가장 압도적 표차로 승리한 사실을 놔두고 참여정부 심판론에 이의를 제기한다면 이는 바보거나 이상한 사람일 수밖에 없을 것이다. 경제대통령이라는 대선구호가 말해주듯 2007년 대선은 경제실정에 대한 국민의 심판이었다는 결과를 어떻게 부정하고 의문을 제기할 수 있다는 말인가.

맞는 말일 수 있다. 그러나 이 말이 옳다고 증명하려면 참여정부의 경제실정(經濟失政)이 어느 정도였고, 역대 정권의 경제적 성과와 비교할 때 과연 타당한 평가인가를 비교분석해 봐야 한다.

참여정부 5년의 평가가 500만 표가 넘는 압도적 표차를 끌어낼 만큼의 엄청난 경제실정이 발생했었던 것인가에 대해 대답을 찾아봐야 한다.

참여정부 기간중의 경제지표는 우리 경제사에 여러 가지 신기록을 세웠음을 보여준다. 주가가 사상 처음으로 2천 포인트를 넘었고, 수출이 3천억 달러 고지를 넘었고, 국민 1인당 GDP가 2만 달러를 넘었고, 외환보유고가 2천 6백억 달러로 사상 최고치를 기록했다. 국가경제의 실상을 보여주는 대표적인 지표인 주가, 수출, GDP, 외환보유고가 참여정부 5년 동안에 2배 이상 신장·제고된 수치였고, 실업률, 물가지수 역시 가장 안정적인 상태를 유지했으며, 5년 내내 무역수지와 경상수지가 흑자를 기록했다.

문제가 없었다는 이야기는 아니다. 부동산 문제나 계층간 소득 양극화 문제가 상존했으나 어느 정권도 이 문제에서 자유로운 상태에 있지 못했다.

종합적인 측면에서 보면 역대 어느 정권보다도 경제성과와 상황이 안정적이었다는 평가가 결코 극단적으로 치우친 것만은 아니었다. 객관적 시각의 국내전문가, 무엇보다 해외언론과 국제기구들의 다음과 같은 평가가 그랬다.

해외언론과 신용평가기관의 평가

• **외국언론**

'한국경제가 여전히 성장견인력을 잃지 않은 채 탄력을 유지하고 있다'(미국, 〈월스트리트 저널〉, 2006. 11. 30)

'어려운 환경에도 불구하고 투자자를 부르는 한국'(영국, 〈파이낸셜 타임스〉, 2006. 8. 17)

'회복하고 있는 한국에 대한 큰 기대'(영국, 〈파이낸셜타임스〉, 2006. 1. 16)

'원화강세는 원화만이 아시아의 성장을 반영하기 때문'(미국, 〈월스트리트 저널〉, 2006. 2. 7)

'서울로 향해, 미래를 몰래 훔쳐보라'(영국, 〈더 데일리 텔레그래프〉, 2006. 1. 26)

• **세계 신용평가기관**

한국의 신용등급을 S&P는 A-에서 A(2005년), 피치사 A에서 A+(2005년), 무디스 A3에서 A2로 각각 상향조정(2007년).

연도별 주요 거시경제 지표

구분 \ 연도	1997	1998	1999	2000	2001	2002	2003	2004	2005	2006	2007
1인당 국민소득($)	11,176	7,355	9,438	10,841	10,159	11,497	12,717	14,206	16,413	18,401	20,045
수출액(억$)	1,362	1,323	1,437	1,723	1,504	1,625	1,938	2,539	2,844	3,255	3,715
외환보유액(억$)	89	485	741	962	1,028	1,214	1,554	1,991	2,104	2,390	2,622
코스피지수	376	563	1,028	505	694	628	811	896	1,379	1,434	1,897
GDP성장률(%)	4.7	-6.9	9.5	8.5	3.8	7	3.1	4.7	4.2	5.1	5
소비자물가(%)	4.4	7.5	0.8	2.3	4.1	2.8	3.5	3.6	2.8	2.2	2.5
실업률(%)	2.6	7.0	6.3	4.1	4.0	3.3	3.6	3.7	3.7	3.5	3.2

출처 : 통계청 발표 자료, 코스피지수는 제외.

그럼에도 불구하고 2007년 대선의 평가는 역대 대선사상 가장 압도적인 표차로 승패가 갈라졌다. 승자 입장에선 단연 참여정부 심판의 귀결로 규정지을 수밖에 없을 것이다.

참여정부는 그렇다면 IMF 외환위기라는 국가부도의 파국을 초래한 김영삼의 문민정부보다 훨씬 혹독한 심판에 노출될 수밖에 없었단 말인가. IMF 외환위기라는 국가부도사태에 대한 심판의 결과가 기껏 39만 표(이 역시 앞서 지적했듯이 정권심판의 결과라기보다는 상대후보의 실패라는 분석이 맞지만)의 차이였는데, 참여정부는 이보다 무려 13배가 넘는 532만 표의 차이로 심판을 받았다는 논리가 상식적으로나 합리적으로 검증될 수 있다는 것일까.

이명박 후보와 한나라당이 2007년 대선에서 '경제대통령'을 내세워 참여정부 심판론으로 이겼다는 사실을 전면 부정할 수 없다 하더라도, 경제실정 심판의 결과로서는 너무나 비논리적이고 설득력 없는 주장이 아닐 수 없다. 오히려 참여정부 심판론이라는 정치적·정파적 허상(虛像)에 매몰된 채 실상(實像)을 간과했다는 분석을 제기하는 것이 보다 냉정하고, 정확한 평가가 아닐까.

승리의 전략 · 전술, 인물론

결론부터 내릴 필요가 있다. 2007년 대선은 국민이 참여정부 심판론을 선택한 것이 아니라 유권자들이 대통령으로 이명박 후보를 선택했다는 간단한 사실이다. 다시 말하면 유권자들은 경제대통령 감으로 정동영 후보 대신 이명박 후보를 압도적으로 택했을 뿐이다.

경제대통령 감으로 이명박 후보를 선택한 것이 참여정부를 심판했다는 등식은 일방적, 정파적 주장일 뿐 논리적으로나 객관적으로나 성립할 수 없다.

왜 그런가. 1987년 이후 헌정체제 하에서 치러진 어떤 대선도 정권심판의 결과로 결론내릴 수 없는 우리 정치의 구조적 한계와 문제점을 적나라하게 보여주고 있기 때문이다.

1987년 대선이야말로 전두환 정권에 대한 심판론이 전 국민적 요구였음을 1987년 6월 항쟁과 6·29 선언이 보여준다. 우리 헌정사에서, 정권심판의 기운이 1960년 3·15 부정선거 전후의 이승만 정권 이래 이처럼 강력한 때가 어디 있었을까. 하지만 민주화 진영의 분열과 지역주의의 분할로 노태우 정권이 성립되고, 심판의 대상이었던 군부정권의 승계가 이루어졌다.

1992년 대선은 이미 1990년 3당 합당을 통한 불공정한 집권 카르텔에 의해 당초부터 정권 심판론의 객체가 사라진 상태였다. 특히 민주화 세력을 이끌었던 양대 산맥, 즉 김영삼과 김대중 간의 승부였을 뿐 정권 심판론이 제기될 여지가 없었고, 극심한 지역주의 대결의 결과로 나타났다.

1997년 대선은 앞서 지적했듯이 국가경제의 부도라는 미증유의 국정실패에도 불구하고 정권 심판론의 결과라기보다는 이인제 후보의 한나라당 탈당과 출마라는 여권의 분열에 의한 김대중의 신승(辛勝)으로 나타났다. 표심만 놓고 본다면 사실상 정권의 심판은 없었다고 보는 것이 타당하다.

2002년 대선 역시 야당후보였던 이회창 후보와 반이회창 후보의 경쟁이었지 김대중 정권에 대한 심판이 대선 쟁점은 아니었다. 또한 정몽준 씨의 단일화 파기에 따른 반이회창 진영의 종국적 분열에도 불구하고 노무현 후보가 승리한 것은 정권 심판론의 정체성 상실을 의미한다.

이렇듯 1987년 이후 대선사(大選史)는 선진민주국가의 대선에서 상례화되고 대선의 진정한 본령이라 할 수 있는 정권심판의 장(場)이 상실되었음을 보여준다.

우리 대선사(大選史)가 보여주는 요체는 오히려 대선후보(또는 진영)들의 전략과 전술운용이 승패의 열쇠였음을 보여주고 있다. 더불어 대선 후보간의 포괄적인 인물 대결이 승패를 결정했다.

1987년 대선은 민주화세력의 분열이라는 전략적 맹점을 꿰뚫어 본 5공(共) 세력의 전략적 승리였다. 여기에 노태우 후보의 '중간평가' 공약은 민주화세력을 이완시킨 전술적 요소였다.

1992년 대선 역시 3당 합당이라는 노태우 정권의 승부수를 선점

한 김영삼의 전략적 승리였다. 특히 김종필과의 내각제 밀약은 3 당 합당의 분열을 막기 위한 전술적 선택이었다.

1997년 대선은 DJT연합이라는 전술적 구도에 이인제의 탈당, 출마라는 분열을 막지 못한 한나라당의 전술적 패착이 승부를 갈랐다. 2002년 대선 역시 반(反) 이회창 전선을 하나로 결집시킨 후보단일화 전략이 승리의 기폭제로 작용했다.

한국 대선은 정권심판의 대결장이 아니라 후보들간의 전략·전술의 싸움이었음이 다시 한 번 명료해진다.

한편 이런 과정에 후보들의 캐릭터와 미래비전, 시대적 대의(大義)를 종합하는 인물론(人物論)이 승리의 전략·전술을 이끌어낸 동력이 되었다.

1992년 김영삼의 '군정(軍政) 종식과 신한국 건설', 1997년 김대중의 '경제위기 극복과 남북 화해협력', 2002년 노무현의 '낡은 정치 청산과 신행정수도 건설 등 국가발전 전략' 등이 대표적인 시대정신을 표상했다고 볼 수 있다.

그렇다면 2007년 대선은 예외였던가. 결론은 예외가 아니었다는 것이다. 한나라당과 이명박 후보 진영보다는 범보수세력의 치밀한 집권전략이 성공했고, 정동영 후보와 여권(열린우리당과 대통합민주신당)의 대선전략이 실패했다.

한국 대선사가 보여주듯 한나라당은 10년간 집권에 실패했던 뼈아픈 교훈을 되풀이하지 않기 위해 최선을 다했다. 대선 경선주자들의 분열과 분당, 탈당 출마를 막는 제도적 장치를 2중, 3중으로 마련한 것이 최대의 승인이었다. 친(親) 한나라당 매체 등 이른바 우익·보수세력의 압력의 개가(凱歌)였다.

손학규와 이회창이 결국 경선 이전에 탈당의 길을 택했으나 수구언론 등 범보수세력에 의해 철저히 파괴될 수밖에 없었다. 개연성이 없지 않았던 박근혜의 이탈을 막은 것도 보수언론 등 범보수세력의 영향력이 작용했다고 보아 무방할 것이다. 이를 토대로 반(反) 노무현 세력을 반 김대중 전선까지 확장시켜 범보수세력으로 결집시키고, 여기에 이념·지역적 정서까지 가세시킨 결과를 가져왔다. 이른바 '보수 대 진보'가 아닌 '보수 대 좌파' 개념으로 전선을 변질시킨 데 성공한 셈이다.

이런 전략과 전술은 10년을 절치부심해 온 한나라당과 전통적 기득권 세력으로선 당연한 선택이었다. 보수부터 극우세력까지 10년 묵은 모든 세력을 결집하고, 고대(高大) 인맥과 일부 대형 보수교회, 조중동 등 친(親) 한나라당 매체 등을 통해 물적·인적·조직·홍보 자원을 총동원하는 데 성공했다.

여기에 용호상박(龍虎相搏)의 박빙(薄氷) 승부를 보인 이명박-박근혜의 대결은 야당 경선에선 일찍이 볼 수 없었던 성(性) 대결과 전직 대통령의 딸이자 퍼스트레이디 대 자수성가형 CEO라는 출신대결까지 겹친 최고의 흥행을 이뤄냈다.

이명박 후보는 승리했다. 532만 표 차이라는 역대 대선사상 가장 많은 표차의 대승(大勝)이었다. 그럼에도 불구하고 이명박 후보의 득표는 전체 유권자의 30.5%에 불과했다. 이는 1987년 이후 치러진 다섯 번의 대선 중에서 유권자 대비 득표율이 가장 낮은 수치이다.

1987년 대선 이후 4차례의 대선에서 나타난 1, 2위 간 표차와 유효투표수 대비 득표율 차를 보면 1987년 195만 표(8.6%), 1992년 194만 표(8.1%), 1997년 39만 표(1.5%), 2002년 57만 표(2.3%)로 대통령선거는 항상 신승(辛勝)과 석패(惜敗)의 양상을 벗어나지 못했다. 국민의 압도적 지지를 획득한 대통령은 없었다.

2007년 대통령선거 역시 1위 후보자의 압도적 표차에 의한 대승임에도 불구하고 유권자의 압도적 지지는커녕 유권자 대비 득표율은 역대 최저였다. 이는 2위를 차지한 후보가 역대 2위 후보들의 득표율을 따라잡지 못한 첫 대선결과였음을 보여줄 뿐이다.

그렇다고 이를 이명박 후보 진영의 전략적 선거운동의 성공이라고만 규정하기에도 설득력이 없다.

예컨대 1992년 대선의 경우 3당 합당이라는 정치적, 이념적, 지역적, 물적 결합이라는 대선사상 유례없는 일방적이고 불공정한 카르텔 전략구도 아래서도 김영삼과 김대중의 표차는 194만 표(8.1%) 차이에 불과했기 때문이다.

그렇기 때문에 2007년 대선이야말로 참여정부, 노무현 대통령에 대한 국민적 심판의 결과로밖에 볼 수 없다는 주장을 하고 싶을지도 모른다. 하지만 앞서 여러 번 지적했듯이 우리 정치사에서 정권을 심판한 대선은 없었고, 사실상 불가능했다는 사례적 실증을 보여준 바 있다. 더구나 참여정부의 경우 정권 심판론의 핵심이라 할 경제지표들은 역대 어느 정권보다 양호한 수치를 보여주었고, 역대 대통령들의 임기 말에 국정을 뒤흔들었던 도덕적 해이와 권력 스캔들도 없었다.

역대 대선 결과 비교표 (주요 후보별 득표수/득표율)

대선	100만 이상 득표 후보자	득표수	유효투표수 대비 득표율(%)	유권자 대비 득표율(%)
17대 (2007)	**이명박**	**11,492,389**	**48.7**	**30.5**
	정동영	6,174,681	26.1	16.4
	이회창	3,559,963	15.1	9.5
	문국현	1,375,498	5.8	3.7
16대 (2002)	**노무현**	**12,014,277**	**48.9**	**34.3**
	이회창	11,443,297	46.6	32.7
15대 (1997)	**김대중**	**10,326,275**	**40.3**	**32.0**
	이회창	9,935,718	38.7	30.8
	이인제	4,925,591	19.2	15.3
14대 (1992)	**김영삼**	**9,977,332**	**42.0**	**33.9**
	김대중	8,041,284	33.8	27.3
	정주영	3,880,067	16.3	13.2
13대 (1987)	**노태우**	**8,282,738**	**36.6**	**33.0**
	김영삼	6,337,581	28.0	25.2
	김대중	6,113,375	27.0	24.3
	김종필	1,823,067	8.1	7.3

역대 대통령 중에서 임기 말기에 50% 내외의 국정지지도(10·4 남북정상 선언 이후)로 사실상 대선 이후까지 안정적 국정을 수행한 첫 정권이었음을 상기할 필요가 있다. 노무현 정권은 임기 마지막 한 해를 '식물정권'에서 벗어난 첫 정권이었다.

정파와 시각에 따른 참여정부, 노무현 대통령에 대한 평가상의 논란을 접더라도 정권 심판론이 성립하려면 적어도 2007년 대선에선 유권자의 투표율이 이상적으로 상승했다거나, 대선의 결과가 승자에겐 유권자의 압도적 득표율로 나타나주어야만 했다.

정권 심판론이 핵심쟁점으로 부각되었던 2008년 11월의 미국 대선결과를 보면, 1968년 이후 40년 만에 처음으로 60%를 넘어선 61.6%로 매우 높은 투표율을 기록했으며, 승리한 오바마 후보의 득표율, 특히 선거인단 집계의 경우 364 대 174로 두 배가 넘는 압도적 차이를 보여주고 있다.

살아있는 신화 창조

2007년 17대 대선결과는 승자의 승리요인보다는 패자의 패인이 확실하고, 이명박 후보의 일방적 승리가 아니라 정동영 후보의 일방적 패배였다. 역대 대선사상 호각(互角)의 승부를 기록하지 못한 채 허무한 패배로 끝난 2007년 대선은 예견된 결과이기도 했다. 2007년 대선은 역대 선거사상 야당후보든, 여당후보든 유력 대선후보에 맞서는 팽팽한 전선이 형성되지 못한 첫 대선이었다는 점에서 허무한 결과였다.

왜 그랬을까. 역대 한국 대선을 결정지은 요소는 첫째로 인물론, 둘째로 미래비전이었다. 인물론은 미디어 선거가 확산될수록 대중적 이미지로 투과되며, 능력·도덕성·철학을 포괄해 왔다. 야권의 4분5열로 끝난 1987년 12월 대선을 제외하면 역대 대선 승자에겐 모두 인물을 포장할 살아있는 신화(神話)가 있었다.

산업화와 민주화의 기적을 품고 있는 한국에서 신화는 희생과 역경의 수렁에서 자란 연꽃과 같다. 헌신과 역경 없이 신화적 이미지는 생성될 수 없다. 현대 선거전에서 이미지는 곧 콘텐츠를 말한다.

김영삼과 김대중의 신화는 목숨을 건 반독재민주화 투쟁의 30년에 의해 형성됐다. 두 사람의 정점 없는 반독재 투쟁경쟁이 이를 증폭시켰다. 산업화의 신화가 역사 속의 박정희였다면, 두 사람은 한국 민주화의 살아있는 신화였다. 여기에 김영삼에겐 변화와 개혁을 주도하는 승부사적 강단이 있었고, 김대중에겐 평화와 통일을 향한 인동초(忍冬草) 같은 끈질긴 집념이 있었다. 이는 곧 시대정신에 수렴하는 뚜렷한 대의와 비전이 되었다.

김영삼과 김대중의 양김 시대가 막을 내리고 치러진 첫 대선인 2002년 대선 역시 시대적 신화를 지닌 노무현의 승리로 끝났다. 바로 원칙(原則)과 소신(所信)이라는 신화였다. 양김에 비해 짧은 정치적 연륜에도 불구하고 원칙과 소신을 희생적 행동으로 보여준 반독재, 반기득권의 농축된 캐릭터 위에 지역주의 극복, 지역균형발전에 대한 확고한 비전이 양김 시대 이후의 시대정신을 선취했다.

김영삼과 김대중, 그리고 노무현 시대를 통해 한국 정치의 최대 과제였던 민주화에 대한 시대적 요구와 갈증이 해소되고, 사실상 정치적 자유도가 포만상태에 이른 2007년 대선에도 역시 신화가 작동되었다. 이명박의 신화, 바로 산업화시대의 성공신화였다.

노무현이 민주화시대의 두 신화인 김영삼과 김대중의 적자(嫡子)로서의 위상이었다면, 이명박은 산업화시대의 신화로 남아있는 박정희-정주영의 후계로서 자리매김했다. 경제대통령론은 박정희-정주영의 후계로서 이명박의 성공신화를 마케팅한 것이었고, '신화'는 성공했다.

국민소득 2만 달러 시대에 산업화시대의 구호로 무장한 '경제대통령론'이 성공한 것은 시대적 역설이지만 유권자들은 '불도저 신화'를 선택했다. 반면에 실패한 후보들은 신화가 약하거나 신화가 없는 캐릭터들이었다.

정동영에겐 산업화시대의 신화는 원천적으로 불가능했고, 민주화시대의 신화도, 원칙과 소신의 신화도 역부족이었다. 신화의 창조나 형성의 필요충분조건인 시대적 헌신과 역경의 축적과 발자취가 없었다.

그렇다고 '불도저 신화'에 맞설 강력한 메시지가 있었던 것도 아니었다. 신화를 내세운 후보로 인해 신화의 시대가 끝나지 않은 대선에서 신화의 부재(不在)는 결정적 패인일 수밖에 없었다. 여기에 대선 전후의 전략적 실패는 역대 대선사상 최대의 패배를 가져왔다.

2005년 지방선거 이후부터 제기된 참여정부, 노무현 대통령과의 차별화 전술과 분당·합당으로 이어지는 자멸적 전략은 반(反)한나라당 세력의 결집마저 무산시키는 결과를 가져왔다. 이명박 후보가 사상최대의 압도적 표차로 승리했음에도 불구하고 전체유권자의 30.5%의 득표에 머물러 대선승리 후보 중 전체 유권자대비 득표율이 사상 최저치에 머물렀다는 사실은 반(反) 이명박 또는 반 한나라당 표의 극심한 분열과 이탈, 투표불참에 기인하며, 이는 정동영 후보측의 전략적 실책을 의미한다.

전략적 실패의 근본요인은 참여정부, 노무현 정권과의 차별화에서 비롯됐다. 참여정부, 노무현 정권이 실패했다고 스스로 공언하면서 시작된 노무현 정권과의 차별화는 열린우리당의 해체를 가져왔고, 대선에서 노무현 지지세력의 불참과 이탈을 야기했다. 헌신과 희생의 신화가 없는 정동영 후보에게 배신과 분열의 오명이 덧씌워진 것이라면 비약일까.

손학규와 이회창의 연이은 탈당이라는 한나라당의 분열에도 불구하고 정동영이 500만 표가 넘는 득표차로 일방적 패배를 당한 것은 대통령 후보로서의 '그의' 정체성(正體性)이 얼마나 취약했던가를 되짚어주고 있다. 더구나 2008년 5월 총선에서 정몽준에게도 패배를 당함으로써 정동영에 대한 유권자의 시선과 표심이 어떠했던가를 단박에 읽게 해준다. 정몽준 역시 우리 정치사상 가장 극적인 배신과 분열의 주홍(朱紅) 글씨를 달고 있던 사람이 아니었던가. 정동영이 대선에서 승리하지 못한 이유가 아니라 사상 최대로 대패한 원인이 어디 있는지는 분명하다.

"참여정부는 실패했다." 맞는 주장이다. 참여정부, 노무현 정권이 실패했다고 주장해야 할 이유들이 너무 많기 때문이다. 그러나 무엇보다도 실패했다고 말해야 정치적으로 편하기 때문이다. 그래야 위안이 되고 이익이 되며 자유롭다고 생각하는 정파세력들이 많기 때문이다.

'뉴라이트' 등 극우세력들이야 당연하다. 언제부터인가 자신들을 스스로 '보수'라고 명명한 조중동과 한나라당 역시 마찬가지다. 같은 동네사람들이니 당연하다. 민노당과 좌파세력 역시 마찬가지다. 한겨레, 경향 등 좌파진보 언론 역시 그렇다(한겨레, 경향신문을 좌파언론이라고 지칭하는 것은, 조중동이 그렇게 부르기도 하지만 웬일인지 그들 스스로도 조중동을 보수신문으로 지칭하고 있기 때문이다).

민주당도 마찬가지다. 통합민주당은 참여정부가 실패했다는 이유로 열린우리당 창업자들이 스스로 당을 해체하고 만든 당이다.

지금 민주당에는 2004년 3월 노무현 대통령 탄핵을 주도했던 주축들도 포진해 있다. 노무현 대통령 탄핵파와 참여정부 실패 주창자들의 주도하에 만들어진 당이 아닌가. 민주당이 설령 참여정부가 실패하지는 않았다고 주장하더라도 가식적이고 정치적인 수사일 뿐이다.

한나라당 이명박 정권이 정권출범 100일을 기점으로 지지도가 수직 하락해 20%대를 넘기지 못한 상황에서도 원내 제1야당의 지지도가 여당을 넘지 못한, 때로는 여당의 반 토막도 안 된 상황을 여전히 노무현 정권 실패에 대한 부정적 여론 탓으로 돌리고 있는 게 민주당의 숨은 진심이기 때문이다.

새삼스럽게 국민의 정부, 참여정부의 적통(嫡統)을 주장하면서도 지난 10년의 성과를 집대성하려는 시도조차 없었음은 물론이고, 창당 전당대회에 노무현 대통령을 초청하지 못한 뱃심이 민주당의 현주소라면 과한 표현인가.

결국은 그랬다. 모두가 너나 할 것 없이 참여정부 실패를 주장할 때 "참여정부는 결코 실패하지 않았다"고 세상을 향해 주창하고 논증하던 세력들은 별수 없이 시대의 왕따가 될 수밖에 없었다.

이른바 극우세력과 족벌매체에 의해 '노빠'라 불리던 '참여정부 평가포럼'과 잔존하는 '노사모'들뿐이었는지 모른다. 노무현은 1990년 3당 합당 반대부터 왕따의 원죄를 타고난 시대의 풍운아 (風雲兒)였기 때문인가.

제3부

·

킹메이커론

킹메이커론

킹메이커(*king maker*)라는 말이 있다. 정치에 대한 도전과 야망을 가진 사람들에게 킹메이커란 말은 한 번쯤은 그 이름표를 달고 싶은 선망과 긍지의 칭호이기도 하다.

특히 민주주의가 고도로 발전하면서 다양한 미디어 전쟁이 대통령 선거의 승패를 가르는 중요한 기제가 된 오늘날엔 더욱 그렇다. 선거를 꿰뚫는 전략과, 순간순간의 전술을 기획하고 집행하여 승리를 안게 되는 승부사의 짜릿한 쾌감과 함께 자신의 정치적 지향과 가치를 실현하는 관문이자 지름길이 될 수 있기 때문이다. 킹메이커의 길을 꿈꾸는 것은 정치입문자들에겐 어쩌면 당연한 소망일지 모른다.

오늘날엔 킹메이커란 용어가 비단 정치의 세계뿐만 아니라 집단과 조직이 있으면 어디에나 존재하는 것 같다. 대재벌 총수의 옹립과 승계과정에서도, 또는 재벌 2세들의 왕자의 난을 평정해 가는 과정에도 킹메이커의 역할이 운위된다. 뿐만 아니라 지자체장이나 협회장 등 요즘에는 선거가 일상화된 조직과 집단에서도 보통명사로서의 킹메이커들이 활약하고 있다.

고대 왕정(王政) 시대에도 말 그대로 킹메이커가 있었다. 중국을 첫 통일한 진시황의 배후엔 여불위(呂不韋)라는 킹메이커가 있었고, 한나라 유방(劉邦)을 황제로 등극시키기까진 장자방(張子房)과 한신(韓信)이 있었다. 우리 역사에도 조선 개국의 주춧돌이 된 정도전(鄭道傳)이 있었고, 세조의 왕권 도전엔 한명회(韓明澮)가 있었다.

그러나 현대적 의미의 킹메이커는 '대통령 제조기'라는 직역보다는 대통령선거를 승리로 이끈 핵심 선거전략가(選擧戰略家) 또는 선거참모(選擧參謀)를 일컫는 말이다. 킹메이커는 대통령선거에서 결정적으로 승리로 이끈 특정 개인을 말하기도 하지만 경우에 따라서 복수의 개인 또는 특정집단을 지칭하기도 한다.

헌정 60년이 넘는 한국에서 킹메이커라는 용어가 등장하기 시작한 것은 대략 1987년 대선 이후부터라고 할 수 있다. 1987년 이전이야 대통령을 만든다는 게 주권자인 국민이 아니라 절대 권력자 또는 특정 권력집단의 의지의 문제였기 때문이다.

이승만 정권 하에서 대통령 선출은 선거라는 형식을 빌렸지만 사실은 전국의 행정조직과 집권당이 한몸이 되어 치른 관제선거였고, 그 결과는 결국 4·19 학생혁명으로 종말을 고했다.

초등학교 초년시절인 1960년 초의 기억이 아직도 생생하다. 시골 고향의 초등학교에선 인근 마을의 주민과 학생들이 모두 모여 흥겨운 한 판 잔치가 벌어졌다. 찢어진 목소리의 스피커가 "대통령은 이승만 박사, 부통령은 이기붕 선생"을 선창하면 동네 부녀자들이 '강강수월래'를 합창하면서 운동장을 돌았고, 동네 꼬마들도 함께 먼지를 날리며 "이승만 박사", "이기붕 선생"을 외쳐대곤했었다. 그날 그 잔치가 동네잔치가 아니라 어엿한 정치행사였다는 것을 어렴풋이나마 알게 된 것은 한참 후의 일이었다.

그리고 이태 후, 모이라는 사전통보에 따라 읍내 공회당 앞으로 동네사람들이 모여들었다. 조금 지나자 헌병 사이카들의 요란한 굉음 속에 신작로의 흙먼지를 날리며 별이 4개 달린 지프차가 도착했고, 열렬한 박수가 터져 나왔다. 국가재건최고회의 박정희 의장의 전국 순회길인 줄은 한참 나중에야 알게 되었다.

그날 이후로 동네 꼬마들뿐만 아니라 동네 어른들은 가끔 밤마다 읍내 다리 밑에 모여 군청에서 보여주는 영화를 관람했다. 스크린 대신 세워진 하얀 광목 위에는 얼마 전 읍내 공회당에 나났던 박정희 대장의 검은색 선글라스가 비춰졌던 기억이 아직도 선명하게 남아있다.

박정희 정권 18년 동안 킹메이커는 '킹' 자신이었다. 킹에게 킹메이커란 존재할 수 없다. 정권 보위세력으로서 권력기관과 당·군·행정기관 등의 집단이 하위 집행기관으로 작용했을 뿐이다.

박정희 집권시절 대통령 선거가 있던 즈음 야당후보의 유세가 있던 날이면 어김없이 담임선생님들의 인솔하에 중고생 단체영화 관람에 나섰던 기억은 중장년층 누구에게나 있었던 추억 아닌 추억이었다. 중고생들의 집단관람 덕분에 히트를 치며 청소년들의 눈물샘을 자극했던 〈저 하늘에도 슬픔이〉라는 영화도 생각난다.

물론 절대권력의 시대에도 장기집권의 당위와 방법을 고안하고 제안하여 성사시킨 특정인이나 그룹들은 있게 마련이다.

박정희 시대엔 3선 개헌의 막후 핵심주역과 유신개헌의 핵심주역이 있었다. 그 주역 중의 주역이 이후락 씨(비서실장, 중앙정보부장) 였음은 주지의 사실이다. 그러나 그를 킹메이커라고 부르지는 않는다. 킹메이킹의 과정이 양지(陽地)가 아니라 장막 뒤 깊숙한 음지(陰地)였기에 절대권력의 심복이라거나 권력운용의 책략가(策略家)라 부름이 마땅하다.

유신개헌으로 이어진 절대권력의 무한질주 과정에서 절대 권력자에게 킹메이커란 킹 자신임을 보여준 사건은 1971년 벌어진 이른바 '10 · 2 항명(抗命) 파동'일 것이다. 이 사건을 요약하면 다음과 같다.

1971년 9월 30일 야당인 신민당이 물가폭등, 실미도 사건, 광주(廣州) 대단지 소요사태 등을 이유로 김학렬 경제기획원, 신직수 법무, 오치성 내무장관의 해임건의안을 국회에 냈다. 과반수 의석을 차지한 공화당의 총재였던 박정희 대통령은 당에 해임안을 부결시킬 것을 지시했다. 하지만 상당수 여당의원들이 표결에서 이탈해, 오치성 내무장관 해임안이 10월 2일 국회를 통과했다. 백남억 당의장, 김성곤 중앙위의장(쌍용그룹 창설자), 김진만 재정위원장, 길재호 정책위원장 등 공화당을 이끌던 '4인 체제'의 이른바 '10 · 2 항명파동'이었다. 이는 당시 당내 주류인 '4인 체제'와 3선 개헌 뒤 총리로 복귀한 김종필 진영 사이의 알력다툼 결과였다. 해임안 의결 두 달 전 '반 4인 체제'인 오 장관이 전국 시장 · 군수 · 경찰서장 인사를 통해 4인 체제와 줄이 닿아 있던 인사들을 한직으로 내쫓은 것이 이런 갈등에 불을 붙였던 것이다.

하지만 여당의원들의 헌법기관으로서의 '권한행사'는 박 대통령에게는 '항명'으로 해석됐고, 중정(中情)이 즉각 행동에 나섰다. 당내 실력자로 중간보스 구실을 하던 '4인'을 비롯해 20여 명의 현역의원들이 속속 남산으로 끌려갔다. '주모자를 대라'는 취조와 고문이 이어졌다.

중정 창설요원이었던 강성원 의원이 마대가 씌워진 채 각목 세례를 받고, 당의 '자금원'으로 사실상 당내 2인자였던 김성곤 의원이 조사관들에게 마스코트였던 콧수염을 뜯기고 발가벗겨진 채 고문을 당했다는 소문이 퍼졌다.

결국, 박 대통령이 "(자금) 덕분에 총선을 잘 치렀다"고 고마워했던 김성곤 의원과 5·16 쿠데타 주체였던 길재호 의원(육사 8기)은 '항명'을 주도한 혐의로 의원직을 잃고 정계에서도 퇴출됐다. 당시 중정 요원들에게, 헌법상 면책특권 조항은 그 위에 군림한 '대통령의 명령' 앞에서는 종잇조각에 지나지 않았다.

"밝혀야 할 국정원 과거", 〈한겨레〉, 2005. 5. 22

당시 사건의 주체와 객체들이 사건 실체에 대해 입을 열지 않거나 사몰(死沒)해 버려 여전히 야사(野史)로서만 달빛에 바래 있다. 10·2 파동의 전말은 결국 박정희 대통령의 3선 임기 이후 킹메이커를 담당하려던 이른바 공화당 4인방(김성곤, 길재호, 백남억, 김진만)의 음모를 제거한 일종의 친위(親衛) 쿠데타였다는 게 정설이다.

이때 이들을 제거하도록 지시를 누가 했겠는가는 불문가지이며, 이를 집행한 주역이 중앙정보부였음은 절대권력 시대에 차세대 킹메이킹이란 왕정시대의 대역모(大逆謀)와 같은 것이었음을 보여줄 뿐이다.

다만 대대손손 이어진 왕정시대엔 충신이냐 간신이냐는 후대 역사의 평가가 있지만 절대권력 시대엔 승자냐 패자냐는 구분만 남아있을 뿐이다.

전두환 시대 5공 정권 역시 성공한 쿠데타 주역은 있을지언정 킹메이커의 역사성은 애당초 불가능한 일이었다. 허삼수, 허화평, 허문도 씨 등 이른바 '3허'(許)를 5공 탄생의 주역으로 부르지만 이들은 군대 쿠데타와 반 쿠데타 세력 간의 쟁투에서 승리한 주역일 뿐이다. 국가와 국민을 볼모로 한 군부 쿠데타에서 킹메이커란 존재할 수 없는 용어이다.

현대적 의미의 킹메이커

그렇다면 킹메이커란 누구인가. 어떻게 탄생하는가. 오늘날의 현대적 의미의 킹메이커가 존재하기 위해선 민주주의가 기본조건이고, 주권자인 국민의 마음, 즉 종잡을 수 없는 국민의 표심을 특정 후보에게 몰리게 하거나 돌리게 하는 전략과 전술을 창안하고, 이를 대선후보가 채택하도록 하는 핵심 중의 핵심 선거참모라고 할 수 있다.

자유와 평등을 기초로 다양성과 다원성을 생명으로 하는 민주주의 체제에서 킹메이커는 개인일 수도, 복수의 집단일 수도 있고, 또는 특정집단과 조직일 수도 있다. 그만큼 다양한 역할과 전략전술을 필요로 하는 것이 현대 민주주의 체제의 선거이기 때문이다. 그리고 무엇보다 법과 규정을 어겨서는 안 되는, 반칙과 범법이 용인될 수 없는 전략과 전술을 구사해야 한다.

현대적 킹메이커의 역사는 민주주의의 발전과 대중미디어의 발달이 함께 이루어낸 미국 대통령선거에서 시작된 것이 아닌가 싶다. 자료를 보면 선거 전략가로 불리는 정치컨설턴트가 미국정치에 등장한 것은 대략 1950년대 후반이고 가장 극적인 역할을 한 계기가 유명한 1960년 케네디와 닉슨의 TV토론 대결이었다는 기록이 나온다.

케네디 대통령 선거에 참모로 참여한 조셉 나폴리탄, 래리 오브라이언 등을 선거 전략가 또는 킹메이커의 효시로 보는 것이다.

대통령 후보의 선거캠프는 거물정치인이 선거본부장을 맡지만 선거전략의 기획과 집행은 그 밑의 선거 전략가가 쥐게 되고, 선거가 승리했을 때 그 선거 전략가는 이른바 킹메이커로 부상하게 되는 것이다.

당연히 후보의 절대적 신임과 신뢰가 필수적이며 여론조사와 판독, 메시지 작성과 전달, 일정관리 등 후보의 모든 사항을 치밀하게 검토하고 고안하여 가장 유리한 전술전략으로 운용한다.

대선기간 중 후보와 가장 밀접하게 호흡하기 때문에 대부분의 킹메이커들은 선거승리 후 정권의 요직을 맡게 된다.

1968년 닉슨을 대통령으로 만든 일등 선거전략 참모였던 존 미첼은 대선 후 법무장관을 맡았고, 1972년 닉슨 재선 역시 존 미첼의 전략에 의지했으나, 워터게이트 사건이 드러나면서 미첼은 구속되고 닉슨은 중도하차하고 만다.

카터 대통령 집권 후 첫 백악관 비서실장을 맡았던 윌리엄 조단 역시 조지아 사단을 이끌던 선거참모였다. 1980년 레이건의 당선을 이끈 선거 전략가 윌리엄 케이시는 뒤에 CIA 책임자가 되었다.

선거 전략가, 이른바 킹메이커가 항상 집권 후 요직을 맡는 것만은 아니었다. 킹메이커가 충성을 바친 '킹'의 성격에 따라 킹메이커와 킹의 관계가 때로는 애증의 관계로 변질되고, 서로 배신의 관계로까지 진전되기도 한다.

1992년 클린턴 1기 대선캠프의 제임스 카빌은 '문제는 경제야,

바보야!'(It's Economy, Stupid!)라는 유명한 대선슬로건을 만들어 재선에 나선 아버지 부시 대통령을 한 방에 날려 버렸다.

1991년 1차 이라크전의 승리의 여세를 몰아 지지율이 한때 80%선을 웃돌며 재집권이 확실시되던 아버지 부시는 경제불안을 선거이슈로 쟁점화한 카빌의 극적인 선거전략에 의해 어이없게 무너졌다. 그런 카빌이었지만 클린턴은 당선 후 카빌을 모른 척했다.

1996년 클린턴의 재선캠프에선 딕 모리스라는 천재적 선거 전략가가 활약했으나 그 역시 버림받았다. 클린턴과 이들은 한때 적대적 관계로 돌변했고 르윈스키 스캔들이 터졌을 때는 제대로 조언하는 전략참모가 없었다는 지적이 나온다.

킹메이커의 전설

현재까지 미국에서 킹메이커의 전설을 가진 사람은 아들 부시를 연거푸 대통령에 당선시킨 칼 로브였다. 2004년 11월 3일, 재선에 성공한 부시가 대통령직 수락연설에서 감사해야 할 사람들을 열거하면서 "부모님과 형제들, 두 딸과 아내, 그리고 설계사 칼 로브에게 먼저 감사한다"고 말했다. 미국인들은 물론 십수억의 전 세계 사람들 앞에서 공개적으로 선거참모 칼 로브를 킹메이커로 소개했다.

로브는 부시의 정치역정에서 처음부터 함께 시작했다. 1990년 대 부시의 텍사스 주지사 선거부터 기획에 참여했고, 2000년 대권 도전에서 2004년 재선까지 선거전략을 도맡았다. 이른바 도덕적 가치를 선거이슈로 부상시켜 골수 보수주의의 부활을 이끌어넘으로써 레이건 이래 미국에 보수주의 열풍을 선거에 도입한 전략을 구사했다.

칼 로브에 대한 평가는 극단적이다. 카리스마 넘치는 천재적 선거 전략가라는 평가 뒤에는 권모술수(權謀術數)의 대가라는 악명도 적지 않다. 1970년 대학생이었던 칼 로브는 민주당 진영에서 훔친 선거팸플릿 안에 맥주를 무료로 준다는 가짜 전단지를 끼워 넣어 민주당 선거집회를 엉망으로 만들어 버렸다.

이듬해 로브는 전국대학 공화당위원회의 상임이사직을 맡기 위해 대학을 자퇴하며 학생신분을 버린다. 2년 뒤엔 부정선거를 통해 전국대학 공화당위원회 회장에 당선되어 당시 전국공화당위원회 회장이던 조지 H. W. 부시의 축하를 받는다(폴 크루그만, 《미래를 말하다》).

권모술수의 대가로 부정선거의 전력을 지적받고 있는 그가 2000년과 2004년 대선에서 도덕적 가치를 내세우며 낙태, 줄기세포 복제, 동성애 등을 반대하는 캠페인을 이끌어 승리의 주역이 되었다. 로브가 '언제부터 킹메이커가 되려고 생각했느냐'는 질문에 "1950년 12월 25일"이라고 자신의 생일을 말한 일화는 유명하다. 칼 로브는 스스로 말했듯이 일생을 권력 제조기라는 선거 전략가로 일관했다는 점에서 전설적 존재임은 분명하다. 그는 백악관에서 부시의 정치고문으로 일했다.

오바마 대통령에게도 출중한 선거 전략가들이 있지만 오바마의 성격과 이미지가 대화와 타협의 새 모델로 굳어진 탓에 극적인 선거전략보다는 신중하고 합리적인 전략가들이 포진했다. 그 중에서도 데이빗 엑셀로드와 데이빗 플러프를 꼽을 수 있다.

엑셀로드는 'Yes, we can'의 슬로건을 만들어 변화와 희망의 바이러스를 퍼뜨렸고, 플러프는 조직과 네트워크를 담당해 예비경선에서 힐러리를 누르고 마침내 대선의 월계관을 쟁취하는 데 기여했다. 그러나 이들은 막후에서 조용하고 신중하게 움직였다.

민주주의가 일찍 착근되어 선거가 국민적 축제가 된 미국과 서구 등 선진 민주국가에서는 새로운 시대의 정신을 일구는 선거 자체가 변화무쌍하고 갈수록 다이내믹하다. 이 때문에 선거판을 기획하고 주도하는 킹메이커의 역할이 그만큼 중요하고, 때로는 선거판의 전설로서 부상하는 것이 이제는 상례처럼 되곤 한다.

킹메이커의 본맛은 역시 직접투표를 통한 대통령 선거에 있다. 선거를 통해 사실상 '임기제 왕'을 뽑는 대통령중심제 국가의 대통령선거야말로 킹메이커의 산실일 수밖에 없을 것이다. 의원내각제를 하고 있는 유럽이나 일본의 경우 집권의 과정이 의원들 수에 의해 결정되고, 대부분의 경우는 정당과 정파 간의 연정(연합정권)에 의해 집권세력이 형성되기 때문이다.

특히 대통령제 국가들의 대선의 초점이 갈수록 정당 중심에서 인물 중심으로 이동하는 추세인 데다, 의원내각제처럼 권력의 분점이나 균점이 아니라 올 오어 낫싱(All or Nothing)의 한 판 승부로 끝나는 속성으로 인해 킹메이커들은 프로복서들의 매치를 관리하는 프로모터와 같은 긴박감을 갖기 마련이다.

가까운 일본의 예를 보면 60여 년간 자민당의 장기집권이 계속되고 있지만 킹메이커의 존재는 전혀 차원이 다르다. 킹메이커가 없진 않지만 그 역할은 자민당 내 특정파벌이나, 파벌의 보스를 지칭하고 있다. 자민당의 집권을 지속시키기 위해 회전문 총리를 관리하는 당내 수위장(守衛長)이 킹메이커이다. 바로 모리 전 수상이나 다나카 파의 수장 등이 이에 해당될 것이다.

그런 면에서 진정한 의미의 킹메이커는 4년마다 또는 5년마다 '선출직 왕' 또는 '임기제 왕'을 뽑는 대통령중심제 국가의 대선과정에서 나타난다고 할 수 있다.

한국의 킹메이커

1987년 이후 5차례 치러진 한국의 대선은 5년 단임제라는 속성에 다 3김 시대의 유산과 영호남 지역주의의 엄존, 남북관계를 둘러 싼 이념적 대결, 그리고 뿌리 깊은 산업화시대와 민주화시대의 계 층·세대 간의 갈등까지 겹쳐 어느 대통령제 국가의 선거보다 과 정과 결과가 드라마틱하고 치열할 수밖에 없다.

5번의 대선 중 2007년 17대 대통령선거를 제외하곤 승자와 패 자 간의 당락표차가 기껏 39만 표에서 195만 표 차이에 그친 것만 보더라도 한국의 대선은 명운을 건 건곤일척(乾坤一擲)의 대전이 었다.

그럼에도 불구하고 대부분 한국 대선에선 킹메이킹의 과정은 치열했지만 킹메이커의 역할은 크게 두드러지지 않았다. 왜 그럴 까. 여러 이유가 있지만 1987년 이후 계속된 두세 차례의 대선이 정치공학적 구도, 다시 말해 지역적 근거를 바탕으로 한 분할 또 는 합종연횡(合從連衡)에 의한 세력간의 물리적 연합으로 치러지 고 결판이 났기 때문이다.

또한 이 과정에서 권력의 장막 뒤에서 벌어지는 음모적 또는 정 략적 책략에 의해 대통령 선거의 구도가 미리 형성될 수밖에 없었 기 때문이다. 한마디로 나라의 주인인 국민이 소외된 채 불투명한 권력성립 과정이 가능했기 때문이다.

국민직선 5년 단임제의 첫 선거였던 1987년 12월 대선은 지역을 근거로 한 4파전(노태우, 김영삼, 김대중, 김종필)이 이미 형성되어 가장 극적인 지역주의 선거라 할 수 있다. 1987년 대선에서 승리한 노태우 후보 캠프에선 3김의 속성과 전략, 지역주의의 발호를 이미 꿰뚫고 선거전략을 기획하고 집행한 전략가들이 있었음은 분명하다.

이 가운데 박철언과 김윤환의 숨겨진 역할이 가장 컸던 것으로 전해진다. 박철언은 노태우와 인척간(노태우 대통령의 부인과 고종사촌)이고, 김윤환은 5공 세력의 양축인 전두환·노태우와 동향의 오랜 친구 사이였다. 이들은 이미 절대권력 체제인 전두환 정권 하에서 박철언은 대통령 비서관과 안기부장 특별보좌관, 김윤환은 대통령 정무비서관과 비서실장을 지내며, 각기 권력의 참여자로 일익을 맡고 있었다. 이들의 가장 중요한 역할은 절대권력 체제에서 노태우를 전두환의 권력승계자로 입지시키는 데 있었다.

결국 1987년 6월 시민항쟁에 의해 6·29 선언이 나오고, 체육관 선거가 국민직선으로 바뀌었지만 이들은 그 이전에 노태우를 전두환의 후계자로 책봉하는 데 성공했다. 전두환 정권의 고육지책(苦肉之策)이자 노태우 후보의 승부수였던 6·29 선언 역시 이들의 직·간접적인 개입과 작용이 있었다는 것이 정설이고 보면 이들은 노태우 대통령 집권의 일등공신임은 분명하다.

노태우 정권 출범과 함께 박철언과 김윤환은 권력의 핵심요직을 맡으면서 일등공신의 보상을 받게 된다. 1988년 노태우가 대통령에 취임한 후 박철언은 제13대 국회의원(민주정의당, 전국구)이 되고 '6공의 황태자'로 불리면서 정무 제1장관, 체육청소년부 장관 등을 지냈으며, 김윤환은 집권당인 민정당 원내총무와 정무장관을 거쳤다.

그러나 이들은 그 후 3당 합당의 전략적 접근방법과 민자당 총재 및 대선후보 선출과정에서 각기 다른 선택을 하게 된다.

노태우 정권의 황태자로 불리던 박철언은 3당 합당의 파트너로 김대중을 선호했었고, 월계수회 등 전국적인 정치 사조직을 양성하면서 스스로 대권의 꿈을 키워갔다. 반면, 김윤환은 김영삼을 옹립하는 민정계의 대표주자로 활약하여 결국 김윤환의 승리로 막을 내린다. 김영삼 정권이 출범한 후 김윤환이 또 한 번 킹메이커로서 각광을 받은 반면 박철언은 감옥행을 피하지 못한 채 쇠퇴의 길을 갔음은 주지의 사실이다.

박철언은 3당 합당 이후 제14대 국회의원(대구 수성구 갑)으로 재선되었으나, 김영삼과 충돌하면서 1992년 민주자유당을 탈당하고 제14대 대통령 선거에서는 김영삼에 대항하여 정주영을 지원하였으며, 1993년 이른바 '슬롯머신 사건'으로 의원직을 상실하고 1년 6개월간 복역했다. 민주자유당을 탈당한 김종필이 자유민주연합을 창당하자 그에 합류하여 1996년 제15대 국회의원 총선거에 출마, 당선되었고, 1997년 제15대 대통령 선거에서는 이른바 'DJP연합'에 따라 김대중을 지원하였다. 2000년 제16대 국회의원 총선거에서도 자민련 후보로 대구 수성갑에 출마하였으나 낙선하고 정계를 은퇴하였다.

김윤환은 1990년 3당 합당 이후 민자당 원내총무를 지냈으며, '김영삼 대세론'을 설파하여 동요하는 민정계를 설득해 김영삼 대통령 만들기에 앞장섰다. 김영삼 정부 출범 후 민주계가 득세했을 때도 민자당 사무총장과 정무장관직을 맡으면서 민정계의 수장노릇을 하였다. 이후 신한국당의 대통령후보 경선을 염두에 두는 듯 했으나, 이회창이 대통령 후보 경선에 뛰어들자 이를 적극 지원하여 이회창이 후보로 확정되는 데 큰 역할을 하였다. 이러한 역할들 때문에 '킹메이커'라는 별명을 얻기도 하였다.

하지만 2000년 16대 총선을 앞둔 이회창은 16대 대선에서 걸림돌이 될 중진들을 탈락시키고자 김윤환을 한나라당 공천에서 탈락시켰고, 이 후 그는 이기택, 김광일, 조순, 이수성, 박찬종 등의 한나라당 낙천자들과 함께 민주국민당을 창당해 경북 구미에서 출마하였으나 낙선하였다.

김영삼 정권의 출범에는 김 대통령의 아들 김현철과 정권초기 전략기획 수석으로 청와대에 입성했다가 곧바로 낙마한 전병민 등의 역할이 적지 않았다는 후문이지만 이들은 대세를 가름하는 정국흐름과는 일정한 거리가 있었던 것이 사실이다.

1987년과 1992년 대선의 과정과 결과가 보여주듯 한국의 대권 가도는 미국의 대선과는 판이한 양상을 보여준다. 킹메이커의 역할이 각 당 대선후보들간의 치열한 경쟁과정에서 발휘되기보다는 집권세력 내부의 권력투쟁, 다시 말해 집권세력 내의 대통령후보의 획득(지명 또는 선출) 과정에서 결정적 작용을 했다는 점이다.

1987년, 1992년 대선의 경우 집권당의 대통령 후보가 된다는 것은 사실상 대통령이 될 수 있는 보장된 수순이었다. 그만큼 대선결과에 미칠 전략적 접근방안을 집권세력이 쥐고 있었기 때문이다. 대선의 정치적 변수들을 집권당이 조정할 수 있다는 것이다.

예를 들어 1987년 대선의 경우 전두환 정권은 그해 7월 9일에야 가택연금 상태였던 김대중 씨의 사면복권을 실시했다. 그때는 이미 사면복권된 김영삼 씨가 대통령직선제 대신 당시 전두환 정권의 복안이었던 의원내각제에 미련을 갖고 있던 이민우 총재의 신민당을 탈당하여 통일민주당을 만들고, 총재를 맡고 있을 때였다.

김대중 씨 복권 이후 양김의 갈등과 분열은 예견된 것이었고, 이 어두운 예견은 정확히 맞아 떨어졌다. 적어도 권력의 생사가 걸린 6·29 선언을 준비하던 집권세력에게 이 정도의 예측은 기본상식이 아니었을까. 그 당시가 어떤 시대였는가. 막강한 안기부, 보안사, 경찰의 정보조직과 행정동원 체제를 거머쥐고, 야권의 내막을 유리알 보듯 들여다보면서 언론을 장악하고 있던 시절이 아닌가.

1987년 대선의 최대 초점이었던 양김의 후보단일화 여부가 결국은 9월 29일 최종실패로 끝나고, 동교동계의 민주당 탈당과 평민당 창당으로 이른바 '1노 3김'의 유례없는 지역대결의 4파전이 벌어지고 말았다.

그런 점에서 1987년 대선의 진짜 킹메이커는 전두환 대통령인 셈이다. 6·29 선언의 사실상 주역이면서 그 영광을 노태우 민정당 대통령 후보에게 챙겨주고, 김대중 사면복권 등 전략적 수순을 밟아가고, 아낌없는 물량지원과 함께 때로는 적절히 자신마저 밟도록 노 후보에게 관용까지 베풀어 주었다.

더구나 대선을 불과 2주일여 앞둔 11월 29일에 터진 북한공작원 김현희에 의한 KAL기 폭파사건, 12월 16일 대선 바로 전날 김현희를 김포공항에 데리고 나타난 정권의 기민한 대응은 선거판세를 굳히는 결정적 요인이 되었다.

1987년 대선에서 현대적 또는 미국적 의미의 킹메이커를 찾는다면 사실 억지춘향 격이 아닐 수 없는 것이다.

1992년 대선 역시 킹메이킹 과정은 현란할 정도로 분명하지만 오늘날의 킹메이커적 의미를 가진 인물은 찾기 힘든 과정이었다.

1987년 대선에 승리한 노태우 정권이 직면한 첫 번째 시련은 바로 다음 해 1988년 4월 26일에 치러진 13대 총선 결과였다. 13대 총선 결과는 노태우 대통령의 민정당 125석, 김대중 총재의 평민당 70석, 김영삼 총재의 민주당 59석, 김종필 총재의 공화당 35석으로 1987년 대선의 '1노 3김' 대결의 축소판이 되어 이른바 '여소야대(與小野大) 정국이 전개된다.

일종의 정치적 황금분할(黃金分割)이라고 여겨졌던 여소야대 구도가 하루아침에 깨진 것이 1990년 1월 22일 밤 청와대에서 노태우 대통령, 김영삼 민주당 총재, 김종필 공화당 총재가 함께 회동한 후 전격 발표된 민주자유당(민자당)의 결성이다.

노태우 대통령이 13대 총선 결과를 "국민의 뜻, 하늘의 뜻으로 겸허하게 받아들인다"고 말했던 여소야대 체제는 하루아침에 깨지고 '하느님의 뜻'(김영삼), '구국의 결단'(김종필)에 의해 218석의 초거대 여당이 탄생했다.

30여년 반 군사독재 운동의 거두(巨頭)였던 김영삼 총재의 민주당과 군부독재 세력의 본산인 민정당의 합당은 한국 정치사의 흐름을 뒤엎는 쓰나미적 충격이었다. 민주당에서 합당을 거부한 채 잔류한 의원은 이기택, 김정길, 노무현 의원 등 5명에 불과했고, 이들은 2명의 무소속 의원과 함께 이른바 '꼬마민주당' 시대를 열며 제2야당이 된다.

노태우 정권의 3당 합당 구상의 진짜 의도가 무엇이었는가는 아직 베일에 싸여 있다. 그러나 노태우, 김영삼, 김종필 3인 간에 의원내각제 합의각서(1년 이내에 의원내각제 실현을 위해 헌법을 개정한다)가 있었다는 사실을 감안하면 각기 3인의 정치적 목적이 다른 오월동주(吳越同舟)의 정략적 합당이었음은 분명하다.

특히 노태우 대통령은 3당 합당의 파트너로, 김영삼 총재보다는 평민당 김대중 총재를 선호했고, 김대중 총재가 합당을 거부하자 김영삼 총재를 택했다는 설이 유력하다. 실제 노태우 대통령은 합당 전 해인 1989년 말, 청와대에서 열린 야당총재(김대중, 김영삼, 김종필)와의 여야 영수회담 후 김대중 총재에게 "우리 두 사람은 할 얘기가 좀더 있다"라고 한 후, 남아 있던 김대중 총재에게 "김 총재, 이제 고생은 그만 둘 때가 되지 않았나요? 우리가 힘을 모아 정치를 해야 할 때라고 생각합니다"라며 합당을 제의한 것으로 알려지고 있다.

그런 점에서 3당 합당의 주체는 노태우 대통령이었고, 목적은 내각제 개헌을 통한 집권연장이었음이 드러났다. 하지만 김영삼 총재의 생각은 전혀 달랐음은 내각제 개헌 합의각서의 노출 이후 그가 보여준 행보에서 분명해진다.

1990년 10월 29일 김영삼은 민자당 대표최고위원으로서의 당무거부와 마산행, 개헌저지 투쟁 등을 통해 3당 합당이 차기 대통령을 향한 전략적 합당이었음을 보여주었고, 당내투쟁을 통해 대선후보를 선취했고, 결국 대망을 성취하고 만다.

1990년 김대중 총재가 지자제(地自制) 실시를 내걸고 단식투쟁에 들어갔을 때 김영삼 민자당 대표최고위원이 병문안을 와서 "3당 합당은 민주주의를 위한 것이었다"고 말했다고 한다. 군사정권이라는 호랑이를 잡기 위해 호랑이 굴에 들어갔다는 의미로 읽힌다.

이처럼 1992년 대선도 3당 합당이라는 공학적 정국구도가 가장 큰 대세였고, 결국 1992년 대선의 제 1킹메이커는 노태우 대통령이었고, 제 2의 킹메이커는 김영삼 후보 자신이었다.

1992년 대선을 개괄해보면 1987년 대선 때와 유사한 제 3의 장외 킹메이커가 드러난다. 바로 북한변수와 지역감정이다.

1987년 대선은 직전에 터진 북한공작원에 의한 KAL기 폭파사건이 대선에 결정적 영향을 미쳤다면, 1992년 대선판은 그해 10월 6일 안기부가 발표한 최대의 간첩단 사건, 이른바 '이선실 사건'에 의해 지축이 흔들렸다.

당시 안기부 발표는 북한 조선노동당 여성정치국원 후보인 이선실(당시 70대로 노동당 서열 23위)이 1980년 국내에 침투하여 수십 명의 공작원과 함께 국내에 노동당 지부를 차례로 결성하고, 당원만 2천여 명에 달한다는 것이었다. 1987년 김현희 쇼크를 능가하는 안보충격이 국내를 강타했다. 대선이 끝난 후 이 사건은 오리무중으로 종적을 감추어 버렸다.

한편, 대선일 직전에 터진 이른바 부산 '초원복집 사건'은 한국 정치, 특히 선거전에서 지역주의가 어떻게 작동하는가를 실증적 으로 보여준 상징적 사례로 보인다.

초원복집 사건은 부산지역의 주요 행정기관장(부산시장, 경찰국 장, 안기부 지부장, 보안사 지부장, 지방검사장)들이 법무장관 출신 의 여권 핵심인사와 함께 사실상 선거전략을 논의한 내용이 대선판 의 다크호스였던 국민당의 정주영 후보측에 의해 공개된 사건이다.

도청(盜聽)을 통해 공개된 대화중에는 '만약 전라도 사람에게 진다면 경상도 사람은 모두 바다에 빠져 죽어야 한다', '김대중 후 보가 당선되면 혁명적 상황이 올 것이다' 등 지역주의와 색깔론을 선동하는 발언이 핵심이었다.

대선 막바지에 터진 이 사건은 공무원 신분인 부산지역 권력기 관장들의 합석 자리에서 지역주의적 언동이 적나라하게 나왔다는 점에서 여당인 김영삼 후보에게 치명적 영향을 줄 것이라는 예측 은 당연한 것이었다.

이미 10월에 터진 이선실 사건으로 안보태풍을 맞은 야당후보 (김대중, 정주영) 측에선 이 사건이 삼국지에 나오는 '적벽대전의 동남풍'이 되어 대세를 역전시킬 것으로 기대했다. 그러나 결과는 영남표를 결속시키는 지역주의의 동남풍으로 돌변했다.

과연 1992년 대선의 진정한 킹메이커는 누구였을까. 당시의 집권권력이었다. 1987년, 1992년 대선이 보여주듯 이때까지 한국에서의 대선은 실질적으로 '권력의, 권력에 의한, 권력을 위한' 정치공학적 구도에 의해 좌우되었다.

이런 물리적·정치공학적 구도 형성이 대선결과를 지배할 수 있었던 것은 이제 막 시작된 한국적 민주주의의 일천한 축적이 가장 큰 원인일 것이다.

절대권력 체제하에서 이제 막 절차적 민주주의가 시작되었고, 체육관 선거를 벗어나 국민의 직접선거에 의해 선출된다는 권력의 정통성이 중요한 시대적 대의였다. 직접·비밀·보통선거라는 초보적 민주주의 절차에 귀속된 결과지상주의가 집권세력에 의한 총력적 동원체제를 가능하게 한 셈이다.

권력기관의 활용, 자금·조직·인원의 물량동원 등 불공정 게임은 집권세력의 당연한 프리미엄으로 인정되었고, 여당의 대선후보 선출과정은 사실상 이와 같은 프리미엄 획득과정이었다. 선진 민주주의 국가에서 필수적인 후보 선출과정의 국민참여 공간은 사실상 실종되고 주권자인 국민은 피동적 선택자로서 소외될 수밖에 없었다.

여기에 한때는 민주화투쟁 시대의 중요한 원천으로 또는 추동력으로 작용했던 지역적 정치성향은 초보적인 절차적 민주주의와 맞물리면서 배타적 지역주의로 변질되고, 이를 활용하거나 악용한 정치세력에 의해 대선의 제물이 되어 버렸다.

이와 같은 우리 정치의 구조적 상황에서 1987년, 1992년 대선은 실제론 집권세력 내의 권력구조 조정과정이었다는 의미부여가

가능할 것이다. 딕 모리스나 칼 로브 같은 미국 대선의 설계자와 같은 현대적 의미의 킹메이커가 햇빛 속으로 부상하지 못하는 까닭은 마찬가지 이유에서일 것이다.

돌이켜보면 1990년 1월 22일 거사된 3당 합당은 합당 주체들의 의도가 무엇이었든지 간에 이제 대한민국도 일본처럼 수십 년 보수일당 집권체제에 들어간 것이 아닌가라는 의구심이 들기에 충분했었다. 합당선언 후 창당된 당명마저 민자당이어서 일본의 자민당을 연상시켰다.

1987년 대선을 계기로 노골화된 지역적 정치성향 하에서 호남을 제외한 대구-경북, 부산-경남, 충청도 세력이 제휴·연합을 넘어 한몸으로 결사(結社)한데다 남북분단 하에서 '보수·중도'를 천명했다는 것은 호남 정치세력을 사실상 '좌파'세력으로 고립, 축소시킨 전략이었다.

3당 합당의 막후 기획자는 아마 합당을 통한 회전문 집권으로 100년 정권의 그랜드 디자인을 생각했을 것 같다. 이런 원대하고 야심찬 꿈을 5년 만에 깨트린 1997년 대선은 한국 민주주의에서 기적과 같은 사건임은 틀림없다.

1997년 대선결과는 한국정치사에 다양한 의미와 기록을 남긴다. 무엇보다 헌정사상 첫 평화적 여·야 정권교체를 이룩했고, 그것도 인위적으로 고립된 소수 정치세력이 3당 합당으로 비대화한 거대여당 세력을 눌렀다.

헌정사상 처음으로 정치적 중도진보세력이 집권에 성공했으며,

남북 냉전체제 하에서 남북대결보다 남북화해협력 세력이 정권을 쟁취했다는 의미도 지닌다. 한국 민주주의가 1987년 이후 10년 만에 절차적 민주주의 단계에서 여야 정권교체라는 비약을 통해 실질적 민주주의 단계로 진입하는 계기를 마련했다는 특별한 의미도 찾을 수 있다. 또한 김대중 대통령의 경우 대권도전 4수(26년, 1971~1997년) 만에 집권에 성공하는 세계적 진기록도 보유한 선거였다.

기적과 같은 평화적 여·야 정권교체뿐만 아니라 각종 정치사적 의미를 지닌 대선이었다는 점에서 어떤 킹메이커들이 이와 같은 대업의 배후에서 움직였을까 하는 궁금증은 더욱 커질 수밖에 없다.

그러나 아쉽게도 1997년 대선 역시 대세를 가름한 요소는 기적적 결과에 걸맞은 탁월한 전략가의 기획보다는 당시의 정국구도를 결정적으로 가름하는 외적 변수가 더 결정적으로 작용했다고 볼 수 있다.

한마디로 1997년 대선은 1987년 체제 이후 10여 년간 숙성된 한국 민주주의가 화학적 변화 직전의 고도의 물리적 다이내미즘을 표출시킨 사건이었다.

그 첫 파열음은 3당 합당의 주체로 참여해 거대 민자당의 한 축을 맡았던 김종필 최고위원의 1995년 민자당 탈당과 자민련 창당이라고 할 수 있다.

1996년 총선에서 자민련이 충청권의 고토를 회복하면서 대한민국 정치판에 다시 3김 구도가 형성된다. 그리고 이는 1997년 10월 28일 이른바 DJT(김대중, 김종필, 박태준) 연합을 낳는다. 호남의 김대중, 충청의 김종필, 그리고 일부 영남권을 대표하는 박태준이 대선연대를 맺음으로써 1992년 대선판의 역구도가 성립되고 1997년 대선의 결정적 승인으로 작동한다.

DJT연합은 민자당과 같은 합당은 아니었지만 집권 이후 권력분점을 매개로 한 정략적 접근이었음은 분명하다. 반독재민주화 세력의 대표인 민주당의 김대중 후보를 정점으로 5·16 세력과 박정희 세력을 대표하는 김종필, 포항제철의 신화로 산업화 세력을 대표하는 박태준의 선거연합은 이때까지도 한국정치의 본질적 구조가 가치지향의 정책적 목표보다는 권력쟁취를 향한 합종연횡(合從連衡)적 물리적 구도에서 벗어나지 못했음을 보여준다.

지방자치제 실시와 공직선거법 개정

DJT 연대가 선거판의 공학적 구도를 바꾸어 놓은 가장 큰 흐름이었다면 김영삼 대통령의 문민정부 아래서 이뤄진 한국정치의 소프트웨어의 변화도 그에 못지않은 영향을 미쳤다. 바로 지방자치제(地方自治制) 선거의 실현과 공직선거법 개정이다.

지방자치제는 흔히 '풀뿌리 민주주의'라는 이름으로 민주주의의 기초로 불린다. 이승만 정권 하에서 일부 실시되다 4·19 혁명 후 장면 정권 하에서 전면 실시되던 지자제는 5·16 쿠데타와 함께 사라졌다. 이런 역사를 가진 지자제는 민주주의 발전과정에서 피할 수 없는 대의를 가지고 있음은 사실이다. 그러나 역대정권은 지자제 실시를 공약으로 내걸었으나 실시를 거부하거나 주저해왔다. 지자제가 지니고 있는 권력운용상의 정치적 리스크 때문이었다.

집권측에선 여·야 간의 지역구도가 분명한 정치지형 하에서 지방권력이 야당세력에게 넘어갈 개연성이 농후한 데다, 특히 정치수준과 성향이 야성이 강한 대도시, 그 중에서도 서울 등 수도권의 향배에 자신이 없었다. 본격적인 지자제가 실시될 경우 행정동원 체제에 익숙한 집권측에선 이른바 여당 프리미엄의 상당부분을 사실상 포기하게 되기 때문이다.

1990년 3당 합당 이후 평민당 김대중 총재가 그해 10월 8일 이른바 보안사 민간사찰 사건을 계기로 지자제 실시를 내걸며 13일 간의 단식투쟁에 들어간 것은 지자제에 풀뿌리 민주주의 실현이 라는 대의(大義) 이상으로 대권을 향한 장기적 포석이 내재되어 있었다고 봐야 할 것이다.

결국 1991년 3월, 6월에 기초의회와 광역의회 의원 선거가 이 뤄졌고, 1995년에는 서울시장을 비롯한 단체장 선거가 실시됨으 로써 본격적으로 지자제가 실시된다. 특히 1995년 6·27 지자체 선거에 1992년 12월 대선 패배 후 정계은퇴를 선언했던 김대중이 본격 지원유세에 나서면서 서울시장 등 서울을 석권, 김대중의 정 치재개의 디딤판이 되고, 1997년 4수 대선후보의 길을 열게 한다.

지자제의 본격화는 한국정치판에서 집권여당에 의한 관권선거 의 종말을 가져왔다. 중앙 행정조직의 말단세포인 이장, 반장까 지 움직이던 지방행정이 자치행정체제로 전환되면서 행정선거, 동원선거의 여당 프리미엄이 반쪽 이상 날아간 셈이다.

지자제와 함께 대선의 풍향을 변화시킨 것은 1994년 공직선거 법 개정이다. 1994년 개정된 공직선거법에서는 사상 처음으로 공 직선거(대통령 선거, 광역단체장 선거)에 후보 간 방송토론 제도를 도입했다. 특히 공직선거법 개정에서는 방송·신문 등 언론사의 개별적인 후보초청 토론 허용과 함께 공영방송(KBS, MBC)의 경 우 공식 선거운동 기간중 3차례의 후보간 방송토론을 허용함으로 써 한국 대선에 본격적인 미디어 선거운동이 등장한다. 그 이전까 지 대선에서 물량동원의 상징이자 대세몰이의 전형이었던 대규모 군중집회 대신 유권자들이 안방에서 TV를 통해 대선게임을 관전하고, 평가하는 일대 혁명적 전환을 가져오게 된 것이다.

막 도입된 TV토론의 영향력이 결정적인 효과를 나타낸 것은 1995년 서울시장 선거였다. 초기 5% 남짓의 여론지지도로 출발했던 조순 민주당 후보가 TV토론을 통해 이른바 '포청천' 열풍을 일으키며 일약 스타로 떠올라 승리하게 되면서, 다가올 대선에서의 미디어선거, 이미지선거의 엄청난 위력을 예상케 했다. 예상은 기대 이상의 효과를 나타냈다.

김대중 후보가 열악한 언론환경을 깨고 선전할 수 있었던 것은 전적으로 TV토론제도의 덕이었다고 해도 과언은 아니다. 1997년 대선 당시 김대중 후보는 사실상 대다수 신문·방송으로부터 거부되거나 배척된 인물이었다.

한겨레와 CBS 등 진보적 매체를 제외하곤 메이저 신문·방송의 적대적 분위기가 지배적이었음은 주지의 사실이다. 이런 상황에서 방송의 여과 없는 TV토론과 생중계는 적대적 언론의 울타리를 넘나들 수 있는 유일한 방법이었고, TV토론에서 극적인 효과를 발휘하며 1995년 서울시장 선거 때의 '조순 효과'를 재확인시켰다.

DJT 연합, 지자제 실시와 승리, 공직선거법 개정을 통한 TV토론제 도입 등 호재에도 불구하고 이들 요소들은 1997년 대선판에서 김대중 승리의 필요조건은 되었을지언정 충분조건은 아니었다. 이 3가지 요소가 김대중 후보 승리의 진인사(盡人事)였을지는 몰라도 대천명(待天命)하기에는 여전히 역부족이었음은 대선 결과가 보여준다.

39만 표라는 한국 대선사상 가장 최소의 표차가 보여주듯 그야말로 신승이었고, 천승(天勝)이었다. IMF 외환위기는 부도난 국가경제 상황에서 4수의 대권도전이 위기극복의 경륜으로 치환되면서 '준비된 대통령'의 이미지로 유권자들에게 어필되는 계기를 만들었지만 이 또한 필요조건일 뿐이었다.

충분조건으로 결정적 영향을 미친 것은 집권세력 내부의 불화와 분열이었다. 김영삼 대통령과 이회창 후보 간의 극심한 갈등과 분열, 여기에서 파생되었다고 볼 수 있는 '리틀 YS' 이인제의 탈당과 출마는 한국정치의 상상력을 시험케 한 한 편의 드라마였다.

이인제 탈당과 출마의 미스터리는 아직 온전히 드러나지 않고 있다. 그가 얻어낸 대선 1, 2위 간 득표 차 39만 표의 12배가 넘는 493만 표의 비밀도 마찬가지이다. '이인제를 찍으면 김대중이 당선된다'는 이회창 후보 진영의 안간힘에도 불구하고 막판에 박찬종이 이인제 측에 합류하여 '이인제를 찍으면 이인제가 된다'는 구호에 부산·경남 등 영남표가 요동을 친 이유도 쉽게 납득되지 않는 1997년 대선의 비밀코드이다.

1997년 대선에서 김대중 후보의 승리는 진인사대천명(盡人事待天命)의 기적이었다. 이 상상을 초월하는 정치 드라마에서 이를 관통하는 킹메이커라는 별도의 연출자가 과연 존재할 수 있었을까. 결국 대권 4수의 집념과 경륜, 지혜로 준비하고, 인내하고, 도전해 온 김대중 후보 자신을 제외하면 그 누구도 대하(大河) 드라마의 다양한 조연출과 소품에 지나지 않을 것이다.

그 중에서도 1997년 대선의 전초전이었던 1995년 서울시장 선거를 기획하고, 집행하면서 체득한 TV토론 시대의 미디어 선거와 여론조사의 중요성을 전략적으로 접목시킨 이해찬, 방송토론을 주도했던 김한길, 정무적 관리를 맡았던 문희상, 이강래 등의 막후 역할이 숨 막히는 접전의 조연출들이었다.

1997년 대선을 기점으로 우리 선거사에도 비로소 현대적 의미의 킹메이커들의 숨은 별전(別傳)이 생성되기 시작한 것은 사실이다. 군중동원과 행정관권선거의 병폐가 제도적으로 제거되고 미디어 선거의 열풍이 몰아치면서 미디어 전략가들의 등장을 촉발하고, 여론조사의 중요성이 급부상했기 때문이다.

이른바 대규모 군중동원의 세몰이 선거가 인물비교와 정책토론 선거로 바뀌면서 킹메이커의 진정한 역할과 중요성이 우리 대선사에도 옮겨 붙기 시작한 것이 1997년 대선이었다.

그럼에도 불구하고 1997년 대선 역시 1987년, 1992년 대선과 마찬가지로 대선후보의 선출과정이 당내 역학관계에 국한된 까닭에 지역이나 계보 영수 또는 당의 오너가 곧 대선후보로 선출되는 한계를 보여주었다. 미국 등 선진국에서의 킹메이커는 대선후보 경선과정부터 깊숙이 작동한다는 점과 비교하여 킹이 킹메이커일 수밖에 없는 한국 정당풍토를 벗어나지 못했다는 것이다.

이는 지역을 근거로 하는 지역주의와 계보정치가 가져온 우리 정당정치의 미숙성을 의미하기도 하지만 1987년 이후 한국정치를 지배해온 3김 시대의 불가항력적 유산이기도 했다. 이는 또한 1987년 이후 한국 민주주의가 역동적 변화를 가속해왔음에도 그 변화가 물리적 변화에 그친 채 화학적 변화까지 이르지 못했음을 뜻하기도 한다.

한국민주주의의 화학적 변화

그런 면에서 21세기 첫 대선인 2002년 선거는 우리 대선사에 새로운 변화, 공학적 정치구도라는 판세구성의 물리적 변화에서 일찍이 경험하지 못한 화학적 변화를 촉발한 선거라고 할 수 있다.

화학적 변화를 가능케 한 요인은 우선 지역중심으로 세력이 결집했던 3김 시대가 사실상 막을 내렸다는 데서 찾을 수 있다. 지역맹주이자 한국정치 40년의 거목이었던 양김(김영삼, 김대중)이 집권을 마친 터라 한국정치의 구심력과 원심력이 사라지면서 엄청난 정치적 난기류가 휘몰아칠 수밖에 없었다.

야당인 한나라당 이회창 총재의 경우 여소야대 국회에서 '집권야당'이라는 평가를 받을 만큼 과거 3김 이상의 확고한 정치적 입지를 다지고 있었다.

반면에 집권여당은 대선을 1년 앞둔 2001년 말부터 시계(視界) 제로의 혼돈 속으로 빨려 들어갔다. 정동영 의원을 중심으로 한 이른바 민주당의 정풍(整風) 파동은 동교동계의 2선 후퇴를 거쳐 급기야 2001년 11월 김대중 대통령의 민주당 총재직 사퇴로 이어졌고, 민주당은 줄이 끊긴 연처럼 방향을 잃은 채 돌풍이 휘몰아치는 황야로 나서게 된다.

2001년 연말 상황에서 본다면 다음 해 치러질 대선의 향방은 불

문가지(不問可知), 야당의 이회창 총재의 품으로 들어갈 게 99%
확실한 것처럼 보였다. 집권당인 민주당에겐 최악의 상황이었다.
정풍운동이 일어난 연유가 사실은 그 이전에 민주당의 심각한 위
기감을 반영한 것이기도 했다.

IMF 외환위기를 1년 반 만에 졸업한 위기극복의 대성과(大成
果)와 2000년 사상 첫 남북정상회담을 통한 6·15 남북공동선언
이라는 분단사에 새로운 지평을 연 위대한 성취에도 불구하고
2001년에 들어서면서 권력의 이완현상이 도처에서 터지며 이른바
권력게이트 정국으로 빨려 들어가고 있었다.

정권의 지지대였던 도덕성을 흔드는 각종 권력게이트 의혹과
함께 2000년 6·15 남북공동선언 후 1주일여 만에 터진 의약분업
파동은 정책의 정당성과 합리성에도 불구하고 사회혼란을 가중시
켰고, IMF 외환위기의 후유증이 본격화되면서 민생경제에도 적
색경보가 잇달았다.

특히 2000년 말 김대중 대통령의 노벨평화상 수상을 계기로 야
당과 일부 대형 신문사의 폄훼와 공격은 집권세력과의 감정적 적
대관계로 증폭되고, 급기야는 2001년 말 언론사에 대한 대대적인
세무조사로 이어지면서 정권과 언론과의 전쟁이 폭발하고 만다.

정동영 의원 등 민주당 소장파 출신의 정풍운동은 이런 당내외
의 위기를 돌파하기 위한 일종의 고육지책(苦肉之策)이기는 했지
만 집권당인 새천년민주당은 정치적으로는 사면초가(四面楚歌)
의 국면으로 치달을 수밖에 없었다.

2002년 대선의 기적

그렇다면 2002년 대선의 기적은 어떻게 가능했는가.

정동영 등 청년장교들의 반란으로 30여 년을 지속해 온 동교동계 중심의 민주당 구체제는 허물어졌지만 김대중 총재가 총재직을 사퇴한 이후 당의 구심력은 순식간에 사라지고 '모래알 정당'으로 전락하고 있었다.

반란을 일으킨 소장파 의원들에게도 새로운 대안이 있다기보다는 이대로는 더 이상 안 된다는 위기감과 의협심, 이대로 가다가는 자신들의 정치적 입지마저 자멸하고 만다는 초조감 이상의 비전은 없었다.

더구나 거대야당인 한나라당의 후보로서 의심의 여지가 없을 정도로 정치적 거목이 된 이회창 총재에 맞설 대선후보 재목감도, 모래알 정당이 된 민주당을 이끌어 갈 정치적 리더십을 지닌 인물도 찾기 힘든 상황이었다.

가까스로 구성된 특대위(위원장 조세형 고문)가 1년 후로 다가온 대선후보를 선출하는 임시 관리체제로 등장한 것도 사면초가의 현상을 타파해보자는 고육지책이었지 명료한 비전을 갖고 있지는 못했던 것도 사실이었다.

그러나 정치는 생물이라고 했던가. 이와 같은 험악한 상황을 예견하고 비상한 전략을 예비하고 있던 조직이 민주당의 한 편에 있었다. 바로 임채정 의원이 소장으로 있던 '국가전략연구소'다. 이름은 거창했지만 너무나 왜소하고 단출해서 당내에서도 그 존재를 잘 알지 못하는 보일 듯 말 듯한 조직이었다.

소장인 임채정 의원의 캐릭터가 상징하듯 국가전략연구소는 당내의 당권과 주류계보에서 소외된, 그러나 정책과 전략기획에 남다른 재능과 열의를 지닌 당료 출신과 외부인물 등 7명으로 2001년 3월에 구성되었다.

구성원의 면면을 보면 상임부소장 1명(이병완 전 청와대 언론비서관)과 2명의 실장(곽해곤 전 당 정책연구위원, 정만호 전 한국경제신문 경제부장), 연구위원, 연구원이 전부였다.

연구소 개설작업부터 인원구성까지 실무주역은 곽해곤이었다. 정무적 전략은 곽해곤 실장, 대선공약 및 정책개발은 정만호 실장이 관장하는 체제였다. 이 시스템이 말해주듯 전략연구소의 목표는 후보선출 전략과 후보선출시 후보가 내놓을 정책공약을 미리기획하고 집대성하는 일이었다.

특히 후보선출 전략과 관련해 연구소 내부에서는 이미 방향이 내심 정해진 상태였고, 구성원들 사이에 공감대가 형성되어 있었다. 대략 8월 초부터 기획되기 시작한 후보선출 전략은 이제까지 국민(유권자)이 배제된 당내 후보선출 방식을 국민참여 방식으로 전환하자는 것이었고, 후보선출 과정 자체가 국민적 축제를 통해 전국적인 흥행몰이가 되지 않으면 다음 대선은 기약할 수 없다는 것이었다.

곽해곤 팀을 중심으로 미국식 경선제도가 집중 연구되었고, 뉴질랜드, 오스트레일리아 등 각국의 후보경선 방식이 수집되고 정리돼 갔다.

핵심은 계보에 속해있는 대의원과 당원 중심의 후보선출을 일반 유권자의 대폭적인 참여로 바꾸고, 시도별 경선을 치르면서 흥행을 에스컬레이트시켜 나가자는 것이었다. 경선가도는 태풍 진로를 따라가자는 안이 채택되었다.

그러나 당시 이와 같은 국민참여 경선의 기본개념은 현실적으로 소설 같은 이야기일 뿐이었다. 그때(2001년 8~9월)만 해도 동교동계 주류가 장악하고 있는 당권의 속성상 대의원과 당원들의 참여를 최소화하는 후보경선 방식이란 상상하기 힘든 카드였고, 이미 집권세력의 주류계보는 이인제 대망론으로 합일된 상황이었다. 이인제 후보론은 충청도 출신에 영남표를 가져올 수 있다는 계산이 작용한 대선에서의 응보(應報)론이 절대적 힘을 발휘하고 있었다.

반면 연구소가 내부적으로 비밀리에 기획하고 있던 국민참여경선 개념은 연구소 구성원들의 성향 — 당권과 계보로부터 소외된 채 당내 혁명을 꿈꾸던 — 이 보여주듯 이 개념에 가장 바람직한 흥행적 요소와 정치적 비전을 갖춘 인물로 노무현 고문을 점찍고 있었다.

여하튼 당내에 파괴적인 돌발상황이 오거나 혁명적 상황이 오지 않는 한 국민참여경선 개념은 연구소 내 정치문외한들의 망상으로 끝날 운명이었다. 그런데 정풍파동이 터지고, 당이 특대위

체제로 전환되면서 상황은 돌변했다.

특대위 부위원장에 당권계보로부터 원거리에 있던 임채정 연구소장이 임명되고 실무간사에 곽해곤이 참여하게 되는, 꿈에도 상상치 못할 일이 벌어진 것이다. 한국정치사상 대선후보 선출에 처음으로 선진적인 국민참여 방식이 도입된 2002년 민주당 경선방식은 그렇게 완성되었고, 2달여를 주말 정치드라마로 국민을 열광시키며 단기필마의 노무현 후보를 일약 집권여당의 대선후보로 탄생시켰다.

2002년 민주당의 국민참여 경선방식의 대선후보 선출과 노무현 후보의 승리는 한국정치가 내적 변화를 동반한 화학적 변화시대로 접어들었음을 뜻한다. 여기에는 3김 시대로 상징되는 물리적 정치시대가 끝나면서 시작되었고, IMF 외환위기가 한국사회에 미친 충격 속에서 탄생했다.

3김 시대의 종언과 IMF 외환위기는 모두 30~40년 이상 한국사회를 짓누르며 구조화돼 있던 기성질서, 기성개념의 파괴적 창조로 이어졌고, 새로운 질서, 새로운 개념의 시대정신을 요구하게 되었다.

또한 남북정상회담과 6·15 공동선언, IT와 벤처의 집중육성으로 진전된 인터넷·휴대폰 등 정보 인프라의 급속한 다양화는 신세대와 젊은 유권자들에게 인식과 표현의 새로운 지평을 열었고, 여기에 호흡하는 신정치문화를 생성시켰다.

'노사모' 운동과 자발적 정치참여 세대의 등장이 바로 그것이다. 이와 같은 정치문화적 변화가 국민참여 경선이라는 획기적이고 새로운 기제가 혼합되면서 정치문화의 혁명적인 화학변화를 가져 왔다고 볼 수 있다.

2002년 민주당의 국민참여경선은 결코 신발명품이 아니다. 단지 새로 도입된 한국형 국민경선제도라는 신안실용특허일 뿐이었다. 그럼에도 이 제도가 한국 정치문화에 혁명적 변화를 가져온 것이다.

무엇보다 1987년 이후 여·야 할 것 없이 대선후보가 당내 권력 투쟁이나 오너십에 의해 결정되는 관행을 깨트리고, 대선후보 선출절차를 유권자의 몫으로 전환시켰다. 극단적으로 표현하면 수십 년 지속된 '꾼'들의 정치가 '자발적 참여자'들의 정치로 바뀌는 첫 건널목을 건넌 것이다.

또한 한국선거에도 단순히 TV토론을 넘어선 미디어 정치가 만개하는 계기를 만들었다. 당별 경선후보간의 TV토론의 일반화와 함께 인터넷 뉴미디어의 등장과 보급으로 정치인과 대중 간의 소통이 다양화되었다. 유권자들은 과거 전통적 언론매체의 게이트 키핑에 의한 간접소통 대신 직접소통을 통해 후보에 대한 직접적 평가와 참여기회를 넓혔고, 새로운 직접민주주의의 묘미를 만끽하게 되었다. 한마디로 유권자가 수동적·피동적 주체에서 능동적·적극적 주체로 바뀐 셈이다.

그동안 녹화·편집 공연에 신물나 있던 시청자들이 라이브콘서트의 생생한 묘미와 열정을 온몸으로 느끼게 된 것이다. 더욱이 힘을 원천으로 하는 물리적 변화와 달리 화학적 변화는 속성의 변화인 만큼 변환속도가 빠르다.

라이브콘서트의 백미를 장식한 것은 2002년 한·일 월드컵 대회였다. 기적이라고 불릴 수밖에 없는 한국축구의 4강 신화는 월드컵대회의 지휘자였던 정몽준 축구협회장을 일약 스타덤으로 올려놓았고, 부친 정주영 회장이 1992년 국민당을 창당하고 대권에 도전했던 것처럼 정몽준 회장 또한 급조신당인 국민통합21을 만들어 대선후보로서 나서게 된다.

민주당의 국민경선이라는 라이브콘서트의 영광 속에 60%가 넘는 여론지지도를 기록하던 노무현 후보의 지지자들이 월드컵 4강의 콘서트에 빨려들면서 노무현 후보의 지지도는 급속히 하락하고 급기야는 후단협(후보단일화추진협의회)의 출현으로 민주당은 사실상 분당(分黨) 상태로 빠져들었다.

후단협은 2002년 10월 4일 민주당내 비노(非盧)·반노(反盧) 의원들이 공식 발족시킨 '대통령후보 단일화 추진협의회'이다. 발족총회에 참석한 민주당 의원만 김영배 의원을 비롯하여 34명에 이를 정도로 규모가 컸다. 발족과 동시에 신당창당과 정몽준, 자민련, 이한동 등과의 연대 등 정개개편을 천명함으로써 민주당의 분당이 초읽기에 들어간다.

그러나 경선불복세력, 철새정치인들이라는 국민적 배척과 연대대상들과의 불협화음, 후단협 내부의 이견 등으로 후단협 탈퇴, 한나라당 입당, 정몽준 지지 등 각자 도생(圖生)의 길을 걸으면서 지리멸렬해지다가 노무현 후보가 단일화에 승리하며 정치적으로 끝을 맞이하게 된다.

후단협의 출현과 김민석 의원을 시작으로 후단협 소속 일부 민주당 의원들이 정몽준 후보의 국민통합 21에 투항한 진정한 배후와 의도, 상징적 전략은 무엇이었는지 아직 수수께끼로 남아있다. 반(反)이회창 후보의 전선단일화라는 정치적 명분 이상의 그 무엇이 있다고 볼 수밖에 없기 때문이다.

지향가치와 목표가 본질적으로 다르고 뿌리가 한나라당의 가치와 정책에 가까운 정몽준 후보와의 후보단일화란 정치가 아니라 술수(術數)에 다름없다. 사실상 후단협의 추진세력들은 노무현 후보를 버리고 정몽준 후보를 택했다고 볼 수밖에 없다. 이들은 노 후보에 대해 정치적, 이념적, 지역적, 개인적 이해 등 복합적 관계가 겹쳐 있었다.

2004년 대통령 탄핵사태 때 후단협 의원들이 주축으로 남아있던 민주당이 한나라당과 함께 탄핵에 가세한 사실은 다시 되새겨 볼 대목이다.

아무튼 노무현 캠프는 비상이 걸렸다. 공식적인 선거일정 돌입을 눈앞에 둔 9월 들어 노 후보 지지도는 14~15% 선으로 정몽준 후보의 반 토막 수준으로 가라앉았다. 당과 선거캠프의 그 누구도 이젠 후보단일화의 외압을 피할 수 없으리란 예상이 지배적이었다. 이는 곧 노무현 후보의 탈락을 뜻했다.

후보단일화라는 최후의 결전에 대비하기 위해서는, 경우에 따라선 후보단일화라는 외압에 옥쇄(玉碎)하지 않기 위해선 후보지지도의 제고가 급선무였다. 전략과 행운이 겹쳤다. 전략은 또다시 국가전략연구소에서 나왔다.

연구소는 정만호팀을 중심으로 2001년 중반부터 집중적인 정책개발 프로그램을 가동했고, 그 중 하나가 국가균형발전 전략의 핵심인 충청권 신행정수도 건설이었다. 신행정수도 건설정책은 국민경선 당시 노무현 후보의 대전 경선 공약이기도 했다. 그러나 당시는 경선게임의 열기에 묻혀 사실상 사장(死藏)된 상태였다.

연구소를 중심으로 실시해 본 지역여론조사에서 신행정수도의 충청권 건설문제는 충청권의 엄청난 잠재적 호응을 보여주었다. 특히 지역 언론인과 지도층 중심의 열망이 크게 나타나고 있었다.

9월 30일 민주당 선거대책위 발대식에 즈음한 노 후보의 공식적인 '출사표'가 예정되어 있었다. 하루 전 임채정 정책위의장(연구소 소장), 이해찬 선거기획단장, 정동채 후보비서실장, 이병완 정책위상임부의장(연구소 부소장)이 긴급모임을 가졌다.

다음날 발표할 노 후보의 대선 '출사표' 연설문을 최종 조율하기 위해서였고, 핵심은 신행정수도건설 공약을 넣느냐, 마느냐를 결정하기 위함이었다. 수도권과 지방 간의 표의 향배에 대한 난상토론이 벌어졌으나 결론은 신행정수도건설 공약을 넣자는 것이었다.

이때 제시된 결정적 자료가 2001년 당시 행정수도에 대한 충청지역의 각종 여론조사 추이였다. 최소한 충청지역의 민심과 여론은 다시 노 후보에게 돌아올 개연성이 크다는 판단이었다.

예상은 적중했다. 다음날(9월 30일) 노 후보의 출사표(선대위 발족식 연설)가 발표되자 중앙 일간지들은 그동안 그래왔듯이 2면 1~2단으로 취급하고 말았으나 충청남북도·대전 소재 지역신문들은 일제히 1면 톱과 3~4면 해설기사로 사실상 특집보도를 했다. 충청권의 여론이 크게 꿈틀대기 시작한 것이다.

행운은 아이러니컬하게도 김민석 의원의 민주당 탈당과 정몽준 후보캠프 합류사건이었다. 민주당의 분열과 정몽준 후보의 등장으로 의기소침해 있던 노 후보 지지자들이 새롭게 기상하며 다시 모여들기 시작했다. 자발적 후원금이 쌓여가고 노사모 활동이 재점화되었다.

결국 후보단일화의 결전은 노 후보 지지도의 상승세(23%)와 정 후보의 하락세(25%)가 접점을 이루던 시점에서 이뤄졌고, 2002년 대선은 노 후보의 극적인 승리로 마감되었다.

2002년 대선은 한국 대선(大選) 사상 가장 극적인 드라마였다. 그것도 모든 극적 요소가 가미된 대하드라마였다.

대선 투표 1년 전 모래알처럼 흩어질 위기에 처했던 집권여당이 국민참여경선 제도라는 신무기를 도입해 전국을 흥분과 열광의 도가니로 몰아넣은 주말드라마를 연출했다. 이 드라마의 엑스트라로 여겨졌던 노무현 후보가 드라마 출시 3회(제주-울산-광주 경선) 만에 강력한 주연급 배우들을 제치고 최고의 스타로 올라서며 전국적 노풍(盧風) 돌풍을 일으켰다.

그러나 돌풍의 여진이 채 가시기 전에 월드컵 4강 신화라는 메가톤급 태풍과 함께 새로운 스타(정몽준)의 등장으로 급전직하로 쇠퇴하다가 여론조사 승부라는 사상 초유의 '올인' 회전(會戰)을 통해 마침내 후보단일화라는 선취골을 얻어내고, 투표 전날 밤 후보단일화의 파기라는 막판 최악의 위기를 극복하며 최종승리의 월계관을 쟁취했다.

민주주의라는 무대에서만이 가능한 정치드라마의 모든 진수(眞

髓)를 보여준 것이다.

이 과정에서 읽을 수 있듯이 2002년 대선은 과거 대선과 본질적 차이들이 있음을 알 수 있다. 대선후보 선출이 음습한 당내 권력 투쟁이나 정치적 흥정과 거래, 보스정치의 요식절차라는 오랜 관행을 벗어나 끝까지 유권자에게 명료하게 오픈되었고, 중요한 고비마다 유권자가 확실하게 결정권을 행사했다는 점이다.

그런 점에서 민주당 국가전략연구소는 대선후보 선출과정에 국민참여 경선제도의 개념과 아이디어를 도입함으로써 한국적 킹메이커의 새로운 단초를 제공한 셈이다. 2007년 대선에서 한나라당이 2002년 국민경선제도의 핵심을 원용한 데 비해 여권의 통합신당은 사실상 2002년 이전의 시스템으로 돌아갔음은 유의해 볼 대목이다.

발군의 킹메이커 출현을 기다리며

지금까지 한국 대선사에 내재돼 있거나 드러난 킹메이커의 존재를 주마간산(走馬看山) 식으로 훑어보았다. 하지만 대부분 선거 비화(秘話)나 야사(野史) 수준으로 묻혀 있거나 단편적으로 흘러나오는 선거과정의 내막을 움직인 배역들의 이야기일 수밖에 없었다.

일천한 한국 민주주의의 축적 탓이기도 하지만 한국정치의 투명성이 그만큼 성숙되지 못했다는 점이 가장 큰 이유일 것이다. 오랜 막후정치, 계보정치, 지역주의 성향이 그 배경임은 분명하다.

그러다 보니 대선 때마다 정당의 대선후보는 사실상 이미 정해져 있고, 대선후보 선출과정은 국민이 배제된 요식절차일 수밖에 없었다. 이런 구조적 정치풍토 속에선 실질적 킹메이커는 당연히 계보 보스의 오랜 측근, 이른바 가신(家臣) 그룹일 수밖에 없다.

특히 수십 년의 엄혹한 민주화투쟁 과정에서 보스와 함께 생사고락을 같이 했던 계보 중간보스들은 당연히 킹메이커 이상의 위상을 지닌다고 볼 수 있다. 김영삼 대통령의 좌동영·우형우〔左 金東英 右 崔炯宇〕, 김대중 대통령의 양갑(兩甲)〔권노갑(權魯甲), 한화갑(韓和甲)〕 그룹이 그렇다. 노무현 대통령의 경우에도 안희정·이광재·서갑원·이호철 등의 인물군들이 킹메이커 이상의 분신(分身) 그룹들이라 할 것이다.

한국정치의 전개과정에서 이와 같은 가신 또는 측근 그룹들은 그들이 옹위해 온 리더와 함께 고락을 같이하면서 한국정치의 필수적 요소인 조직과 자금을 비밀스럽게 관리 담당하면서 정치적 사제(師弟) 관계로 발전했다. 인간적 영혼을 공유해왔다는 점에서 현대적 의미의 선거 전략가, 선거 참모적 의미와 기능과는 거리가 있다.

유권자라는 대중을 향한 후보의 메시지와 공약을 개발하고, 여론조사와 이벤트를 기획하며, 다양한 미디어와의 화음과 전쟁을 지휘하고 위기를 관리하는 선거 전략가가 오늘날의 킹메이커적 의미이고, 위상이기 때문이다.

1987년 이후 민주주의가 축적되고 5차례의 대통령 선거가 치러졌음에도 한국 정치는 아직도 지역주의와 이념적 편가르기 등 퇴행적이고 부정적인 유물로 덮여 있다. 이를 극복하고 통합의 정치를 향한 창조적 미래를 견인하기 위해서는 정책과 비전, 철학의 메시지를 통해 선거판을 요리하는 발군의 킹메이커가 출현해야 한다. 한국 정치에서 지혜롭고 명예로운 킹메이커의 등장을 기대하는 까닭도 여기에 있다.

제4부

·

내가 만난 노무현

운명의 첫 만남

2000년 9월 중순, 어느 날, 서울 인사동의 조그만 밥집 '청기와'에서 처음 그를 만났다. 당시 그는 해수부 장관, 나는 김대중 대통령의 청와대 비서실에서 방송관련 업무를 담당하던 언론 비서관이었다. 이날의 만남은 나의 요청에 의해서였다.

내가 그를 만나고 싶다고 청을 넣기까지는 우연찮은 계기가 있었다. 9월 초 어느 날 김동기와 곽해곤 두 사람이 청와대로 나를 찾아왔다. 만나서 이야기를 나누고 싶다는 것이었다. 김동기는 서울 법대, 곽해곤은 서울대 사회학과 출신으로 이른바 386 세대. 김동기는 사법시험을 거쳐 변호사를 하고 있었고, 곽해곤은 당시 새천년민주당 정책위원회의 전문위원이었다. 무슨 말을 누구에게서 듣고 나를 찾아왔는지는 모르지만 생전 처음 만난 이들과 그날 저녁 맥주잔을 기울이며 김대중 대통령 이후의 한국정치와 시국 상황을 놓고 진지하고 열띤 토론을 갖게 되었다. 명석하고 예지에 찬 이들의 분석과 논리 전개는 상쾌했다. 나 역시 이들의 의견에 충분히 공감했고, 나 나름대로 개진한 향후 시대흐름과 이에 따른 정치적, 전략적 전개의 방향에 이들 역시 맞장구를 쳐주었다.

이들과의 토론과 대화의 중심에 노무현이 있었다. 노무현만이 다음 대선에서 시대정신을 구현하고, 승리해 낼 수 있다는 결론이

었다. 많은 이야기가 오갔지만 노무현을 내세울 수밖에 없는 이유
는 단순하지만 명쾌했다. 그들은 이미 꽤 오랜 기간 노무현과의
교감을 통해 노무현이 지향하는 소신과 집념, 비전에 대해 설명해
줌으로써 내게 노무현의 보다 깊숙한 내면까지 들여다볼 수 있게
해주었다.

원칙과 상식에 대한 불굴의 소신, 반칙과 특권에 대한 분노의
열정, 지역주의 극복을 위한 끊임없는 도전과 좌절, 그리고 무엇
보다 정의에 대한 집념과 인간에 대한 사랑과 겸손, 심지어 사람
에 대한 낯가림까지 노무현이 지닌 성격과 특징들을 그와의 관계
와 체험에서 느낀 그대로 생생히 전해 주었다.

정치권의 그 누구에게도 찾아볼 수 없는 청량하고 매력적인 인
간상이었다. 그런 인물이 지도자가 되고, 대통령이 되어야 한국
정치가, 한국의 민주주의가, 한국의 역사가 진보할 수 있다는 것
은 너무나 당위적인 결론이었다.

당시 여의도 정치에는 별로 관심이 없던 나였지만 내가 알고 있
던 피상적인 노무현을 벗겨준 그들의 설명과 분석에 당장 참을 수
없는 갈증을 느꼈다. 이상한 일이었다. '그를 직접 만나보고 싶다.'

그래서 평생 일면식이 없던 그와 나의 첫 만남이 이루어졌다.

"왜 저를 보고 싶다고 했습니까."

수인사가 끝나자 그가 내게 건넨 첫마디였다.

"장관님이 다음 대통령이 되셔야 한다는 생각과 믿음이 생겨서
입니다."

그가 너털웃음을 보냈다.

156

"청와대 비서관 중에도 저를 그렇게 생각하는 사람이 있습니까?"

"다른 사람들은 모르지만 저는 그렇게 생각합니다."

"청와대에 그런 분이 한 사람이라도 있다니 놀랍네요."

그랬다. 당시 청와대의 분위기에 노무현은 없었다. 이미 1997년 대선에서 39만 표 차이라는 아슬아슬한 패배를 안고, 2002년을 향해 간단없이 대권가도를 질주하고 있는 한나라당의 이회창 총재에 맞설 여권의 카드에 노무현은 없었다. 논리적으로나 상식적으로, 더구나 정치적으로도 노무현이 대권 카드로 드러날 이유는 찾을 수 없었다. 드러내놓고 말하진 않았지만 이미 여권 내부에서는 이인제 대세론이 주도하고 있었고, 한화갑 의원이 대세론에 맞설 비주류로서의 입지를 구축하고 있었다.

청와대 구성원들 중에서 정치권 출신의 비서관들 사이에서 오가는 얘기들은 '왜 이인제인가'가 나름대로 체계화되고 있었다.

첫째는 1997년 대선에서 이인제에게 크나큰 빚을 졌기 때문이다. 단숨에 500만 표 가까이 획득한 이인제 효과가 없었다면 김대중 후보의 승리는 물 건너갔을지도 모를 일이었다.

둘째는 그 5백만 표의 대부분이 부산, 경남 등 김영삼(김영삼 대통령)의 표밭에서 나왔고, 여기에 충청출신인 이인제의 지역표와 김대중(김대중 대통령)의 부동의 호남표가 합쳐지면 대세를 움직일 수 있다는 것이다. '김대중 표와 김영삼 표, 그리고 충청표가 가세하면…' 하는 공학적 계산이었고, 논리적으로도 충분했다.

여기에 이인제의 젊고 당찬 개혁성향, 대선을 직접 치러본 경험 등이 이인제 후보 대세론의 중심이었다.

청와대 구성원들 중엔 벌써부터 낮엔 청와대, 밤엔 이인제측 사무실을 들락거린다는 얘기들도 들려왔다. 이런 분위기를 모를 리 없는 노 장관으로선 청와대의 현직 비서관이 생뚱맞게 '노무현 대통령론'을 들먹이니 신기한 일이 아닐 수 없었다.

한동안 말없이 음식을 들던 그가 담배를 꺼내 물더니 입을 열었다. "왜 그렇게 생각하시나요?"

나는 그가 지향해온 정치철학과 비전을 나름대로 정리해 온 것이 있었지만 그 정도는 그를 지지하는 사람들에겐 너무나 상식적이고 상투적인 당위론이 아닐까 하는 생각이 들었다. 그래서 왜 대통령이 되어야 하는가보다는 왜 대통령이 될 수 있는가에 대해 내 나름의 고찰을 정리했다.

첫째, 정치지도자는 시대정신의 소유자여야 한다. 2002년 선거는 한국정치를 지배해온 3김(김대중, 김영삼, 김종필) 시대가 끝나는 첫 대통령 선거로서 좋든 싫든 3김 시대의 유산을 청산해야 한다는 대중적 열망이 폭발하는 계기라고 본다. 청산해야 할 3김 시대의 유산 중 핵심은 지역구도의 타파다. 지역주의, 지역구도 타파를 위해 정치인생을 걸었던 정치인은 노무현 장관이 유일무이하다. 지역주의 타파와 극복이라는 시대적 과제와 비전을 말로만이 아니라 행동으로 몸소 보여준 노 장관이야말로 대중의 열망을 흡수할 수 있는 선명한 진정성이 있기 때문이다.

둘째, 정치지도자는 시대적 희생과 헌신의 소유자여야 한다. 정의와 불의, 옳고 그름에 대한 분명한 잣대를 통해 시대적 자기희생과 헌신을 일관되게 실천하고 축적한 정치인은 다음 대선에선 노 장관뿐이다. 인권·노동변호사로의 전신(轉身), 민주화 투쟁과 투옥, 3당 합당 반대와 과감한 이탈, 지역주의 극복을 위한 도전과 좌절의 과정은 어떤 정치인도 따라올 수 없는, 엄청난 흡인력을 가진 정치적 캐릭터라고 할 수 있다.

셋째, 정치지도자는 마케팅 요소의 소유자여야 한다. 노 장관의 인생 자체가 스토리텔링의 요소를 지닌 마케팅의 원천이다. 지역주의를 지배해온 3김 시대의 주역들이 사라진 2002년 대선시장에서 소비자 마케팅의 핵심은 고객감동이다. 가난한 농사꾼의 아들로 태어나 상업고교만을 졸업하고, 중소기업과 공사현장을 떠돌다 사병으로 3년 군복무를 마친 뒤, 동네 처녀와 결혼해서 뒤늦게 사법고시에 도전해 합격하고, 판사를 그만두고 잘 나가던 조세전문 변호사로 성공한 것까지만 해도 한국적 서민의 성공실화를 보여준다. 그런데 40살이 다 되어 어느 날 뜻하지 않게 시대적 고통과 맞닥뜨린 후 고난의 인권·노동변호사로 전신한 뒤 지금까지 살아온 인생역정 자체가 우리 정치권의 어느 누구도 따라올 수 없는 완벽한 마케팅 요소이다.

말없이 듣고 있던 그가 담뱃불을 부비며 계면쩍은 표정으로 입을 열었다.

"그렇습니까. 그런데 부산시장도 떨어졌습니다."

"지역주의가 지배했던 3김 시대가 사라질 다음 대선은 다르리라고 봅니다."

"글쎄, 지역주의가 쉽게 사라질까요. 그 전에 민주당의 후보가 될 수 있을까요, 정치판을 너무 낭만적으로 보는 것 같군요."

순간 말이 막혔다. 잠을 자야 꿈을 꿀 수 있을 터인데, 그가 꿈을 꾸기엔 잠도 들 수 없는 정치환경이었다. 대답을 내놓을 수 없는 질문임을 너무나 잘 안다는 듯 화제를 돌려 나의 이력과 청와대 생활의 이모저모를 물었다. 그가 식사를 마치고 일어나며 말했다.

"아시다시피 가방끈이 짧아서 학계나 언론계에 많이 어둡습니다. 혹시 비서관님 주변에 좋은 분들 있으면 주선해서 같이 이야기를 나눌 수 있도록 해주면 좋겠네요. 다음에 또 봅시다."

그와의 인연은 이렇게 시작되었다. 그런데 웬일일까. 짧은 첫 만남, 가벼운 대화를 나누었을 뿐인데 그때부터 그가 나를 지배하기 시작했다. 갈증이 풀리기보다 갈증이 더 심해졌다. 나만 그런 걸까. 나의 갈증을 검증받고 싶었다.

며칠 뒤 내가 예전부터 존경하며 따르던 언론계 선배인 한국일보 박무 편집국장(2005년 작고)을 만났다. 박무 선배를 찾은 이유는 두 가지였다. 우선 노무현 장관이 부탁한 언론계 인사로 박 선배를 소개시키기 위해서였고, 또 하나는 박 선배를 통해 내가 생각하는 노 장관을 객관적으로 평가받고 싶어서였다.

박 선배에겐 뛰어난 예지력이 있었다. 그를 아는 주변에선 그가 '점쟁이'라는 별칭으로 불릴 만한 일화가 있었다. 1992년 대선을 앞두고 지인들과 술자리에서 박 선배가 한 말이 지인들 사이에선 두고두고 회자되었기 때문이다. 그때 박 선배가 한 말은 이랬다.

"이번(1992년) 대선은 김영삼이 먹는다. 그런데 불행한 일이 될 수도 있다. 끝날 때쯤 상다리를 엎어버릴지 모르겠다. 1997년에는 그 덕분에 김대중이 될 것이다."

박 선배를 만났다. 노 장관에 대한 내 생각과 그를 만나 나눈 이야기를 들려주고 박 선배가 노 장관을 한 번 만나주길 청했다.

"노 장관은 일면식도 없지만, 아우가 그 정도로 평가하면 당연히 만나야지."

나는 박 선배 면담 건을 노 장관측에 알렸고, 며칠 뒤 노 장관과 박 선배 두 분만 식사하도록 주선했다. 청와대 비서관 신분인 내가 끼면 어쩐지 대화가 선선할 것 같지 않아서였다. 노 장관과 저녁식사를 마친 박 선배가 곧바로 만나자고 연락이 왔다.

"아우야. 당신 판단이 맞는 것 같아. 보통 물건이 아니야. 근수가 예상했던 것보다 훨씬 더 나가더라. 나도 사적으로 도울 일 있으면 도와줄게."

박 선배는 내가 기대했던 것보다 훨씬 높은 평가를 하며 노 장관과의 대화내용과 자신이 느낀 인상을 말해 주었다.

"그런 사람이 대통령 돼야 세상을 바꾸지. 후보만 만들면 대통령 되겠더라."

단순 명쾌한 답변이었다. 솔직히 박 선배의 말에 내가 더 기뻤다. 박 선배가 내 인식을 인정해 주었으니 말이다. 좋아하는 선후배 사이라는 게 그런 것 아니겠는가.

박 선배와 나는 그 뒤 박 선배와 내가 함께하고 있던 모임인 '나라발전연구회'(회장: 신영무 변호사)의 월례만찬 모임에 노 장관을 초청해 강연을 듣는 기회를 갖게 되었다. 나라발전연구회는 학계, 법조계, 재계, 언론계 등의 50대 중반의 중진인사들 50여 명이 회원이며, 국가발전의 방향을 함께 모색하고 토론하는 모임으로 구성원들은 전체적으로 보수성향을 갖고 있었고, 대다수는 한 나라당 지지파들이었다.

당시 40대였던 나는 회원 중 가장 젊은 축이었다. 자연스레 연구회측에선 노 장관에 대해 호기심과 경계심이 반반이었다.

나는 업무 때문에 그 자리에 참석하지 못했지만 회원들의 반응이 궁금했다. 당시로선 정치인 노무현은 존재했지만 대권후보로서 노무현은 존재감이 현실적으로 전무했던 것이 사실이었다. 사실상 '집권야당'이라는 말을 들을 만큼 한나라당의 위세 속에 이회창 총재가 다음 대선의 상수(常數)라는 데 누구도 이의가 없었다. 또 여권의 대권주자로는 이인제 불가피론이 지배적인 상황에서 보수성향의 회원들에게 다음 대선의 '다크호스'라는 소개로 노 장관을 초청했기 때문에 그들의 반응이 더욱 궁금했다.

그날 노 장관은 원칙과 상식의 정치, 반칙과 특권 없는 사회에 대한 집념, 지역주의 극복 등 자신의 정치적 소신과 철학을 펼쳤고, 질의응답을 가졌다.

반응들은 의외였다. '과격파인 줄 알았는데 합리주의자더라', '논리가 정연하더라. 공부를 많이 한 것 같다', '진정성이 넘치더라' 등….

나는 나라발전연구회라는 합리적 보수층의 모임에서 나타난 신선한 반응들을 접하면서 우리사회의 소통구조만 자유롭고 공정하게 작동할 수 있다면, 인간 노무현이 휘발성 높은 폭발력을 지니고 있음을 확신하게 되었다.

민주당 국가전략연구소

2000년 10월 어느 날, 새천년민주당의 중진인 임채정 의원실에서 만나고 싶다는 연락이 왔다.

며칠 뒤 시내 호텔에서 임 의원을 만났다. 청와대에 근무하고 있었지만 정치인들과는 거의 교분이 없었기에 임 의원 역시 첫 대면이었다.

"몇몇 사람들이 이 비서관을 추천하기에 만나자고 했소."

당시 임 의원은 민주당 내에 새로 설치하는 국가전략연구소의 소장으로 내정돼 있었고, 새로 발족할 연구소에서 같이 일할 용의가 있느냐는 물음이었다. 국가전략연구소의 구성과 편제 등 실무 책임을 곽해곤 전문위원과 임 의원의 보좌관인 황창하 등이 맡고 있었고, 이들은 부소장으로 나를 추천하고 있었다. 임 의원의 이 날 면담은 연구소 소장으로서 일종의 면접인 셈이었다.

"꼭 하고 싶고, 해야 할 일이라고 생각하고 있습니다."

임 의원은 이미 결론을 냈다는 듯 나에 대해서 이것저것 질문을 했다. KBS, 통일원, 서울경제신문, 한국일보, 예금보험공사 등 이력을 가만히 듣던 임 의원이 한마디 했다.

"참 별짓 다하고 다녔구먼. 이제 정당까지 섭렵하면 더 이상 할 것도 갈 곳도 없겠네. 대통령이나 한 번 더 만들어 보자구. 그런데

당이라는 데가 알겠지만 형편없는 데라구. 월급을 받는 데가 아니라 돈을 내는 데여 ….”

고향 선배, 대학 선배, 언론계 선배인데다 별로 격식을 따지지 않는 소탈한 성격의 임 의원과 일하는 게 마음이 편할 것 같았다.

사실 국가전략연구소와 같은 정무적 전략을 연구, 모색하는 기구의 필요성에 대해선 나 역시 일찍이 문제를 제기한 바 있었다. 청와대 홍보수석실 언론비서관으로 옮기기 전인 정책수석실 홍보정책조사비서관을 맡고 있던 시절, 이와 같은 연구소의 설치 필요성을 보고서로 작성해 위로 올린 적이 있었다.

정책수석실 업무를 하면서 보니 정무, 홍보의 분석적 수요나 정치적 중장기 비전을 연구하고 대응하는 상설기구가 전무했다. KDI 등 국책연구소는 대부분 연구테마가 경제중심으로 구성돼 있는데다 성격상 정무·홍보적 분석과 평가, 대응방안의 수립 등의 업무를 위탁할 수 없었다. 또 당시 KDI 등 국책연구소는 내부 구성원들이 대부분 구(舊) 정권시절에 참여했을 뿐 아니라 새 정부(국민의 정부)의 정책지향과도 성향을 달리하고 있어, 경우에 따라선 반정부적 리포트 등을 수시로 쏟아내고 있었다.

이런 문제점을 해결하기 위해선 민주당 내에 독립적 위상을 갖는 전략연구소의 설치가 필요하다는 보고서를 작성했던 것이다.

내가 올렸던 이 보고서가 빌미가 되어 민주당 내 국가전략연구소를 설치하기로 했는지는 알 수 없었지만, 이 보고서를 통해 임 의원이 나를 찾은 것은 맞는 것 같았다.

"연구소가 구체적으로 갖춰지면 곧 연락할 테니 그렇게 알고 준비하고 있으쇼."

임 의원은 연구소가 곧 발족될 것으로 이야기했으나 역시 당이라는 데가 형편없는 데라는 그의 말이 맞았다. 청와대 업무를 하면서도 마음은 이미 연구소에 가 있던 터라, 선진국의 전략연구소들에 대한 자료를 모으고 읽으며 이제나 저제나 기다리고 있는데 함흥차사가 따로 없었다.

연말이 다 돼서야 내년(2001년) 초엔 발족할 것 같다는 연락이 왔으나, 연초가 되어선 한두 달이 더 걸릴 것 같다는 것이었다. 결국 3월 초 연구소 개소식을 하게 되고, 나도 청와대를 떠나 낯선 당료(黨僚) 생활로 들어갔다.

그 사이 나는 가깝게 지내던 몇몇 대학교수들을 노무현 장관에게 소개했다. 그때마다 노 장관은 정책선거의 중요성을 강조하며 한국정치에서 대선의 성격을 정책대결로 바꿔야 한다고 집중 설명했다.

'정책대결', 이 화두야말로 어느새 한국정치의 유전자처럼 굳어진 지역주의를 극복하고, 여전히 독소를 품고 있던 '색깔론'을 이겨낼 수 있는 선진정치의 관건이라는 노무현의 지향과 집념을 표현하고 있었다.

여의도 국회의사당 앞에 있던 민주당사의 7층에 자리 잡은 민주당 국가전략연구소는 집권 여당이 설립한 연구소였지만 사무공간을 차지한 것 외에 제대로 갖춰진 것은 거의 없었다.

우선 사람이 문제였다. 소장엔 임채정 의원, 부소장엔 상임 이병완, 비상임 황태연(동국대 교수), 전략연구실장 곽해곤 외 전문위원급과 행정요원 7~8명이 전부였다. 여기에다 황태연 부소장은 이른바 '6·25 발언' 파문으로 부소장실에 몇 번 들르지도 못한 채 사임하는 사건을 겪는 등 연구소는 출범은 했지만 항해(航海)에 나설 형편이 아니었다.

그러나 무엇보다도 급한 것은 정책통(政策通)의 발굴이었다. 민주당 출신 연구위원들은 정무적 분야는 밝고 명석했지만, 경제, 사회정책 등 중장기 비전을 실질적으로 다듬을 중진급 정책요원을 찾기가 쉽지 않았다. 더구나 정당, 특히 집권당에 몸담고 있는 당직자들은 중장기 정책개발이나 전략적 구상분야보다는 총무, 조직, 연수 등 정당활동의 전위분야에서 활동하기를 원했다. 그래야만 그들의 오랜 꿈인 국회의원이나 각급 지자체 단체장 등 선거직에 진출할 수 있었기 때문이다.

다음 대선에서 어떤 정책과 전략으로 집권하느냐는 그들의 관심사가 아니었다. 대선은 누구를 후보로 내세우고, 지역을 어떻게 결합시켜 가느냐는 정치공학적 문제였다. 정책이란 단지 액세서리라는 인식이 주류를 이루고 있었다. 보다 구체적으로는 누구에게 줄을 서느냐의 문제였고, 후보냐 당권이냐, 이인제냐 한화갑이냐 하는 선택의 문제였으며 밤낮으로 그들 계보나 캠프와 어울리는 문제가 더 중요했다.

하지만 전략연구소 연구위원과 연구원으로 참여한 사람들은 당내 정책통 중심으로 당내 계보정치에 환멸을 느끼면서, 계보는커녕 단기필마의 외로운 존재인 노무현 고문의 정신적 지지자들이

166

었다. 국가전략연구소란 거창한 이름만큼이나 민주당 내에선 생뚱맞고 생경한 기구일 수밖에 없었다.

내가 생각하는 전략연구소의 정책통은 학문적 깊이나 전문적 소양의 문제가 아니었다. 한 분야에 정통한 박사들이나 학자들은 자문과 검증을 해줄 사람들이다. 정치, 사회, 경제적 요구와 대안을 전략적으로 발굴하고, 이를 정치홍보적 관점에서 소화해 낼 수 있는 사람이 필요했다. 이른바 적절한 아카데미즘과 저널리즘을 겸비한 중견인물이었다. 그러나 그런 역량을 갖춘 인물은 찾기도 힘들지만 설령 찾은들 영입해 오는 것은 더욱 힘든 문제였다. 부소장인 내가 받는 월급이 채 2백만 원이 못되는 최저생계비 수준인데 멀쩡한 직업인이 올 리가 만무했기 때문이다.

그런데 의외로 쉽게 풀렸다. 언론계 후배로 경제부처 출입할 때부터 마음을 통하며 형제처럼 지냈던 정만호 한국경제신문 부국장이 '신문사를 때려치웠다'는 낭보(?)가 들려왔다. 정만호는 당시 한국경제신문에서 경제부장, 사회부장 등 주요 부서 부장을 두루 거친 한국경제신문의 핵심인물이었는데 그가 갑자기 '기분 나빠서 회사를 때려치울 일'이 생긴 것이다.

언론사, 특히 신문사의 경우 기자생활 20여 년이 되는 사람치고 사표를 너덧 번 내보지 않은 사람은 사실상 기자로선 무능력자일 가능성이 큰 집단이다. 사표를 던지고 나오면 으레 입사동기나 선후배, 결국은 부장이나 편집국장, 사장까지 나서서 몇날 며칠을 술 먹이고 달래서 다시 원상 복구시키는 조직이 바로 신문사 편집국의 오랜 유습이자 전통이었다.

정만호가 사표를 던지고 20여 일 이상 버티고 있다는 소식에 부랴부랴 정만호에게 연락을 취했다. 글발과 말발만큼이나 술발이 센 그와 마주 앉아 소주잔을 비워갔다.

"너 정말 안 돌아갈 거냐?"

"형, 이번에는 정말이야. 쟁이생활 지겨워. 이참에 아예 바꿀까 생각중이야."

"그럼 우리 벤처사업 한 번 해보자."

"무슨 벤처?"

"정치벤처."

내가 생각해온 정치벤처 사업의 구상과 비전, 그리고 당시 해수부 장관을 물러나 민주당 상임고문을 맡고 있던 노무현 고문에 대한 저간 과정들을 죽 설명했다. 그리고 정만호가 해줄 역할과 그 의미를 말했다.

"형, 한 번 해볼까. 확 당기는데."

"야, 술김에 대답하지 말고, 내일 아침에 한 번 더 곱씹어보고 연락해."

이렇게 해서 정만호 정책연구실장, 곽해곤 전략연구실장 체제가 이뤄졌고, 연구소도 6월이 돼서야 마침내 본격 가동에 들어갈 수 있었다.

민주당 국가전략연구소, 말 그대로 한국 정치벤처 사업의 첫 효시가 될 수 있을 것인가. 단지 다음 대선의 승리라는 꿈 하나를 밑천으로 희망을 생산한다는 프로그램이 작동되었다. 전략연구실에서는 후보 선출과정을 어떻게 프로그래밍했을 때 가장 폭발력 있고 경쟁력 있는 후보를 선출해 낼 수 있는가를 두고 연구가 모아지고 있었다. 정책실에서는 다음 대선에 나설 후보가 제시해야 할 전략적 정책들이 하나 둘 가닥을 잡아가고 있었다.

내가 새로운 직장인 민주당 국가전략연구소에 몰입해 있는 2~3개월 동안 노무현 고문을 만날 기회가 없었다. 노 고문은 사실상 2002년 대선출마를 굳히고 지방을 순회하며 주로 민주당 당원들을 만나고 밑바닥 훑기에 들어가 있었다.

특히 이 기간중에 노사모(노무현을 사랑하는 모임)가 본격적으로 형성되고 있었다. 한국 정치사상 최초로 특정 정치인을 지지, 후원하는 자발적 모임이 태동한 것이다.

노사모는 '노무현을 사랑하는 사람들의 모임'의 줄임말로서 한국최초의 정치인 팬클럽이다. 2000년 총선 당시 지역통합과 동서화합을 앞세워 부산에서 출마한 노무현 후보가 낙선하자 이를 안타깝게 여긴 네티즌들이 뜻을 모아 자발적으로 만든 정치인 팬클럽이다.

2000년과 2001년을 거치면서 전국적으로 형성되고 조직된 노사모는 노무현 고문이 대선출마를 굳히자 본격적으로 '대통령 만들기'에 들어가 활동한다. 그 결과 2002년 노무현 대통령 탄생의 일등공신이 된다. 이후에도 언론개혁 등 자발적 시민운동과 노무현 지킴이 활동을 전개한다.

그런가 하면 서울을 중심으로 한 중앙 정치무대는 이회창 한나라당 총재의 대망론(待望論)이 다시 한 번 급속히 퍼져 갔고, 민주당에서 이인제 후보론이 대세를 이루는 가운데 한화갑 의원이

호남 주자론 속에 또 하나의 맥을 형성해 가고 있었다.

반면 노무현 고문에 대한 정치권과 언론계의 관심이나 반향은 여전히 무의미한 수준을 유지하고 있었다.

"민주당엔 노무현이 있습니다"

그러던 중 다시 노무현 고문을 조우할 기회가 생겼다. 2001년 8월 말쯤 민주당 연수국에서 내게 9월부터 시작하는 전국 기간당원 교육에 강사로 참여해 달라는 요청이 왔다.

충북 청원에 있는 당 연수원에서 매주 두 번씩 개최하는 당원 연수에 중앙당에서 나갈 강사가 마땅치 않아 전략연구소 부소장인 내게 매주 두 번씩 특강을 해달라는 것이었다. 민주당엔 기라성 같은 국회의원들이 있었지만, 당내 정치가 급한 마당에 지역당원들 상대로 강연을 할 만큼 한가한 의원들이 없었던 셈이다.

노래방 외에는 평생 마이크를 잡아본 적이 없었지만 당 연수원 측의 거듭된 요청과 격려에 당원연수 강사로 나서기로 했다.

강의 제목은 '2002년 대선 승리전략'이었다.

당시로선 신기루 같은 주제였지만 머릿속엔 뭔가 하고 싶은 이야기가 있었다. 영등포역에서 조치원역까지 기차로 와서 택시를 타고 한 시간 이상 들어가자 청원 연수원이 나왔다.

연수일정표를 받아보니 바로 내 앞 순서인 오후 1시부터 3시까지의 강사로 노무현 고문이 올라 있었다. 각 지역별로 주로 40~50대의 남녀당원 3백여 명이 모인 강당의 뒷자리에 앉아 노 고문의 강연을 들어보았다. 점심시간 직후라 졸음이 쏟아지기 좋은 나

른한 시간이었다. 그런데 강당은 박수와 웃음으로 열기가 넘치고 있었다.

'왜 민주주의인가, 왜 국민의 정부인가'를 놓고 노 고문은 열변을 토하고 있었다. 한국 민주주의의 영욕의 변천사를 말하고, 나아갈 방향을 제시하고, 국민의 정부가 일궈 놓은 업적을 설파해 갔다. 김대중 대통령과 국민의 정부의 시대적, 역사적 의미를 힘주어 강조했다. 특히 김대중 대통령에 대해 '한 시대가 배출한 탁월하고 위대한 지도자'라는 그의 강조에 언뜻 이질감이 느껴질 정도였다.

당시는 국민의 정부에 대한 각종 게이트 의혹과 권부 주변에 대한 이러저러한 소문과 비판이 야당인 한나라당은 물론 이른바 조중동의 주류매체에 의해 극성을 이루고 있을 때였다. 조중동 등 신문매체와 한나라당은 2000년 하반기 이후 경제파탄론을 신호로 융단폭격에 들어가고 2001년 2월 8일부터 대대적인 언론기업에 대한 정기 세무조사가 시작되면서부터 대통령과 정권에 대한 비방과 공격이 극에 달해가던 시점이었다.

이런 분위기 속에서 여권 전체가 기가 죽고 몸을 사린 채 입을 다물고 있었고, 일부에선 은연중에 대통령에 대한 거리두기 전술마저 나타나고 있었다.

특히 언론사에 대한 세무조사와 관련해서는 민주당 국회의원들이 꿀 먹은 벙어리 상태일 때, 노 고문만이 해수부 장관 시절부터 유일하게 '정당한 조치'라고 공개적으로 옹호했었다.

김대중 대통령도 "언론사 세무조사를 옹호하는 정치인이 노 장관 하나뿐이냐"고 탄식을 했다는 소문이 들릴 정도로 여권 전체가 극심한 권력누수(權力漏水)와 민심이반(民心離反)의 아노미 상태로 빠져 들고 있었다.

이런 상황이었음에도 노 고문은 전국을 돌며 IMF 외환위기 극복, 사회안전망 구축, 남북화해 협력, 민주주의의 숙성과 국민의 자유 신장 등 김대중 대통령과 국민의 정부의 역사적 업적을 평가하며 "나무를 보지 말고 숲을 보라"고 외치고 있었다.

그런 노 고문이 열변을 토할 때마다 강당은 후끈한 박수와 함성으로 가득 찼고, 그의 투박하고 서민 체취가 물씬 나는 말씨와 특유의 반어법이 터질 때마다 환호와 웃음이 넘쳐났다.

노 고문의 강연을 들으며 박수를 치고, 웃음을 터뜨리다가 "아이고, 큰일 났다"는 생각에 나도 모르게 진땀이 흘러내렸다. 한숨이 나왔다.

"하필이면 노 고문의 뒤 순서에 나를 배치할 게 뭐람. 별수 없지. 주연을 위해서 수많은 조연과 엑스트라들이 필요한 것이니까…."

노 고문의 강연이 끝나자 참석자들이 우르르 따라 나와 사인과 사진 찍기를 요청했다.

"노 고문님 정말 감명 깊게 잘 들었습니다."

"어, 여긴 웬일이오."

"다음 시간이 제 강의인데 무슨 말을 해야 할지 큰일 났습니다."

"모두 꿈과 희망을 갈구하고 있어요. 희망과 용기를 드리세요. 요즘 어떻게 지냅니까."

"국가전략연구소 일을 맡고 있습니다."

"아, 그래요. 가끔 만납시다."

당원들에게 둘러싸인 노 고문을 향해 여기저기서 당원들의 카메라 플래시가 터졌다.

그날 이후 수차례 노 고문의 강연을 듣고, 청중들의 열띤 호응을 보며 노무현의 저력과 가능성을 새삼 인식할 수 있었다. 새롭게 확신이 굳어졌다. 시대적 꿈과 희망, 행동하는 소신과 용기, 그리고 일관된 정치적 절조와 인간적 의리…. 노무현에게서만 내뿜어지고 맡을 수 있는 깊은 향취가 아닐 수 없었다.

매번 앞서 진행되는 노 고문의 강연이 불운이라 여겼던 내 고민과는 달리 노 고문 때문에 오히려 행운이 되었다. 노 고문이 90분 이상 당원들에게 희망과 용기를 북돋우며, 시대의 좌표와 정신을 열정적으로 토하면서도 한 번도 언급하지 않은 말이 있었다.

바로 '이 노무현이 해내겠습니다'라는 말이었다. 이 귀중한 기회에 그는 이 말을 하지 않았다.

내가 대신 해주고 싶었다. 노 고문의 열띤 강연에 취해 있던 당원들에게 나는 '이 암울한 민주당의 어둠을 걷어 줄 주인공이 바로 노무현 고문 같은 정치인'이라며 '그래서 우리에겐 희망이 있다'고 강연을 시작할 수 있었다.

사실 평생 글쟁이 비슷하게 살아온 처지에 수백 명의 눈동자가 쳐다보는 강단에 오르는 것부터가 가슴 울렁거리고, 다리가 휘청거리는 일이었다. 강단에 올랐을 때 첫 마디만 뱉을 수 있으면 반은 성공이라는 언론계 선배의 이야기가 머리에 맴돌던 때에 "민주

174

당엔 노무현이 있습니다"라고 말문을 틀 수 있었다.

그러나 이 말은 당 연수에선 금기(禁忌) 용어였다. 특정 개인을 치켜세우는 강연을 당직자가 할 수 없었다. 청중들의 박수가 터졌다. 그러나 누구도 시비 걸지 않았다.

저 멀리 시골구석 청원에서 이뤄지는 당원연수에 신경 쓸 만한 유력 정치인들이 없었다는 반증이기도 했다. 당권이나 대권가도라는 큰 정치(?)엔 일반당원들의 마음이나 존재가 중요한 요소가 되지 않고 있다는 증거이기도 했다. 씁쓸한 행운이었지만 현실이었다.

나는 불가피하게 다가오는 3김 시대 이후의 시대정신과 3김 이후 시대가 요구하는 지도자상을 나름대로 정리해 이야기했다. 지역주의를 벗어날 절호의 기회이고, 6·15 공동선언으로 궤도에 오른 남북관계를 탄탄하게 다져야 하며, IMF 외환위기 이후 초래된 후유증을 극복할 민생복지를 확대해야 하고, 정치적으로는 계보정치를 벗어나는 정치혁명의 시대가 다가오고 있음을 강조했다. 또 일부 신문과 야당에 의해 펼쳐지고 있는 국정성과에 대한 비방과 왜곡에 대해 낱낱이 통계와 논거를 들어 반박하며 긍지와 자부를 갖자고 강조했다.

그리고 국가전략연구소에서 국민적 폭발력을 가져올 후보 선출 방식과 선거공약 등을 마련하고 있으니 걱정하지 말고 희망과 용기를 갖자고 말했다.

뜨거운 환호는 없었어도 진지한 박수가 가슴을 뭉클하게 했다. 특히 노무현 고문에 대한 나의 생각, 예컨대 시대가 요구한 헌신과 희생을 해왔고, 자라온 성장과정과 정치역정 자체가 감동적 인간 드라마이며, 지역주의 극복의지와 일관된 정치적 의리야말로 새 시대의 정치인상이라는 대목에 청중들의 박수가 남다르다는 느낌을 지울 수 없었다.

청원 연수원 강의는 매주 두 번씩 하루를 보내야 하는 고된 일정이었지만 회가 더할수록 보람이 쌓여가는 귀중한 경험이었다. 무엇보다 내게는 매주 노무현 고문의 정치철학과 비전을 현장에서 체감할 수 있었고, 더불어 대중과 마이크를 접하는 첫 입문이라는 점에서 뒷날 맡게 될 일을 하는 데 적잖은 도움이 되었다.

여담이지만 민주당 청원 연수원에 매주 특강을 했던 추억을 떠올릴 때마다 생각나는 사람이 있다. 코미디언 김형곤 씨다.

대중강연, 그것도 남녀 40~50대가 주류인 지역당원들 3~4백 명을 대상으로 강연을 하다 보니 어떻게 하면 보다 즐겁게 강연을 할 수 있을까가 항상 고민이었다. 너무 진지하면 졸리기 십상이고, 그렇다고 직업 정치인들처럼 입담이 걸쭉하거나 말발이 세지 못한 나로서는 아무리 내용을 열심히 준비해도 90분을 긴장감 있고 재미있게 끌고 갈 방법이 막연했다.

그러던 차에 어느 한정식 식당 모임에서 이런 고민을 토로하자 듣고 있던 식당 여주인이 대뜸 녹음테이프 한 본을 가져다주었다.

"제가 정치인들 상대로 밥장사를 하다 보니 손님의 속내를 잘 압니다. 대중강연에서는 무조건 '와이당' 한두 개는 풀어놓고 시작해야 한답니다. 그래서 이렇게 준비해 두고 손님들이 새로운 것 없냐고 물을 때마다 하나씩 드립니다. 차 속에 두고 계속 듣고 외워서 써 먹으세요."

테이프 제목이 '김형곤의 폭소교실'이었다. 이 테이프를 받은 뒤부터 기차로 오가던 청원 연수원을 승용차를 몰고 다니게 되었다. 차 속에서 테이프를 틀어놓고 김형곤 씨가 천재적 입담으로 쏟아내는 이른바 '성인 폭소개그'를 듣노라면 어느새 청원에 도착하곤 했다.

역시 효과가 있었다. 청중들이 하나 둘 졸기 시작할 때, 차 속에서 간신히 외운 성인개그를 풀어 놓으면 20분 정도는 말짱하게 강연을 들어 주었다.

대중강연 입문시절 내게 큰 도움을 준 그 한정식 주인과 몇 년 전 고인이 된 코미디언 김형곤 씨가 새삼 생각난다.

경천동지의 대선후보 국민참여 경선제

2001년 11월 초 어느 날, 노무현 고문이 여의도 국회 앞 민주당사 7층에 있는 국가전략연구소를 찾아왔다. 연구소 소장인 임채정 의원과 내가 얘기를 하고 있을 때였다.

"노 고문이 여기를 다 찾아주고, 참 별일이네."

항상 유머를 달고 다니는 임 소장이 노 고문을 반갑게 맞으며 말했다.

"이 부소장, 노 고문하고 인사했나. 우리 연구소 부소장인 이병완 씨야. 청와대 비서관으로 있던 사람을 내가 데려왔어."

노 고문과 내가 미처 입을 열기 전에 성미 급한 임 소장이 노 고문에게 나를 소개했다. 서로 멋쩍은 채 새삼 인사를 나누고 자리에 앉았다.

"대권주자가 바쁘실 텐데 무슨 일이오."

임 소장이 웃으며 말했다. 노 고문이 다음 대선에 출마의 뜻을 굳혔다는 얘기는 이미 퍼져 있었다.

"제가 당사에 와 봐야 선배님 방 말고 어디 앉아 있을 데나 있습니까. 이 연구소에서 내년 대선 필승전략을 짠다기에 구경왔습니다."

노 고문 역시 웃음으로 응수했다.

"대선전략은커녕 당 생존전략부터 먼저 짜야 하는 거지. 이 판에 대선전략이 어디 있어?"

어느새 노 고문, 임 소장 모두 담배를 물고 있었다.

"그래도 임 선배 같은 분들이 중심을 잡아가야 되지 않겠습니까. 잘못하면 당이 무너지는 것이 아니라 역사가 무너질 수도 있습니다."

"말이야 옳지만 당신이나 나나 무슨 힘이 있어야지. 산 넘어 산이고, 강 건너 강인데…."

두 사람이 내뿜는 연기만이 방 안을 가득 메워갔다.

그 즈음 '국민의 정부'를 둘러싸고 민주당 등 여권은 미증유의 혼란 속으로 빠져들고 있었다. 이른바 '정풍운동' 파동의 쓰나미가 여권 전체를 휩쓸고 있었다.

민주당 정풍운동은 2000년 12월 2일 김대중 대통령과 여당인 새천년민주당 최고위원들의 청와대 만찬석상에서 당시 최고위원이었던 정동영 의원이 동교동계의 맏형격인 권노갑 최고위원을 겨냥하면서 시작되었다. 여당 내 실세이던 권노갑 최고위원의 2선 후퇴를 정면으로 제기한 것이다.

정 의원이 동교동계 좌장으로 정부 인사와 당내에 막강한 입김을 행사했던 권노갑 최고의원을 공격하자 쇄신을 앞세운 소장파들이 가세했다. 권 최고위원은 보름 만에 사퇴하고 만다. 그리고 당 지지도가 계속 하락하는 등 시련이 계속되자 2001년 5월엔 송영길, 천정배, 신기남 의원 등 초·재선 의원들을 주축으로 정풍 바람이 거세게 일면서 결국 2001년 11월 8일 김대중 대통령이 당 총재직을 사퇴하고 물러났다.

한참을 침묵 속에서 담배만 피우던 노 고문이 입을 열었다.

"이 연구소에서는 구체적으로 어떤 일들을 하고 있습니까?"

"간판이야 거창하지만 당 연구소에 누가 관심이나 있나. 노 고문이 유일한 방문자인 것 같은데 연구소 식구들 밥이나 한 번 사시지. 이 부소장이 실무책임을 맡고 있으니 설명해 드려."

내가 연구소의 편재와 구성, 그리고 중점 연구사항들을 간략히 설명했다. 연구소는 앞서 기술했듯이 전략연구실과 정책연구실을 양 축으로 당시 전략연구실에서는 민주적이고 선진적인 후보 경선방식을 집중 연구하고 있었고, 정책연구실은 후보선출시 후보가 내세울 당 차원의 정책공약 개발을 중점과제로 삼고 있었다.

특히 전략연구실에서 검토되고 있는 후보 경선방식은 미국의 경선방식인 예비선거를 중심으로 각국의 사례를 취합, 당원은 물론 일반 유권자도 함께 참여하는 방법을 중점 모색하고 있었다. 수차례의 논의와 토론을 통해 김대중 대통령 이후 정치적 거목이 빠진 민주당으로선 사실상 부동의 위치를 점하고 있는 한나라당의 이회창 총재에 맞서기 위해 특별하고 차별화된 정치적 흥행몰이가 가장 중요한 전략적 요소라는 데 의견이 모아진 상태였다.

하지만 전략은 전략일 뿐이었다. 계파별 의원 줄 세우기로 대세를 장악, 이를 통해 지역적으로 극명하게 나누어지고 있는 여론을 흡수하는 게 후보경선의 관건이라고 보는 당내 역학구도에서 이와 같은 새로운 후보 경선방식은 특별한 상황이 초래하지 않는 한하나의 이상론에 불과할 뿐이었다.

"일종의 미국식 예비선거를 연구하는 것입니까?"

노 고문이 논의되고 있는 경선방식에 관심을 두고 물었다.

"미국의 오픈 프라이머리(*open primary*) 방식에 가깝다고 보면 될 것 같습니다."

"한국 정치에서 돈과 조직, 계보, 지역주의를 벗어나 일반 유권자가 참여할 가능성이 얼마나 될까요?"

노 고문의 질문은 진지했지만 부정적인 뉘앙스를 풍기고 있었다.

"글쎄요. 아직 구체적인 프로그램이 나온 것은 아니지만 미국 예비선거를 보면, 그 자체가 대선 선거운동 과정인 데다 후보의 자질과 캐릭터가 중요하게 작용해 이변과 흥행몰이로 이어진 경우가 적지 않았습니다. 우선은 새로운 방식이 문제가 아니라 이 방식의 채택 여부가 문제일 것입니다."

사실이었다. 아무리 야당보다 참신하고 차별화된 방식일지라도 당의 역학상 대세를 장악하고 있는 계파간에 합의되지 않으면 무용지물일 뿐이었다. 기존의 손쉬운 대의원 경선방식을 놔두고, 복잡하고 경우에 따라선 위험요소가 도사린 일종의 미국식 경선을 굳이 취할 이유가 없었다.

반면에 노 고문의 의구심은 다른 차원이었다. 사실상 주류는커녕 비주류에도 끼지 못한 채 민주당의 서자(庶子) 취급을 받고 있는 부산 출신 정치인으로선 아무리 그럴듯한 새 방식일지라도 결국은 조직과 돈, 계보, 지역색에 의한 결과로 귀착될 게 뻔한 것이 아니냐는 반문인 셈이다.

지금까지 전국을 돌고, 연수원 강연을 빼놓지 않는 등 당원들을 상대로 공력을 쏟아온 노 고문으로선 전국 16개 시도를 돌며 지역별 경선을 해야 하는 미국식 예비선거 방식보다는 당원과 대의원들이 한자리에 모여서 단판승부를 내는 것이 더 낫다고 보았을 것이다.

한참을 듣고 있던 임 소장이 일어서며 거들었다.

"노 고문, 걱정 말어. 경천동지할 일이 없고선 채택될 리 없으니까. 후보만 돼서 오면 전략연구소가 왕창 밀어줄 테니까 후보만 되시라고. 가서 밥이나 먹읍시다."

그런데 정말 경천동지(驚天動地)할 일이 벌어졌다. 이른바 민주당 정풍파동이 벌어지면서 급기야 11월 8일 김대중 대통령이 당총재직 사퇴를 선언한 것이다.

혼란과 내분수습을 위해 응급처방으로 '당 발전과 쇄신을 위한 특별대책위원회'가 구성되고, 위원장은 조세형 상임고문이 맡고 부위원장은 임채정 전략연구소 소장이 겸하면서 당장 몇 달 후로 다가온 2002년 대선후보 선출방식의 도출과 합의가 긴급한 과제가 되었다.

'당 발전과 쇄신을 위한 특별대책위원회'란 김대중 대통령의 민주당 총재직 사퇴 이후 위기타개책으로 구성된 조직이다. 2001년 11월 11일 한광옥 대표의 지명으로 조세형 상임고문을 위원장으로 하고, 임채정, 유재건 의원을 부위원장으로 하여 13명의 위원이 임명되었다. 이 조직에서 전당대회 등 정치일정과 대선후보 선출방식, 상향식 공천제, 원내·정책정당화 방안 등 각종 쇄신안을 논의 확정하고 당헌개정 등을 담당하는 임무를 맡았다. 여기서 역사적인 국민경선제 도입이 결정되어 정권재창출에 결정적 기여를 하게 된 계기가 마련된 것이다.

당내 전반의 기류 역시 급변하고 있었다. 김대중 대통령이 총재직을 버리고, 이른바 동교동 실세들이 2선으로 물러나자 엄청난 힘의 공백이 생기고, 구심력보다는 원심력이 당을 흔들고 있었다. 대선후보의 선출과정이 국민적 호응을 얻지 못하면 내년 대선은 하나마나라는 위기의식이 팽배해지기 시작했다. 또한 강력하고 폭발력 있는 대선후보를 만들어 내지 못하면, 대선의 전초전인 내년 6월 지방선거마저 위기에 봉착할 게 너무나 명확했다.

특대위를 지원하기 위해 곽해곤 전략연구실장 등 전략연구소 멤버들이 대거 투입되고, 후보 경선방식에 대한 실무업무를 담당하게 되었다. 당의 위기의식 속에 임채정 부위원장을 필두로 한 전략연구소팀이 가세하면서 그 동안 전략연구소가 연구·검토해 온 '국민참여 경선방식'이 급속히 힘을 얻기 시작했다.

연구소가 후보 경선방식으로 미국의 예비선거를 원용한 한국식 예비선거제도를 착안하게 된 것은 첫째도 흥행, 둘째도 흥행, 셋째도 흥행만이 민주당의 살 길이라고 생각했기 때문이었다. 그리고 국민적, 전국적 흥행이 충분히 가능하다고 판단했다.

1994년 공직선거법이 개정되면서 선거 캠페인의 주도권이 과거 신문 위주에서 방송매체로 완전히 넘어갔고, 1997년 대선은 방송토론을 중심으로 방송매체의 위력을 여지없이 보여주었다.

또한 국민의 정부에서 본격화된 IT산업의 발전은 새로운 정보 인프라 시대를 열면서 휴대전화와 인터넷의 보급이 급속하게 퍼져 나가고 있었다. 특히 40%에 달한 인터넷의 보급은 젊은 유권자들, 그 중에서도 20~30대 직장인과 대학생 등의 정치참여를 유도해 낼 유력한 채널로 부상하고 있었다. 방송과 인터넷 등 대중성과 현장성이 강한 매체들을 새로운 경선방식과 결합시키면 엄청난 정치적 폭발이 일어날 것이라는 예측이었다.

이와 같은 판단 위에 흥행을 극대화하기 위해선 무엇보다 그 동안 한국 정치의 고질적 병폐였던 후보 선출과정의 밀실담합과 거래를 제거하고 민주성과 투명성을 담보하는 일이었다. 이를 위해선 당원이나 대의원만이 아닌 일반국민들을 얼마나 경선과정에 참여시키느냐가 관건이었다.

당원이나 대의원들은 조직과 자금, 계보 등을 통한 계파적 통제가 어느 선까지 가능하지만 일반 유권자들이 그에 못지않게 참여한다면 특정세력의 통제선을 넘어섬으로써 대중여론의 반영이 가능해지고, 대중들은 방송매체나 인터넷으로 실시간 중계되는 토론과정을 통해 자기의사를 자유롭게 판단할 수 있기 때문이다.

이렇게 되면 흥행의 첫째 관문인 이변의 연출이 가능해지는 것이고, 이변은 이른바 당심(黨心)보다는 대중 속에 숨어 있는 민심과 여론이 얼마만큼 자유롭게 표출되느냐에 달려 있었다. 16개 광역시·도를 순차적으로 돌아가며 경선을 하다보면 몇 차례의 이변은 담보된다고 확신했다.

'이번만은 대선의 주연배우를 국민 오디션을 통해 뽑자.'

처음 국민참여 경선제를 고안했던 연구소의 프로그래머들의 생각은 이처럼 단순한 아이디어로 출발했다. 그러나 따지고 보면 '이변'(異變)이란 무슨 뜻인가. 결국 당내를 휘감고 있던 대세론(大勢論)이 깨진다는 의미였다. 이인제-한화갑 양강구도가 깨지는 순간 이변은 시작되고, 이변이 일어나는 순간 후보경선은 폭발적 흥행몰이에 들어갈 수 있었다.

흥행성공의 조짐이 나타나고 있었다. 김대중 대통령의 민주당 총재직 사퇴 이후 구성된 특별대책위원회의 활동이 본격화되면서 일반국민의 관심이 민주당으로 모아지고 있었다.

12월 말로 접어들면서 특대위가 내놓은 정치개혁(政治改革) 방안들, 즉 당 총재직 폐지와 당정분리, 상향식 공천제, 대선후보 국민참여 경선방식 등이 제왕적 대통령 문화와 권위주의적 정당 운영이라는 한국 정치의 고질적 병폐를 해소할 획기적 개혁대안으로 부상했다. 언론과 정치권의 시선이 새삼 민주당으로 모아지기 시작했다. 다음과 같은 언론보도들이 '새 정치실험'의 귀추를 주시했다.

민주당 '새 정치실험' 성공할까

민주당이 정치실험에 나섰다. 민주당 당무회의가 7일 확정한 쇄신안은 대부분 헌정사상 초유의 정당개혁 방안들이어서 과연 이 같은 실험이 성공할지 주목된다. 쇄신안의 골자는 총재직 폐지 및 집단지도체제 도입을 통한 1인 보스체제청산, 당권·대권 분리, 상향식 공천 및 대선후보 예비경선제 도입, 재정운영 감독기구 설치, 원내·정책 정당화 추진 등이다.

쇄신안은 지난해 11월 김대중 대통령의 총재직 사퇴 이후 두 달가량 '당 발전·쇄신을 위한 특별대책위'와 당무회의 논란을 거쳐 마련됐다. 민주당은 대선 및 지방선거를 앞두고 당이 처한 위기를 타파하기 위해 결단을 내린 셈이다.

그럼에도 민주당이 실천에 성공할 경우 정치사적으로 적지 않은 의미를 가질 수 있다. 민주당의 조세형 특대위원장은 "당의 민주화, 현대화, 전국정당화 등 3대 지표를 모두 겨냥한 쇄신안은 한국 정치사에 일대 혁명을 가져올 것"이라고 주장했다. 지도체제 1인 보스체제의 상징이던 총재직을 폐지하고 당 대표의 권한을 대폭 축소, 집단지도체제를 도입했다. 최고위원회의는 선출직 8명과 당연직(원내총무) 1명, 지명직 2명 등 모두 11명으로 구성된다.

당 대표는 최고위원 경선 최다득표자가 맡게 된다. 대표는 당무 통할권과 정책위의장을 포함한 당직인선 제안권, 최고위원 2명에 대한 지명권 등을 갖게 되지만, 조직·재정에 관한 권한 등이 크게 축소됐다.

당권·대권 분리 대통령은 물론 대통령후보 단계에서부터 당 대표를 겸할 수 없도록 당·정을 분리했다. 대통령이 여당 총재를 겸임, 국회를 좌지우지하던 구조를 청산하겠다는 취지에서다. 대통령 후보와 지도부 경선에 중복출마는 할 수 있지만, 대선후보 당선자가 지도부 경선에서도 1위를 했을 때는 지도부경선의 차점자가 대표를 맡도록 했다.

상향식 공천 대선후보 선출과정에 국민참여 예비경선제를 도입하는 것과 발맞춰 국회의원 선거 등 각종 공직선거 출마자를 상향식으로 공천하기로 했다. 지구당별 또는 지역별로 대의원 및 당원들이 직접 후보를 선출토록 함으로써 중앙당과 총재가 공천에 전권을 행사하던 관행을 청산하도록 했다.

원내·정책정당화 원내총무가 당연직 최고위원이 되도록 하고 의원총회에 법안 뿐 아니라 주요 정책 결정권을 부여했다. 정책위의장에게 산하 당직자 추천권과 의총 소집권 등을 새로 주었다. 또 예산결산위 및 감사 제도를 도입해 대표와 총장의 재정운영권을 감독하도록 했다. 대선후보경선에 인터넷 투표를 부분 도입키로 하는 등 전자정당화도 추진한다는 방침이다.　　　　　　　　〈한국일보〉, 2002. 1. 7

'새 정치' 출발 계기돼야

민주당은 어제 당무회의에서 국민참여 경선제와 당 총재직 폐지 등을 뼈대로 한 '당 쇄신 제도개선안'을 만장일치로 통과시켰다. 이와 함께 오는 4월 20일 대통령 후보와 당 지도부를 선출하는 통합 전당대회를 여는 등 정치일정에도 합의했다. 그동안 당 쇄신방안과 정치일정을 둘러싸고 당내 세력들이 힘싸움을 벌여온 민주당이 그 견해차이를 녹이고 이처럼 합의한 것은 크게 환영받을 만하다.

이번 쇄신안이 단순히 민주당의 정치구조를 바꾸는 데 그치지 않고, 낡고 봉건적인 한국정치 전반에 새로운 바람과 근본적 변화를 불러올 수 있기 때문이다. 그동안 우리 정치와 정당은 철저히 일인 우두머리 지배의 독점체제 아래 놓인, 매우 비민주적이고 봉건적인 구조였다. 당 총재는 국회의원 후보를 선택하는 공천권을 독점적으로 행사하는 등 제왕적 권한을 누려왔으며, 당 운영과 구조는 총재와 그 주변 '가신들', '측근들' 손에 좌지우지되는 폐쇄적이고 비민주적인 것이었다.

민주당의 쇄신안은 이런 정치판에 새로운 변화바람을 몰고 올 요인을 안고 있다. 특히 올 12월에 있을 대통령 선거는 지난 40여 년의 한국정치를 규정한 군부정치와 이른바 '세 김씨 정치'를 넘어서서 새로운 정치시대로 접어들게 하는 중요한 길목이 되는 터여서, 이런 시대상황과 쇄신안이 어떤 식으로 접목할지 주목된다.

이번 쇄신안 가운데 특히 관심을 끄는 것은 국민참여 경선제와 상향식 공천제다. 이는 당 총재의 독점적 공천권을 없애고 대통령 후보 등의 선정과정에 일반국민이 참여할 길을 터놓은 혁명적인 정치실험이다. 우리 정치역사상 처음 도입되는 이 실험이 성공하기 위해 민주당은 치밀하고 공정한 준비를 해야 한다. 철저한 준비 없이 진행했다가는 자칫 돈 싸움과 파벌간 세력대결을 더욱 증폭시킬 수도 있다. 결과에 대한 승복도 이 제도의 성공을 위한 전제조건이다.

언론과 국민들도 성급한 예단보다는 이 제도가 뿌리를 내려 정치 개혁의 물꼬를 열도록 협조해야 한다. 50여 년 지속된 한국의 정치문화와 질서를 근본적으로 바꾸는 일이 쉽게 올 수는 없을 터다. 그러기에 냄비처럼 끓어오르는 다급함으로 접근할 일이 아니라 새 정치의 싹을 키우고 보듬는 자세가 필요하다. 20세기 초에 도입된 미국의 예비선거제도가 수많은 시행착오와 우여곡절 끝에 지금부터 34년 전인 1968년에 이르러서야 오늘과 같은 제도로 정착했다는 점을 음미해볼 필요가 있다.

야당인 한나라당도 시대적 상황이 요구하는 정치개혁의 길에 동참해야 한다. 이미 한나라당 안에서도 당 민주화에 대한 목소리가 높아지고 있다. 낡고 봉건적인 정치질서를 넘어서서 새로운 정치로 가기 위해서는 야당의 협력과 동참이 절실하다. 특히 새 정치를 위한 제도를 법제화하고 이를 우리의 정치상황에 뿌리 내리도록 하기 위해 여야 협력은 절대적으로 필요하다. 그것은 한 시대, 한 정당의 문제가 아니라 겨레와 나라의 긴 앞날을 위해 국민에게 주어진 엄중한 역사적 사명이다. 〈한겨레〉, 2002. 1. 8

각본 없는 정치혁명의 국민 드라마

'각본 없는 주말 드라마', 2002년 3월 9일 제주에서부터 4월 27일 서울까지 치러진 민주당의 대선후보 경선을 두고 일컫는 언론의 표현이다.

말 그대로 각본 없는 국민 드라마였다. 한국 정치사상 처음으로 공당의 대선후보가 정당의 구성원만이 아닌 일반 유권자의 자발적 참여로 결정되는 정치혁명의 드라마였다. 지금껏 계보와 지역영주(領主)의 감독과 각본에 의해 연출되던 대선후보 선출과정이 사실상 국민의 손으로 넘어간 것이다. 16개 지역별 경선이라는 국민 오디션이 극적인 성공을 거둔 셈이다.

그러나 이와 같은 극적인 결과, 이른바 대세론이 초반에 무너지면서 전국민적 흥행몰이가 그렇게 쉽게 달궈지리라곤 누구도 예상치 못했었다. 민주당 특대위가 국민참여 경선제를 채택한다는 원칙을 세운 2001년 12월 중순부터 각 후보캠프 관계자들이 전략연구소를 빈번하게 방문하기 시작했다. 국민경선의 프로그램이 전략연구소에서 고안되었다는 사실이 알려지면서 이 생경한 방식에 대한 이해와 예상되는 구도를 탐문하기 위함이었다.

그런데 캠프별 관심과 태도는 의외였다. 이른바 대세론의 진원지로서 양강구도를 형성했다고 알려진 이인제 캠프와 한화갑 캠프에서는 별다른 이의 없이 수용한다는 태도였던 반면 가장 반길 것으로 여겨졌던 노무현 캠프에선 심한 부정적 의견들이 제기되었다.

당심(黨心)과 민심(民心)이 반반씩 반영되는 경선구조상 양강 진영은 결국 당심은 민심이라는 확신이 선 것 같았다. 더구나, 각 언론사들이 제시한 여론조사들이 사실상 양강 구도를 기정사실화하고 있었다.

같은 맥락에서 다른 캠프, 특히 노무현 캠프에선 일반 유권자의 참여란 결국 조직과 자금, 그리고 지역정서에 의해 동원될 수밖에 없지 않느냐는 판단이었다. 이제까지 한국 정치를 지배해온 조직도, 돈도, 지역적 배경도 없는 노 후보측으로선 당연한 우려였다. 기실은 노무현 대통령 만들기를 위해 뛰어든 연구소 구성원들로선 이와 같은 현실적 정치구도와 환경을 불신하는 노 후보 캠프측을 설득하는 게 쉽지 않은 일이었다.

그들은 대의원이 아닌 모든 당원이 참여하는 100% 당심, 또는 당원과 국민 구별 없이 유권자가 참여하는 100% 민심을 반영하는 제도만이 한국 정당정치의 고질적 병폐(조직, 자금, 지역주의)를 해소하고 정정당당한 페어플레이가 가능하다는 생각인 것 같았다. 그러나 논리적으로나 현실적인 역학구조상 합의가 불가능한 방식이었다. 연구소 프로그래머들 역시 노무현 캠프측을 설득할 만한 근거들은 없었다.

그러나 국민참여 경선방식만이 노 후보가 후보로 선출될 수도 있는 가능성이 큰 유일한 방식임을 설명할 수밖에 없었다. 그나마 그들을 움직인 요소들은 노사모 활동, 인터넷상의 특이현상, 그리고 노 후보의 잠재적 폭발력에 대한 기대 등이었던 것으로 기억이 난다.

그 중에서 인터넷상의 움직임은 매우 특이한 일관성을 보여주고 있었다. 그 당시만 해도 온라인-오프라인이라는 개념마저 널리 퍼져 있을 때가 아니었지만 온라인, 즉 인터넷 이용률이 40% 선에 달하고 있었다.

오프라인의 대표적 매체들인 신문의 경우 2002년 초 대선후보 여론조사에서 한나라당 이회창 후보의 초강세 속에 민주당 이인제 후보가 그 뒤를 잇고, 노무현 후보는 3~4% 선이 최대치라 할 만큼 최하위권을 맴돌고 있었다. 심지어 어떤 신문매체의 경우 여론조사에서 노무현 후보를 12월 대선후보 대상으로 리스트에도 올리지 않는 경우도 있었다.

그런데, 온라인은 확연히 달랐다. 예를 들면 〈매일경제신문〉이 일종의 심심풀이(?)로 실시한 온라인 여론조사에서는 노무현 후보가 부동의 1위를 차지했다. 또 인터넷 경제신문의 효시인 〈머니투데이〉에서 종이신문 창간기념으로 경제전문가 200여 명을 대상으로 실시한 인터넷 설문조사에서 노무현 후보가 모든 후보를 제치고 1위를 차지했다. 이와 같은 현상은 분명하고도 심중한 의미를 시사하고 있었다.

당시 인터넷 사용자들이란 20~30대의 경우 대개는 쓸 만한 기업이나 기관의 직장인들이었다. 한마디로 젊은 층과 고학력 지식인들 사이에 '노무현 바람'이 심상치 않게 불고 있음을 보여주는 지표들이었다.

또 이들 매체들이 경제매체들이라는 점도 주목할 요소였다. 금융 중심의 경제적 관심이 높은 집단에서 이와 같은 노무현 현상이 나타난다는 것은 노무현에 대한 대중적 관심이 상당히 합리적 관점에서 기인하고 있음을 시사하고 있었다.

그런데 문제는 이와 같은 온라인 세계에 불고 있는 노무현 바람을 누구도 주목하거나 의미 있게 보고 있지 않았다는 점이다. 이것은 당시만 해도 인터넷 등 온라인 세계에 대한 무지와 편견이 우리사회를 지배하고 있었기 때문이다.

'인터넷은 젊은 애들의 놀이터'라는 인식과 편견이 아직 활자매체나 전파매체에만 익숙해온 지성계와 대중사회를 뒤덮고 있었다. 특히 여론주도층이라는 50~60대, 그리고 활자매체의 신화에서 벗어나지 못하고 있는 한국 주류매체 주도층의 편견이 주요인이었다. 여론주도층과 언론주도층이 이런데 기성 정치권의 인식이야 오죽하겠는가.

2002년 2월 24일, 마침내 노무현 고문도 대선후보 경선출마를 공식 선언했다.

개혁과 통합으로 원칙의 시대,
화합의 시대를 열어갑시다

존경하는 국민 여러분! 그리고 당원 동지 여러분!
저는 어제 제16대 대통령 선거에 출마하기 위해 민주당 경선후보로 등

록하였습니다. 이번 경선에 정정당당히 임하여 국민과 당원 여러분의
심판을 받겠습니다.

국민의 힘으로 위기를 극복했습니다
존경하는 국민 여러분! 그리고 당원 동지 여러분!

1997년, 50년 만의 정권교체로 출범한 국민의 정부는 국가부도위기
를 극복하였습니다. 위기를 불러온 사회시스템과 의식을 하나하나 개
혁해 나가고 있습니다. 그 결과 우리 경제는 이제 안정 위에 새로운 출
발을 시작하고 있습니다.

서민들의 고통이 가장 컸습니다
그 과정에서 지난 4년 동안 우리 국민 모두가 정말 큰 고생들 하셨습니
다. 특히 우리 중산층과 서민들이 많은 고통을 받았습니다. 일자리는
불안해지고, 빈부격차는 더욱 커졌습니다. 다음 정부는 무엇보다도 빈
부격차를 해소하고, 우리 중산층과 서민들의 생활을 안정시켜야 할 것
입니다. 다음 대통령은 서민을 위한 대통령이 되어야 할 것입니다.

한국의 21세기 비전과 3개의 다리
그리고 이제 경쟁력 있는 나라, 모두가 골고루 잘사는 나라, 환경과 문
화의 수준이 높은 선진문화국가, 아시아의 질서를 주도하는 아시아의
중심국가, 이것이 21세기 한국의 비전입니다. 이 비전을 실현하기 위
해서는 우리는 3개의 다리를 건너가야 합니다. 그것은 정치개혁, 국민
통합, 원칙과 신뢰입니다.

정치개혁은 모든 개혁의 성공을 위한 출발점입니다

정치를 이대로 두고서는 아무것도 할 수 없습니다. 합리적인 대화와 타협이 사라지고 극한적인 대결과 투쟁만이 난무하는 정치는 근본적으로 개혁되어야 합니다. 이해관계에 따라 이합집산하는 정치는 이제 청산해야 합니다. 지역구도는 정책구도로 재편되어야 합니다.

지역분열주의를 극복해야 합니다

그래야 정치개혁이 가능합니다. 동서가 화합해야 노사화합도 이룰 수 있고, 남북간의 화합도 이루어낼 수 있으며 세계무대에서 당당히 겨뤄 승리할 수 있는 선진국가가 될 수 있는 것입니다.

원칙이 바로선 사회를 만들어야 합니다

기회주의와 연고주의, 정실주의의 문화를 걷어내고 상식이 통하는 사회를 만들어야 합니다. 원칙이 바로서야 부정부패의 청산도, 경제의 성공도 가능합니다.

이회창 총재는 결코 할 수 없습니다

이회창 총재는 결코 이러한 일을 할 수 없습니다. 이회창 총재가 대통령이 되면, 한국은 또다시 특권층의 나라가 될 것입니다. 온 집안이 똘똘 특권의식으로 뭉쳐있습니다. 이회창 총재가 대통령이 되면 중산층과 서민의 삶은 더욱더 어려워질 것입니다. 동서는 분열되고, 노사간 갈등이 고조되며, 남북간 평화도 물 건너갈 것입니다. 이런 이회창 총재에게 정권을 넘겨줄 수 없습니다.

민주당이 해야 합니다

민주당의 승리는 역사의 요구입니다. 우리 민주당은 반독재민주화운동의 빛나는 전통을 가지고 있는 역사성 있는 민주정당입니다. 개혁정당이며 중산층과 서민의 당입니다. 국민통합, 남북화해와 협력을 추구하는 정당입니다. 정권을 잡고 국가를 위기에서 극복하기 위한 개혁의 과정에서 물론 잘못도 있었습니다. 각종 게이트와 의혹사건은 국민의 정부로부터 민심을 떠나게 했습니다. 개혁의 진행과정에 시행착오가 있었고 국민 여러분께 많은 고통을 끼쳐 드렸습니다.

이 자리를 빌려 민주당의 책임 있는 지도부의 한 사람으로서 사과의 말씀을 드립니다. 그러나 개혁의 큰 방향은 올바르게 가고 있습니다. 민주당이 승리해야 시행착오도 극복되고 개혁은 완성될 수 있습니다.

민주당이 승리하기 위해서는

민주당의 정통성을 계승할 자격과 조건을 갖춘 사람이 후보가 되어야 합니다. 민주당이 승리하기 위해서는 민주당의 정통성을 계승할 자격과 조건을 갖춘 사람을 후보로 선출해야 합니다. 민주주의를 위하여, 중산층과 서민을 위하여, 개혁을 위하여, 동서화합을 위하여, 무엇을 하였으며 무엇을 할 것인지 당당하게 말할 수 있어야 민주당의 후보가 될 수 있습니다. 그래야 민주당을 지지하는 국민들의 열성적인 지지를 받을 수 있습니다. 자신의 이익만을 위해 이당 저당 왔다 갔다 한 사람, 3당 합당 등 분열의 정치에 가담한 사람, 경선에서 떨어지자 이에 불복한 사람은 야당의 공격 앞에 결국은 무너질 수밖에 없습니다. 이회창 총재와 무엇이 다른지 헷갈리는 후보로는 결코 승리할 수 없습니다.

저는 그동안 국가의 지도자가 되려는 사람으로서의 도덕적 자질과 민주당 후보로서의 정통성 문제를 공식적으로 지적해 왔습니다. 우리 민주당은 지난 번 이회창 후보에 대해서도 그 아들의 병역문제를 가지고 공인으로서 도덕적 품성과 자질에 대해 문제를 제기하였습니다. 민주당의 후보에 대해서도 똑같은 잣대를 가지고 검증을 해야 합니다. 이러한 검증의 과정을 이겨내지 못하는 후보는 본선에서 결코 승리할 수 없을 것입니다.

저는 지난 20년 동안 원칙을 가지고 정도(正道)를 걸어왔습니다. 정치를 하기 전에도 민주주의를 위해서, 그리고 서민과 억울하게 고통받는 사람들을 위해서 싸웠고 마침내 이겨냈습니다. 1990년 3당 합당 때 따라갔더라면, 3선 4선 편안하게 했을 것입니다. 그러나 그것은 지역분열주의를 고착화시키는 분열주의적 책동이고, 국민에 대한 배신이자 민주주의 원칙을 파괴하는 것이었기에 따라가지 않았습니다. 그리고 4번씩 떨어지면서도 지역주의를 극복하고 동서통합을 이루겠다는 소신을 굽히지 않았습니다. 그 길에 제 자신의 인생을 걸었습니다. 줄 한 번 바꿔서면 당선이 보이는데도 그렇게 하지 않고 민주당을 지켰습니다. 영남에 민주당의 기반을 만들기 위해서였습니다. 동서화합으로 국민통합을 이루기 위해서였습니다.

민주당이 승리하기 위해서는 이회창 총재의 지역주의를 뿌리째 흔들 수 있는 사람이 후보가 되어야 합니다

국민통합을 이룰 수 있는 사람만이 민주당의 승리를 가져올 수 있습니다. 이번 선거도 동서대결로 치러진다면, 우리 민주당은 절대로 이길 수 없습니다. 1997년 한나라당이 나라살림을 부도냈습니다. 그럼에도 불구하고 모든 표는 지역을 따라갔습니다. 영남표가 갈라지지 않았다면, 민주당은 승리하기 어려웠습니다. 15대 총선에서 민국당의 몰락은 영남표가 쉽게 갈라지지 않는다는 것을 증명했습니다. 이번 대선에도 영남표는 쉽게 갈라지지 않을 것입니다. 이른바 이회창 대세론은 영남의 몰표에 기대고 있습니다. 따라서 영남기반이 흔들리면 이회창 총재는 몰락하고 말 것입니다.

노무현만이 이회창 총재의 영남표를 빼앗아 올 수 있습니다

존경하는 국민 여러분, 그리고 당원동지 여러분!

저는 14대 총선과 1995년 부산시장 선거와 지난 4·13 총선에서 김대중 대통령의 사진을 앞세우고 부산에서 37%의 지지를 받았습니다. 후보만 되면 영남에서 50% 이상 지지받을 자신이 있습니다. 영남에는 저에 대한 지지가 있습니다.

노무현이 후보가 되면 민주당은 더 이상 호남당이 아닙니다

4월 27일 제가 민주당의 후보가 되면 민주당은 더 이상 호남당이 아닙니다. 저 노무현이 한가운데 서 있는 민주당의 사진을 보면 영남사람들의 정서도 바뀔 것입니다. 영남사람들도 호남사람들이 노무현을 민주당의 후보로 만든 것을 보며, 이제는 우리도 지역주의 극복을 위해 화답하자고 나설 것입니다. 제가 또 그렇게 설득할 것입니다. 그 후에 이회창 총재가 영남에 가서 민주당을 호남당이라고 한다면, 영남사람들이 "우리 이제 지역주의 부추기는 정치 그만하자"고 할 것입니다. 이회창 총재는 지역바람 일으키려 영남에 갔다가, 오히려 강한 역풍을 맞게될 것입니다.

노무현이 후보가 되면 정계가 재편될 것입니다

제가 민주당의 후보가 되면 한나라당으로 갔던 많은 개혁적 정치인들이 더 이상 이회창 총재의 한나라당에 있을 이유가 없어집니다. 저는 이제 우리나라에서도 노선과 정책에 따라 정계를 재편하자고 공개적으로 국민에게 주장하고 추진해 나갈 것입니다. 민주세력, 개혁세력, 통합세력을 하나로 뭉쳐 지역구도를 정책구도로 재편하고, 이 세력이 국회의 다수당이 되어 중산층과 서민의 시대를 열어가겠습니다. 이념과 정책 정당을 통한 정치를 해나갈 것입니다. 이는 1990년 3당 통합으로 붕괴된 정치제도를 복원하는 것이며, 역사의 순리입니다.

노무현이 하면 됩니다

저는 독학으로 사법고시에 합격했고, 초선의원으로 청문회 스타가 되었으며, 노동위원회에서 가장 많은 의정활동을 펼친 1등 의원이었습니다. 1993년에 역대 야당의 최연소 최고위원으로 선출되었습니다. 해양수산부 장관도 잘 했습니다. 도전하고 실천하는 사람들이 세상을 바꿉니다. 제가 도전하겠습니다. 국민 여러분께서 도와주십시오.

제가 대통령이 되면 원칙이 바로선 사회를 만들겠습니다

저는 정직과 진실로서 정도를 걸어왔습니다. 동서통합·노사화합으로 국민을 통합하고, 나아가서 남북간의 화해와 협력을 성공시키겠습니다. 중산층과 서민의 시대를 열겠습니다. 내실 있는 경제, 안정과 성장이 조화된 탄탄한 경제를 만들겠습니다. 일자리 만들기, 일자리 찾아주기, 일자리 나누기를 통해 실업문제를 해결하고 농업대책, 조세개혁과 복지제도로 골고루 잘 사는 사회를 만들겠습니다. 학벌사회를 청산하고 능력 위주의 사회를 만들겠습니다. 국민과 함께 하는 개혁의 시대를 열겠습니다. 교육개혁은 교육주체들과 함께 의논하고, 농업정책결정에 농민들이 참여하게 될 것이며, 노사정위를 활성화시키겠습니다. 책임총리제를 통해 권력을 분산하고 민주주의를 강화하겠습니다. 강력한 지방육성 · 지방분권 등 지방화정책을 펼치겠습니다. 동북아 경제의 중심국가로 발돋움하겠습니다. 이 모든 일을 하는 데 있어서 "내가 가장 적합하다" 생각해서, 저는 대통령이 되려는 것입니다.

비전은 말이 아닙니다, 믿음이 있어야 비전입니다
존경하는 국민여러분 그리고 당원동지 여러분.
　비전은 말이 아닙니다. 믿음이 있어야 비전입니다. 자격 있는 사람이 말하고, 그리고 진실로서 말할 때 비로소 우리는 비전이라 말할 수 있습니다. 모두들 화려한 비전을 말했습니다. 그러나 그 화려했던 구호들 중에 지켜진 것이 무엇입니까? 정의사회가 구현이 되었습니까? 보통사람의 시대가 왔습니까? 신한국 건설은 또 어떻게 되었습니까?
　비전을 말할 자격이 없는 사람들이 비전을 외쳐대는 바람에 이제 국민들이 지도자가 내세우는 비전을 믿지 않는 시대가 되어버렸습니다.
　이제 두 눈을 똑바로 뜨고 후보들이 제시하는 공약과 말을 검토해야 합니다. 진정으로 그 말을 할 자격이 있는지, 또 자신이 한 말을 실천할 철학과 자질을 갖고 있는지를 신중하게 판단해야 합니다. 그 사람이 걸어온 과거를 보아야, 그 사람이 걸어갈 미래가 보이는 법입니다.
　과거에 잘못을 저지른 사람들은 반성도 하지 않고, 언제나 '미래를 보고 앞으로 나가야 된다'고 이야기합니다. 하지만 과거의 잘못에 진심으로 반성하지 않는 사람의 미래는 또다시 국민에게 실망만을 안겨줄 뿐입니다.

저 노무현은 약속합니다

화려한 구호나 공약보다 더 소중한 신뢰와 믿음을 드리겠습니다. 원칙의 시대, 화합의 시대를 말이 아닌 행동으로 보여드리겠습니다. 저는 정정당당하게 승부하고 있고, 많은 국민들이 저를 지지하고 있습니다. 저는 반드시 승리해서 정치개혁과 동서화합을 이루고, 그리고 원칙이 승리한다는 것을 국민 여러분께 또 역사에게 반드시 증명해 보이겠습니다.

감사합니다.

2002. 2. 24
새천년민주당 상임고문 **노 무 현**

노 후보는 그날 기자회견에서 자신이 출마하는 이유와 그가 추구하는 정치철학과 지향하는 가치를 소상하게 밝혔다. 특히 그는 이인제 후보를 겨냥한 비판을 직설적으로 표현했다. 한나라당 후보와 다름없는 인물이 민주당 후보가 되어서는 결코 안 된다는 주창이었다. 그가 후일 인터넷 매체와의 인터뷰에서 "이인제 후보가 민주당 후보가 되는 것을 막기 위해 출마했다"고 말할 만큼 이인제 후보의 정치적 행보에 대해 가감 없는 비판을 숨기지 않았다. 정치 대의(大義)와 도의(道義)에 어긋나는 정치인의 기회주의에 대한 그의 분노가 담겨 있었다.

3월 9일 제주 경선으로 스타트한 전국일주 경선레이스는 결국 3월 16일 광주 대회전을 계기로 완전히 노풍(盧風)에 휩싸이며 이인제 대세론을 잠재웠다. 이후 노풍은 전국적인 현상으로 번져 나

16대 대통령 민주당 후보경선 결과표

지역	일자	득표					누적득표			비고
		노무현	이인제	정동영	한화갑	김중권	노무현	이인제	정동영	
제주	3.9	125	172	110	175	55		394	175	김근태, 유종근 조기 후보사퇴
울산	3.10	298	222	65	116	281	423	885	229	
광주	3.16	595	491	54	280	148	1,018	1,779	283	
대전	3.17	219	894	54	77	81	1,237	3,211	322	한화갑 후보사퇴
충남	3.23	277	1,432	39		196	1,514	3,834	393	
강원	3.24	630	623	71		159	2,144	4,302	584	김중권 후보사퇴
경남	3.30	1,713	468	191			3,857	5,012	1,322	
전북	3.31	756	710	738			4,613	5,518	1,503	
대구	4.5	1,137	506	181			5,750	6,334	1,634	
인천	4.6	1,022	816	131			6,722	7,002	1,817	
경북	4.7	1,246	668	183			8,018	7,736	1,900	
충북	4.13	387	734	83			8,405	8,190	2,240	
전남	4.14	1,297	454	340			9,702		3,036	이인제 후보사퇴
부산	4.20	1,328		796			11,030		4,462	
경기	4.21	1,191		1,426			12,221		6,767	
서울	4.27	5,347		2,305			17,568			

* 굵은 숫자는 지역별 및 누적 1위 득표수를 나타냄.
* 서울지역은 일반인 인터넷 투표(1750표)의 결과도 포함한 것임.

가 경선 중반도 되기 전에 일찌감치 승부를 갈랐다. 노무현 후보는 전국 16개 광역시도 중 영호남을 포함한 11개 지역에서 1위를 차지함으로써 단숨에 전국적으로 지지를 받는 후보가 되었다. 아무도 예상치 못한 결과였다.

한국 정치사상 가장 극적이고 역사적인 드라마가 벌어진 것이다. 말 그대로 정치혁명이었다. 유권자 혁명이었고, 한국 대선사의 형질변화를 가져온 역사적 전환이었다. 4월 27일 서울 경선을 마지막으로 노무현 후보 당선이 공식 선언되었다.

민주 국민경선 총정리: 참여정치 새 지평 … '노풍' 닻올려

민주당의 대통령 후보 선출을 위한 국민참여 경선이 시작 50일 만인 27일 대단원의 막을 내린다. 국민경선제는 미국의 예비선거제를 밑그림으로 삼고 선호투표제와 전자투표 등을 추가해 개발해낸 '한국형 예비선거'라고 할 수 있다. 국민참여 경선은 선두 후보들의 시소게임 속에 국민적 관심을 끄는 등 참여민주주의 측면에서도 큰 성과를 거두었다는 평가를 받고 있다. 그러나 중반 이후 비방전이 가열되면서 선거양상이 변질한 것은 큰 문제점으로 지적된다.

성과 우선 흥행 면에서 '대박'을 터뜨렸다. '16부작 정치드라마'라 불리며 주말마다 국민들의 시선을 끌어들이면서 그동안 외면받던 정치를 '복권'시키는 견인차 구실을 했다. 민주당으로서는 '노무현 바람'이 일며 정국을 반전시키는 덤까지 얻었다.

이런 국민적 관심 속에서 참여민주주의의 폭과 깊이를 한 단계 끌어올리는 구실을 한 것은 가장 큰 성과로 꼽힌다. 당 총재 한 사람에게 집중돼 있던 각종 선거의 공천권을 당원과 국민들에게 돌려줌으로

써, 각종 지방선거의 후보선출 과정에까지 상향식 공천이 정착되도록 했다는 평가도 받고 있다. 민주당의 경선에 자극받아 한나라당도 국민경선제를 실시함에 따라 풀뿌리 민주주의 확산은 돌이킬 수 없는 대세가 됐다.

돈선거와 조직동원이 국민경선 앞에서 무력해진 것도 주목할 만하다. 선거인단이 7만 명이나 되는 대규모인데다 일반국민이 참여하면서, 돈과 조직이 힘을 쓰지 못한 것이다. 대신 그 자리를 인터넷과 텔레비전 토론이 메우면서 선거문화가 한 단계 발전한 것으로 평가된다. 인터넷이 이번에 처음 선보인 전자투표와 더불어 전자민주주의의 지평을 넓힌 점도 성과로 꼽힌다.

한계 이런 성공에도 불구하고 경선은 적지 않은 문제점을 노출했다. 우선, 인물선정에 치중하는 바람에 정책형성 측면은 간과했다는 점이다. 조기숙 이화여대 교수는 "미국 예비선거의 경우 중도사퇴하는 후보의 지지를 끌어내기 위해 유력후보가 사퇴한 후보의 정책을 받아들이기도 한다"며 "예비선거과정 전체가 당의 정강정책을 만들어가는 과정"이라고 말했다. 이인제, 노무현 두 후보 사이의 이념논쟁이 있긴 했지만 색깔론 수준을 벗어나지 못한 채 건전한 정책대결에까지는 이르지 못했다.

경선이 거듭될수록 투표율이 떨어진 것도 문제점으로 꼽힌다. 경기경선까지 총선거인단은 5만 1천여 명인 데 비해 투표참가자는 2만 6천 명에 그쳐 투표참가율이 51.4%에 머물렀다. 특히 대의원이나 당원선거인단에 비해 국민선거인단의 투표율은 훨씬 낮은 것으로 추산되고 있다. 이에 따라 1,750명분에 한정해 실시한 인터넷 투표의 문호를 앞으로는 획기적으로 확대하고, 우편투표 도입을 적극 검토해야 한다는 목소리도 나오고 있다.　　　　《한겨레》, 2002. 4. 27

고독한 대선 후보자와 정책대결

그 며칠 후인 5월 초 어느 날 점심시간이 채 끝나지 않은 시각에, 노무현 후보가 당사 7층에 있는 국가전략연구소를 찾아왔다. 그 날은 당사 8층에 마련된 민주당 대선후보 사무실에 첫 출근한 날이었다. 임채정 소장은 부재중이었고, 노 후보 방문은 사전예고가 없었다. 내가 노 후보를 맞았다.

"사무실에 올라가다 생각나서 들렀습니다."

"다시 한 번 축하드립니다."

노 후보가 담배를 찾았다. 담배를 권했다.

"국민경선제가 마법을 발휘했습니다. 연구소가 고생했습니다."

"저희도 이 정도까지 국민적 관심을 일으킬 줄은 몰랐는데 국민들의 정치적 참여욕구가 폭발한 것 같습니다. 새로운 세대의 민주적 열기에다 인터넷 등 새로운 정보통신 수단의 보급이 새로운 물결을 만들어 냈다고 생각합니다."

"여론시장의 주도권이 많이 바뀌어 가고 있지요. 뉴미디어가 확산되면 대의민주주의도 변화와 새로운 대응이 필요한데 정치문화의 변화속도가 따라갈 수 있을지 과제일 것입니다."

노 후보와 나는 이번 경선과정에서 나타난 새로운 변화의 조짐과 환경을 주제로 대화를 나누어 갔다. 노 후보는 앞으로 전개될

디지털 디바이드(*digital divide*, 정보격차) 현상이 가져올 문제점들을 설명하며 갈수록 정치가 어려워질 것이라고 말했다. 따라서 갈등구조의 분화와 표출, 그리고 이를 해소할 타협의 문화가 중요한 과제임을 설명했다. 그리고 본론을 말했다.

"저는 이번 선거를 정책대결로 치러나갈 작정입니다. 연구소에서 그동안 준비하고 개발한 정책들을 놓고 토론을 했으면 합니다."

나는 우선 연구소가 마련한 정책 프로그램과 개발일정을 담은 보고서를 노 후보에게 제시했다. 노 후보는 그 자리에서 보고서를 세밀하게 살펴보았다.

"잘 만든 것 같네요. 제가 몇 가지 의견을 달아서 오후에 다시 오겠습니다. 연구소 정책팀하고 함께 이야기하도록 합시다."

그날 오후 노 후보가 다시 연구소를 찾았고, 연구소 연구원들과의 간담회가 열렸다. 이 자리에서 노 후보는 정책대결에 대한 자신의 소신과 지론을 분명하게 제시했다. 또 남북관계, 복지정책, 지역균형발전 등 정책대안에 대한 방향을 설명했다. 제왕적 권력의 해소와 지역주의 극복 등 정치개혁 방향에 대해서도 상세히 피력했다. 그동안 경선과정에서 TV 토론과 연설을 통해 익히 큰 줄기를 제시한 바 있지만, 구체적 정책대안으로서의 실현 가능성과 충분한 논거를 보완해줄 것도 요청했다.

"후보비서실과 연구소가 혼연일체가 되어서 저를 도와주시면 좋겠습니다. 특히 각종 토론과 연설에 필요한 자료정리와 제공을 연구소가 맡아 해주셨으면 합니다."

노 후보가 당의 공식 대선후보로서 당 후보 사무실에 첫 출근한

날, 연구소를 방문하고 연구원들과 토론까지 가진 것은 연구소에 대한 노 후보의 남다른 기대와 희망의 표시였고, 정책개발과 대안 제시를 통해 선거를 정책대결로 이끌겠다는 강한 의지를 보여준 것이었다.

그러나 한편으로는 극적인 과정을 통해 열렬한 국민적 지지로 당의 대통령 후보를 거머쥐었지만 당의 전폭적 지원을 기대하기 힘든 궁박한 당내 처지를 시사하는 것이기도 했다.

경선과정을 통해 민주당을 장악하고 있던 구(舊)동교동계 등 실세세력들이 나가떨어진 데다, 이인제 후보측은 경선후보 사퇴 이후 JP(김종필)와의 중부권 신당론 등 사실상 다른 길을 모색하고 있었다.

또한 후보는 선거대책위원회의 인사권과 예산권만 갖고, 당 대표가 조직과 정책, 자금의 전권을 행사하는 한국 정당사상 초유의 '대권-당권 동거체제' 실험의 한복판에 민주당의 노무현 후보가 서 있었다. 당내 기반이 취약한 노 후보로서는 이 또한 커다란 걸림 돌로 작용할 여지가 충분히 있었다.

거당적인 환영 속에 이뤄져야 할 대통령 후보의 당사 입주마저 썰렁한 분위기 속에 이루어졌다. 대선까지 노 후보의 순탄치 않을 과정을 이미 보여주고 있었다.

이런 형편에서 당 내에서 당장 후보측을 지원할 현실적 조직은 전략연구소밖에 없었다. 그날 이후 전략연구소를 개편했다. 우선 급한 것이 폭주하는 언론매체들의 후보 인터뷰와 토론, 각종 단체와 조직들의 강연요청에 대응하는 것이었다. 이를 위해 곽해곤 실장의 전략연구실은 정치관련 연설문과 인터뷰, 토론자료를 생산하고, 정만호 실장의 정책연구실은 정책관련 사안들을 맡기로 했다.

전략연구소와 후보 비서실이 사실상 노 후보 캠프로 전환된 셈이다. 연구소는 밤샘작업을 밥 먹듯 하면서 모처럼 활기와 열기로 넘쳐나기 시작했다.

대선 결전을 3개월 여 앞둔 9월 중순 어느 날, 노 후보 비서실에서 연락이 왔다. 노 후보가 나와 정만호 실장을 찾는다는 것이었다. 후보실에 들어가니 노 후보 혼자 소파에 앉아 담배를 피우고 있었다. 무심한 듯한 표정이었지만 미간의 주름이 짙어 보였다. 두 사람이 앉자, 노 후보가 담배를 권했다. 사양하는데도 담배를 권해 부득불 받아 물었다.

뭔가 분위기가 심상치 않았다.

사실 노 후보를 만난 것도 꽤 오랜만이었다. 대외활동에 분초를 갈라 써야 하는 집권여당의 후보로서 사무실에 들를 시간도 별로 없었기 때문이다. 그런데 최근 노 후보의 사무실 체류가 부쩍 늘고 있었다.

한참을 뜸을 들인 노 후보가 입을 열었다.

"요즈음 어떻게 생활하고 있습니까?"

뜻밖의 질문이었다. 후보의 갑작스런 호출에 그동안 해온 일들에 대한 보완이나 시정사항을 이야기하거나 새로운 과제를 줄 것으로 잔뜩 긴장하고 있던 차에 후보의 질문은 의외였다. 질문의 뜻을 파악하기 힘들었다. 나와 정 실장이 그냥 쳐다보고 있자 노 후보가 다시 물었다.

"나야 떨어져도 변호사니까 어떻게든 먹고 살겠지만 이 소장(연구소 부소장을 그냥 소장이라고 불렀다)과 정 실장은 뭐하고 살 거요. 달리 살 방도가 있습니까?"

비로소 노 후보가 묻는 말뜻을 알 것 같았다. 언뜻 듣기에 농담 같았지만 워낙 진지한 표정으로 물었기에 차라리 처연한 느낌이 들었다.

"후보님, 절대 패배하지 않습니다. 저희들은 그런 상상을 해본 적도 없지만 분명히 승리하실 거라는 확신을 갖고 있습니다."

"당신들 확신이야 개인적인 것이지만 객관적 조건이 그렇지 않지 않습니까. 다른 사람들은 몰라도 두 사람에게 참 미안하다는 생각이 듭니다. 어차피 정치판에서 살아온 사람들이야 선거가 끝나면 또 할 일들이 있는데, 두 분은 전혀 생소한 곳이 아닙니까."

"저희들이 후보님을 대통령으로 만들자고 생각하고 이곳에 왔을 때는 그야말로 아무런 희망의 근거가 없을 때였습니다. 그런데 후보까지 되셨습니다. 지금 상황이 어렵지만 결국 승리하시리라고 생각합니다. 저희들 걱정하지 마시고 힘내십시오."

내 말이 공허하다는 듯 노 후보가 쓴 웃음을 지었다. 후보실을 나오자 비서진들이 물었다. 후보가 배석 없이 두 사람만 만나니 궁금한 표정들이었다.

"무슨 말씀을 하시던가요."

"열심히 한 번 해보자고 그러십니다."

사실 이즈음 후보 주변은 암울한 분위기에 휩싸여 있었다. 4월 27일 후보당선으로 절정에 달했던 노풍은 5월을 넘기면서 급속히 쇠퇴해가기 시작했다. 특히 6월 지방선거에서의 민주당 대패는 그렇지 않아도 위태롭던 노 후보의 당내 입지를 흔들어 놓았고, 연이어 몰아닥친 한일 월드컵 열기를 타고 정몽준 대한축구협회 장이 정치적으로 급부상하는 등 내우외환(內憂外患)의 위기가 갈수록 고조되었다.

마침내 정몽준 회장이 히딩크 신화를 앞세우며 새로운 당 '국민통합 21'을 만들자 당내에선 구(舊) 동교동계를 중심으로 정몽준과의 후단협(후보단일화추진협의회)을 조직하여 노 후보의 입지가 밑동부터 뽑혀가는 형국이었다. 당권을 장악하고 있는 실세세력들이 노 후보에게서 등을 돌리자 당의 기간조직들 역시 후보측을 철저히 외면하고 있었다.

사실상 당의 재정지원이 끊긴 상태나 다름없었다. 노 후보측은 겨우 전략연구소와 후보 비서실로 구성된 후보캠프만이 외딴 섬처럼 남아 있었다. 한때 50%를 넘던 지지율도 15% 내외로 추락한 채 횡보만을 거듭하고 있었다.

이런 상황에서 노 후보가 나와 정만호 실장을 불러 왜 그런 이야기를 하게 되었는지는 얼핏 이해가 될 듯하면서도 여전히 수수께끼로 남아있다. 어쩌면 후보직 사퇴를 생각하면서 미안한 마음을 전하려던 것이 아니었을까.

언젠가 노 후보가 대뜸 내게 물은 적이 있었다. 대외 연설문 초안을 놓고 토론하던 중이었다.

"정몽준 회장이 어떤 사람입니까. 이 소장은 신문사 경제부장 출신이니까 잘 아실 것 아닙니까?"

그때 나는 나름대로 기자시절 들은 일화와 평판들을 전했다. 그다지 긍정적인 답변은 아니었다.

"그래도 정주영 회장 아들 중에서는 공부도 번듯하게 하고, 대학도 일류대학을 나왔으니까 뭔가 괜찮은 사람 아니오. 국회에서도 보면 꽤 겸손한 사람 같던데 …."

그즈음만 해도 노 후보의 정몽준 의원에 대한 인상은 긍정적으로 보였다. 그런 점에서 유추해 보면 노 후보는 마음속으로 어떤 결정적 생각을 품고 있었던 것이 아닌가 하는 생각이 들기도 했다.

"나보다 좋은 사람이라면 누가 대통령이 되든지 국가와 국민에게 좋은 일 아니냐"는 소신을 은연중에 내비치고 있었기 때문이다. 이런 노 후보의 소신과 성격은 주변 당 간부들로부터 "노 후보는 권력의지가 너무 없다"는 등의 비판의 대상이 되곤 했었다.

내외환경이 이처럼 갈수록 악화되는 가운데서도 노 후보는 정책문제에 대한 끈질긴 집념을 버리지 않았다. 아무리 여유가 없더라도 정책자문단이나 정책팀과의 토론과 대화는 거르는 법이 없었다. 이미 쇠퇴한 후보의 입지와 위상 때문에 교수정책자문단(단장 김병준)이라 봐야 고작 20여 명이 모일 정도였다. 한나라당 이회창 후보의 교수정책자문단이 1천여 명에 육박하는 초매머드급이라지만 노 후보가 정책자문단에 쏟는 정열과 시간과는 비길 바가 아니었다. 연구소 부소장으로 민주당 정책위 상임부의장을 겸하고 있던 나는 정책자문단에 합류하면서 정책에 대한 노 후보의 집념을 직접 경험할 수 있었다.

210

국가균형발전, 신행정수도 건설 공약

불안한 기류 속에서도 시간은 흘러갔다. 마침내 대통령 선거에 돌입할 수 있는 법적 시한이 다가오면서 당에서도 공식 선거대책위원회가 구성되고 9월 30일 선대위 발족행사가 계획되었다. 나는 대통령 후보로서 노 후보의 최종 출사표인 '선대위 발족 기념식 연설문'을 작성하고 있었다.

노 후보 캠프에서 무엇보다도 어려운 일 중의 하나는 연설문을 작성하는 일이었다. 노 후보 자신이 글에 대한 안목과 인식이 깊은 데다 어느 경우에도 똑같은 문장의 반복이나 수사적 표현을 거부하는 특징이 있기 때문이다. 후보 이후 100여 편이 넘는 각종 연설문을 작성하는 일을 연구소에서 맡아 해냈지만, 원문이 수정 없이 통과된 적은 매일경제신문이 주최한 세계지식포럼에서 행한 연설문 딱 한 번뿐이었다.

내일(9월 30일) 당사 마당에서 개최될 민주당 대통령선거 중앙선거대책위원회 발족식에서 행할 노 후보의 연설문 초안을 완성했다. 그동안 후보 경선과정과 각종 토론회에서 내놓은 노 후보의 주요 공약들을 집대성하되 집중적이고 선택적인 용어와 서술로 작성했다. 정치개혁, 경제정책, 지역주의 극복, 남북관계 등은 노 후보가 너무나 선명하게 주창해온 내용들이어서 정리하는 데 어려움이 없었다.

그런데 문제는 노 후보가 어떤 주장과 비전을 제시해도 언론이, 여론이 반향을 보이지 않는 상황이었다. 이미 13～14％까지 지지율이 급락한 채 상승여력마저 사라졌다 할 만큼 환경이 갈수록 열악해지고 있어 언론, 여론의 관심을 끌 수 없었다. 이미 여론의 관심은 한나라당 이회창 후보의 강력한 대세론에 지배돼 있었고, 한일월드컵 열풍 속에 등장한 정몽준 후보가 그나마 2강 구도의 한 축으로 자리 잡은 데다, 민주당은 후단협 세력에 의해 사실상 분당된 상태였기 때문이다. 당권파마저 노 후보를 외면하니 노 후보는 사실상 민주당에 더부살이하는 신세였다. 노 후보가 명색이 집권여당의 공식후보였음에도 불구하고 그의 발언은 일간신문의 1면에서 사라진 지 오래되었고, 우호적 매체라도 기껏해야 2면 1～2단 게재가 보통이었다.

뭔가 여론을 환기시킬 돌파구가 필요했다. 기회는 이제 내일 행할 노 후보의 출사표(出師表)에 달려 있었다. 나는 그동안 마음속에 담고 있으면서도 주변의 냉담 때문에 표출시키지 못했던 국가균형발전 전략의 요체, 즉 '신행정수도의 충청권 건설' 공약을 내놓기로 작심했다.

국가균형발전에 대한 구상은 노 후보 역시 공감하고, 후보경선 당시 신행정수도 건설의 필요성을 대전 경선에서 주창한 바 있었다. 하지만 그후로는 더 이상 진전을 보지 못한 채 사실상 보류된 공약이 되어 있었다.

신행정수도 건설 문제는 우선 박정희 시대부터 독재정권 시절에도 현실화되지 못한 채 여러 가지 정치, 경제적 난제를 안고 있는 과제로서 자칫 공약(空約)으로 사산(死産)될 가능성이 크다는 점이 문제였다. 이 때문에 이벤트성, 일회용 공약으로 논란이 되면 오히려 후보의 신뢰를 떨어뜨릴 가능성을 더 우려한 것이다. 또한 수도권 민심을 결정적으로 이반시킬 여지가 크다는 현실적 계산이 앞서 있었다.

　나는 "국가발전의 가장 큰 병폐이자 난제인 수도권과 지방의 발전격차를 해소하고, 부동산 투기, 환경오염, 주택난과 교통난, 교육문제 등 대한민국의 발전을 가로막는 고질적 원인이 되고 있는 수도권 집중현상을 타파하기 위한 근본대책으로 충청권에 신행정수도를 건설해 국토균형발전의 신기원으로 삼겠다"는 요지의 공약을 연설문에 넣었다.

　그리고 임채정 정책위 의장을 통해 이해찬 대선 기획단장, 정동채 후보 비서실장 등 간부들을 소집토록 요청했다.

　오후 6시께 이들에게 연설문 초안을 돌리고, 토론에 들어갔다. 역시 토론의 초점은 신행정수도 건설공약이었다. 예상대로 찬반이 팽팽하게 갈렸다. 공약의 실현 가능성, 후보의 신뢰성, 수도권의 민심이반 가능성이 주된 쟁점이었다.

　나는 연설문 기초자로서 한마디 하지 않을 수 없었다.

　"지금 후보 형편에서 더 이상 걱정할 것은 아무것도 없다고 봅니다. 이 공약이 대선의 쟁점이 되어서 논란의 대상이 된다면 최상의 효과라고 봅니다. 이 공약은 최소한 중앙지(紙)의 1면에는 나올 것이고 적어도 충청권 언론에서 1면 톱이 될 것이라고 생각합니다. 후보님을 설득해 보도록 하겠습니다."

결국 임 의장과 내가 노 후보를 설득해 보기로 했다.

변두리 호텔에서 만찬을 겸해 정책자문단과 토론중이던 노 후보를 만났다. 연설문을 훑어보던 노 후보의 표정이 다소 일그러졌다. 신행정수도 건설부분에 노 후보의 눈길이 멎어 있었다.

"아무리 방향은 옳고, 국가적 과제라 하더라도 독재정권들도 못해낸 일을 하겠다면 국민들이 믿겠습니까. 더구나 지금 형편에서 이걸 내놓으면 웃음거리가 되는 게 아니에요?"

노 후보의 주춤거리는 말에 임 의장이 당사에서 가졌던 토론내용을 설명했다.

"이 부분은 찬반이 엇갈린 문제이니 다음 적절한 시기에 다시 논의해 보도록 합시다."

사실상 유보적 결론을 내리려는 노 후보에게 조바심이 났다. 내가 나설 수밖에 없었다.

"후보님, 신행정수도 공약은 대전경선 때 공개적으로 천명한 내용입니다. 이번 연설이 주요 공약을 정리한 것인데, 이 내용이 빠진다면 충청권 유권자들에게 실망과 배신감을 줄 수도 있습니다. 상황이 어렵긴 하지만 약속은 약속대로 발표하는 것이 원칙이고 옳을 것 같습니다."

노 후보에겐 좀 야박하다는 생각이 들었지만 원칙과 소신, 신뢰를 중시하는 그에게 할 수 있는 말은 그뿐이었다.

노 후보가 잠시 담배를 피워 물었다.

"이 소장 원안대로 합시다. 내일 그대로 할게요."

9월 30일, 노무현 민주당 대선후보의 공식 출사표가 발표되었다. 다음날 신문들을 살펴보았다. 예상은 적중했다.

중앙 일간지 몇 곳이 1면에 1~2단이나마 행정수도 건설공약을 제목으로 뽑았다. 그리고 충청권 신문들이 일제히 1면 톱에서부터 3~4면 특집으로 이 문제를 다루었다. 타 지역 지방신문들도 큰 관심을 나타냈다. 마침내 신행정수도 건설문제가 대선의 최대 쟁점으로 부각되기 시작했다.

후보 단일화

10월 들어 정국은 급박하게 돌아갔다. 후단협으로 사실상 분당 일보 직전의 민주당에서 일부 의원들이 정몽준 후보 신당으로 이탈하는 사태가 벌어졌다. 특히 김민석 의원의 탈당과 정몽준 신당 합류는 충격이었다. 그러나 그 충격이 오히려 노 후보에 대한 흩어진 지지층을 재결집시키는 효과를 가져오면서 노 후보의 지지율도 탄력을 받기 시작했다. 노사모 활동이 다시 거세게 일어나고, 희망돼지 저금통 모으기가 전국적으로 펼쳐졌다. 다시 희망의 분위기가 일어나고 있었다.

정몽준 후보와의 후보단일화 협상도 급진전되어 갔다. 15% 선에 머물던 노 후보 지지율이 20% 선을 넘어서면서부터 정몽준 후보와의 지지율 격차도 3~4% 선까지 줄어들어 갔다.

마침내 노 후보가 결단을 내렸다. 3~4% 포인트의 지지율 격차에도 불구하고, 여론조사를 통한 후보단일화를 덜컥(?) 결심해 버린 것이다. 노무현다운 결정이었으나, 참모들에겐 무모한 결정이 아닐 수 없었다.

노 후보가 결단한 이유는 두 가지였다. 하나는 실리(實利)보다 대의(大義)를 중시하는 소신이었고, 정몽준 후보에 대한 어느 정도의 신뢰도 또 다른 이유였다.

연설문을 놓고 논의하던 어느 자리에서 노 후보가 말했다.

"후보단일화를 바라는 시대적 대의를 저버릴 수 없습니다. 대의를 택함에 있어 사소한 계산은 의미가 없습니다. 대의를 택함에 있어 손해를 보는 것이 내 소신입니다."

지지율이 더 높아지거나 최소한 동률선상에 다다를 때까지 기다릴 필요가 있지 않느냐는 우문(愚問)에 대한 답변이었다. 전에 언젠가 연구소 스태프들과 차 한 잔 하는 자리에서 그는 자신의 정치적 원칙을 설명한 적이 있었다.

"대의와 실리를 놓고 고민이 생기면 무조건 대의를 택하라. 결국 대의가 승리한다. 단지 이익이냐 손해냐는 식의 문제로 고민이 될 때는 손해라고 계산되는 쪽을 택하라. 짧게 보면 손해지만 길게 보면 이익이 되는 경우가 대부분이다."

후보단일화 결심을 내릴 때까지만 해도 노 후보는 정몽준 후보에 대한 신뢰를 가지고 있었다. "재벌 2세이면서도 그 정도 제대로 공부하고, 겸손한 사람도 드물지 않느냐"는 인식이었다. 설령 후보단일화 여론조사에서 지더라도 "나보다 나은 사람이 되는 것 아니냐"는 생각이었다. 자신보다 나은 사람이 대통령이 되어야 한다는 그의 소신은 변함이 없었다.

후보단일화 여론조사 결과 노무현 민주당 후보는 통합 단일후보로 다시 태어났다. 정무와 정책분야로 나뉘어 정몽준 신당측과 통합협상이 시작되었다. 나는 정책협상팀의 노 후보측 간사를 맡아 임채정 의장을 돕고 있었다.

수차례 협상을 계속했으나 주요 쟁점정책에서 일보도 진전을 보지 못했다. 매번 정책협상팀 간에 공동합의서를 주고받았으나, 막상 다음에 만나보면 신당측은 원점의 주장을 되풀이할 뿐이었다. 그쪽 간사에게 항의하면 답은 항상 같았다. '아직 정몽준 대표에게 보고하지 못했다'는 것이다. 기실은 그쪽 정책협상팀에게 어떤 자율권도, 가이드라인도 허용돼 있지 않았다는 것을 알 수 있었다.

정무팀 협상 역시 마찬가지였다. 사실상 권력 나눠먹기 정권, 분권 대통령을 요구하고 있었다.

"이런 식의 권력 나눠먹기 정권을 하려면 차라리 대통령을 안 하는 게 낫습니다. 그런 정권의 앞날이 어찌 될지는 불을 보듯 뻔합니다. 국민과 국가에 도움은커녕 해만 끼칠 것입니다. 시장바닥에서 장사하자는 것이 아닙니다. 국가를 운영하는 일입니다. 4·19 이후 신파, 구파보다 더한 분열이 일어날 것입니다. 그렇게 나눠먹기 할 바엔 차라리 내가 그만두겠습니다."

"차라리 내가 그만두겠다"는 노무현 후보의 뜻은 통합 협상과정을 보면서 정몽준 후보에 대한 예전의 신뢰가 완전히 사라졌다는 이야기였다. 그리고 덧붙였다.

"이회창 후보는 한나라당 후보이지만, 법조계에선 훌륭한 평가를 받아온 분입니다. 최소한 대의를 아는 분입니다. 국가경영을 비즈니스하듯 할 분은 아닙니다."

노 후보는 통합 협상과정에서 당내외의 권력거래 요구를 끝까지 거부했다. 12월 18일 밤, 정몽준 의원의 단일화 파기선언에도 불구하고 정몽준 의원집 방문을 거부했던 연유도 여기에 있었다. 비록 당 원로들의 집요한 강요로 정몽준 의원집 앞까지 떠밀려 가고 말았으나 생각을 바꾼 것은 아니었다.

노무현 대통령 탄생

혼돈과 격동의 18일 밤이 지난 운명의 12월 19일, 나는 전략연구소 사무실에서 혼자 마지막 연설문을 쓰고 있었다. 내일(20일) 오전 10시에 발표할 '노무현 대통령 당선자'의 대국민 기자회견문이었다. 오후 2시께 회견 연설문이 완성되었다.

노무현 대통령 당선자 내외신 합동 기자회견

존경하는 국민 여러분,
그리고 사랑하는 해외동포 여러분,

우리는 오늘 참으로 위대한 승리를 거두었습니다.
오늘의 이 승리에는 승자도 패자도 없습니다. 모두가 승리했습니다.
온 국민 모두의 승리이고, 대한민국의 승리입니다.
저는 이 모든 영광을 국민여러분과 해외동포 여러분께 바칩니다.

존경하는 국민 여러분, 이제 새로운 대한민국을 향한 희망찬 새 역사가 시작될 것입니다.
갈등과 분열의 시대가 이제 끝날 것입니다.
원칙과 신뢰의 새로운 정치를 시작하겠습니다.

평화와 번영의 한반도시대를 열어가겠습니다.

정직하고 열심히 일하는 사람들이 성공하는 진정한 보통사람들의 사회를 만들어나가겠습니다.

투명하고 공정한 경제, 노사가 화합하는 경제로 기업하기 가장 좋은 나라를 만들겠습니다.

일자리 경제를 일으켜 취업과 실업의 어려움을 조속히 해결하도록 하겠습니다.

농어민들에게 새로운 희망을 드리고 불우이웃과 장애인 등 모든 소외계층에게 따뜻한 나라를 만들어 가겠습니다.

그리고 무엇보다 실패를 겪은 모든 사람들이 새로운 재기의 꿈을 키울 수 있는 그런 나라를 만들겠습니다.

끝까지 선전하신 한나라당 이회창 후보에게 심심한 위로를 전합니다.

민주노동당 권영길 후보에게도 격려의 말씀을 드립니다.

존경하는 국민 여러분!

저는 이번 대통령선거에서 국민 여러분이 보여주신 열망과 기대를 잘 알고 있습니다.

이번 선거에서도 지역주의의 장벽을 허물지 못한 데 대해서는 큰 아쉬움이 남습니다.

그러나 충분히 가능하다는 희망은 발견했습니다.

포기하지 않겠습니다.

열심히 노력하여 국민통합을 반드시 성공시켜 나가겠습니다.

저는 또한 지금 우리 대한민국이 안고 있는 긴급한 과제와 험난한 도전도 잘 알고 있습니다.

저는 대통령당선자로서 북한 핵문제로 드리워진 한반도의 긴장을 해소하는 데 최선을 다 해나가겠습니다.

북한의 핵문제를 평화적으로 해결하기 위해 우리의 주도적인 역할과 함께 한·미·일 간의 긴밀한 공조협력을 해나가겠습니다.

SOFA개정 등 한·미 간의 현안에 대해서도 우리국민의 절실한 기대와 저의 입장을 우리 정부와 미국정부에 전달하도록 하겠습니다.

정통적인 한·미 간의 우호동맹관계는 21세기에도 더욱 성숙 발전시켜나가야 합니다.

한·미관계는 정부차원을 넘어서 양국 국민의 진정한 이해와 협력을 통해 더욱 깊어져야 합니다.

저는 양국이 인류의 보편적 가치를 함께 지향하고 추구하는 문화국가로써 서로의 존엄을 인정하고 발전시켜 나가도록 힘써 나갈 것입니다.

저는 한반도의 평화를 지키고 발전시키기 위해서 일본·중국·러시아·EU 등 우방국가와도 더욱 긴밀하게 협력해 나가겠습니다.

정권 인수작업도 차질없이 해나가겠습니다.

빠른 시일 내에 대통령직인수위원회를 구성하여 새정부 출범에 만전을 기하도록 하겠습니다.

정권인수활동을 통해서 현정권의 임기말까지 국정운영에 어떤 빈틈도 발생하지 않도록 하겠습니다.

유능한 인재를 찾기 위해서 국민여론을 광범위하게 수렴하겠습니다.

그러나 이 모든 일들을 일거에 다 하려고 하지 않겠습니다.

시간을 두고 서두르지 않고 천천히 차근차근 해나가겠습니다.

존경하는 국민 여러분!

이번 대통령선거는 우리 민족의 위대한 저력을 다시 한 번 과시한 역사적 계기라고 생각합니다.

우리 국민은 사상최초 수십만 유권자의 자발적 성금과 자원봉사를 통해서 대통령을 당선시켰습니다.

그토록 열망했던 정치의 혁명적 변화가 이미 시작된 것입니다.

세계에 자랑할 만한 일류정치가 우리 앞에서 펼쳐지고 있습니다.

IMF 위기를 가장 훌륭하게 극복해낸 국민답게,

처음으로 도입된 국민경선제를 성공시킨 국민답게,

사상 최대의 월드컵대회를 훌륭하게 성공시킨 국민답게,

마침내 21세기 첫 대통령의 선거를 세계를 놀랄 만큼 훌륭하게 성공시켰습니다.

모든 것은 국민의 힘이었습니다.

모든 것이 국민의 높은 의식수준의 결과였습니다.

저는 이번 대통령선거에서 우리 국민들이 보여준 위대한 저력과 가능성을 희망찬 미래로 실현시켜 나가겠습니다.

반드시 국민 여러분이 바라는 새로운 대한민국을 건설하여 국민 여러분께 보답하겠습니다.

국민 여러분들이 저의 힘입니다.

국민 여러분의 변함없는 성원을 부탁드립니다.

국민 여러분의 가정에 행복과 건강이 함께 하시기를 기원합니다.

국민 여러분!

감사합니다.

국회, 의원회관 대강당, 2002. 12. 20

그 시각쯤 당사는 초상집 분위기였다. 시시각각 들려오는 정보와 소문은 절망적이었다. 한나라당 후보를 노골적으로 지지해온 모 대형신문사의 사주일행이 서울 인근 골프장에서 벌써 승리의 폭탄주를 돌렸다는 믿지 못할 소문이 퍼졌다. 골프 라운딩중에 신문사 편집국장으로부터 출구조사(出口調査) 내용을 보고받고 일행과 하이파이브를 했다는 이야기가 덧붙여졌다.

19일 새벽을 뜬 눈으로 보낼 수밖에 없었던 노 후보는 뒤늦게 고향 봉하마을 선산에 들르고 오후에 서울로 돌아와 있었다.

오후 4시께 노 후보 수행비서 여택수에게 전자메일로 '대통령 당선 기자회견문(안)'을 보냈다. 가타부타 응답이 없었다. 여택수에게 전화를 했다.

"후보님이 보셨나. 이제 나는 사라질 테니까. 고칠 것 있으면 빨리 전화 줘."

한참을 듣고만 있던 그가 말했다.

"소장님, 후보님 말씀 그대로 전할까요?"

"뭐라 하셨는데?"

"이 사람 돌았구만⋯. 하십니다. 하하!"

"그래, 하하! 잘 있어."

승리의 노란열풍이 휩쓸고 간 뒤 며칠 만에 여의도를 찾았다. 언론계 선배와의 저녁약속 때문이었다. 크리스마스 전야의 여의도는 휘황하게 빛나고 있었다. 약속시간까지 시간이 남아 맨하탄 호텔 사우나에 갔다. 사람이 없었다. 차가운 냉탕에 몸을 담근 채 눈을 감고 있었다.

그때 귀에 익은 목소리가 가까이서 들렸다.

"이 소장, 잘 지내십니까."

깜짝 놀라 눈을 떠보니 냉탕 밖에 노무현 제16대 대통령 당선자가 서 있었다.

"뒤늦게나마 정말 축하드립니다."

"며칠째 안 보이더니 여기 계셨구먼."

"죄송합니다."

"이제 뭐 할 일 좀 있습니까."

"아, 네. 인도네시아에 있는 선배가 놀러오라 해서 내일부터 거기 가서 놀다 올까 합니다."

노 당선자는 지금 즐기고 있는 것 같았다. 차가운 냉탕에서 나오지도 못하고 엉거주춤해 있는 나를 보는 당선자의 눈길에 장난기가 엿보였다. 마침 수행 경호원이 당선자에게 뭐라 말을 했다.

"그래, 잘 쉬고 오세요."

노 당선자가 라커룸을 나서자 사우나에서 일하던 젊은 직원들이 휴대폰을 내밀며 저마다 사진을 찍어 달랬다. 새 대통령을 맞는 직원들의 환호성이 들렸다.

다음날 아침 일찍, 당선자 비서실에서 전화가 왔다.

"빨리 삼청동 안가로 오시랍니다."

"무슨 일인데요?"

"인수위원회를 짜라는 말씀이 있을 것입니다."

그날부터 노무현과 함께한 참여정부 5년이 시작되었다.

제5부
·
꿈꾸는 자가 창조한다

꿈을 꾸지 않으면 꿈을 이룰 수 없다

민주주의 · 지식정보화 시대 열었다

사실 · 진실 갖고 책임있게 토론하자

꿈을 꾸지 않으면 꿈을 이룰 수 없다

여기 계신 분들은 어떻든 성공하신 분들입니다. 최소한 대한민국 국민 가운데 상위 10% 안에서, 대한민국의 경제는 물론 정치사회적 영향을 발휘하시는 분들이라고 생각합니다.

여러 이유를 불문하고, 여름휴가철 제주도 호텔에서 대통령 비서실장인 저뿐만 아니라 버시바우 미국대사, 정창영 연세대 총장님 등을 연사로 불러서 특강을 들을 수 있는 사람들이기 때문입니다. 여러분들이 부르면 오게 돼 있는 구조, 바로 여러분들이 센 분들이기 때문입니다.

성공한 분들은 성공한 여러 이유가 있습니다. 인내, 노력, 열정, 행운, 유산, 박력, 배짱, 야망 등이 그것입니다.

제가 접해 본 성공한 많은 분들, 그 중에서도 뛰어나게 성공한 분들은 몇 가지 공통점이 있습니다. 인내와 노력, 열정, 행운 등은 기본이고, 특별한 무엇이 있는데 저는 그것을 흔들리지 않는 집념과 원칙을 가지고 있다는 점이라고 생각합니다.

월급쟁이들이 사업하는 사람들에게 품는 가장 흔한 의문은 그렇게 돈 벌었으면 이제 편하게 살지, 왜 사업을 더 키우고, 또 벌이냐는 질문일 것입니다. 어떤 사람은 모두 팔아서 그냥 살지, 왜

골치 아프게 공장 차리고, 또 땅 사고 하느냐고 물을 것입니다.

사업가들에게 이런 질문은 등산가에게 산을 왜 오르느냐고 묻는 거나 마찬가지일 것입니다.

제가 아는 기업인에게 왜 고생스럽게 사업을 벌여 나가냐고 물었더니, 그 분은 '꿈을 꾸지 않으면 살 수 없어서'라고 하더군요. 미국의 카네기가 '꿈을 꾸지 않으면 꿈을 이룰 수 없다'라고 한 말과 같은 뜻으로 이해했습니다.

민주주의와 시장경제, 꿈을 이루게 하는 새의 양 날개

민주주의와 시장경제, 이 체제야말로 자유롭게 꿈을 꾸게 하고 능력껏 꿈을 이루게 하는 동전의 양면과 같고 새의 양 날개와 같은 시스템입니다. 이 중에 하나라도 어긋나거나 제대로 작동치 못하면 꿈을 자유롭게 꿀 수 없거나 꿈을 이룰 수 없게 만듭니다.

민주주의가 보장되지 않는 시장경제, 시장경제가 보장되지 않는 민주주의가 성공하거나 양립될 수 없음은 현대사가 증명합니다. 제대로 된 민주주의를 하지 않은 나라가 선진 시장경제를 하는 나라는 없습니다. 선진 시장경제하는 나라치고 제대로 민주주의를 하지 않는 나라는 없습니다. 공산주의, 사회주의, 독재체제는 어김없이 붕괴되거나 피폐해진 세계사가 이를 증명합니다.

대한민국과 조선민주주의인민공화국으로 대비되는 한반도야말로 그것을 증명하는 현대사의 극단적 샘플일 것입니다.

대한민국의 지난 반세기도 선진 민주주의와 선진 시장경제를

228

향한 끈질긴 도정 (道程) 이었고, 그 과정에서 우리 국민은 엄청난 피와 땀, 그리고 그에 못지않은 엄청난 시행착오와 코스트도 지불해 왔습니다. 그리고 성공 수준에 이른 나라가 되었습니다.

2차 대전 이후 독립한 나라, 더구나 분단된 국가의 멍에를 안고서 오늘날 민주주의와 시장경제를 이만큼 성공시킨 나라는 없습니다.

대한민국 발목 잡는 극단의 시각

그런데 오늘 우리사회는 21세기 대한민국의 성공을 평가하는 데 극단의 시각이 존재하면서 끊임없이 사회적 갈등의 뿌리가 되고, 그 갈등을 증폭시켜 가고 있습니다.

때로는 이 갈등이 세력화되고 정치화되면서 우리의 미래마저 어둡게 하는 혼란의 요인이 되고 있습니다. 바로 극우적이거나 극좌적인 극단적 시각입니다.

극우세력들은 유신시대, 심지어는 5공이라는 독재시대마저 대한민국의 근간이라고 생각하며, 그때를 그리워하고, 향수에 젖어 21세기 대한민국의 발목을 붙잡고 과거로 돌아가고자 합니다. 극좌세력들은 이미 지구상에서 사라져 박물관 신세가 된 사회주의, 반제국주의를 외치며 21세기 대한민국의 과거와 현재를 부정하고자 합니다.

이 두 세력들의 특징은 소수세력들임에도 불구하고 사회를 뒤흔드는 목소리들을 가지고 있습니다.

극우세력들은 일제와 유신, 5공 시대를 이어오면서 엄청난 물적 토대를 갖추어 왔고, 극좌세력들 역시 마찬가지 시대과정을 거쳐 오며 끈질긴 정신적 뿌리를 구축하고 있습니다.

진정한 보수와 진정한 진보 목소리 안 들려

문제는 민주화 이후 극우세력들은 보수를 표방하고, 극좌세력들은 진보를 주장하면서 진정한 보수와 진정한 진보세력 간의 구별이 되지 않은 채 사회적 혼란을 일으키고 있다는 점입니다.

예를 들면 간단합니다. 가끔 보수와 진보세력을 내세우면서 시국선언문을 내놓는 경우가 있습니다. 그런데 선언에 참여한 사람들의 면면들을 살펴보십시오. 박정희 유신시대 산업발전이 아니라 인권탄압과 정보정치에 앞장섰던 사람들부터 5공 때 국민들에게 총칼을 휘둘렀던 사람들까지 버젓이 보수원로라는 이름으로 서명하는가 하면, 이들의 주장을 대문짝만하게 소개해주는 신문들이 있습니다.

과거에 무슨 일을 했든지 고관대작을 지내고 나이만 많으면 원로라는 식입니다. 반대의 예도 마찬가지입니다. 사정이 이렇다보니 대다수 국민들은 혼란스럽지 않을 수 없습니다.

더욱이 이들 극단세력들이 보수와 진보의 이름표를 붙인 채 특정 정파와 이해를 같이하는 정략적이고 선동적 기술을 결합하다보니 혼돈과 혼란이 더 증폭되고 있습니다.

예를 들면, 단지 정권을 반대하고 싫어한다는 정략적인 이유와 논조 때문에 5공 시절 자신의 신문사에서 방송국을 강탈해 갔던 주역들마저 보수원로 대접을 하는가 하면, 한편으로는 참여정부가 지금 언론자유를 탄압하고 있다는 웃지 못할 주장을 하기도 합니다.

현실적 힘과 끈질긴 뿌리를 가진 이들 극단세력, 단골 게스트들로 인해 합리적 보수, 합리적 진보, 그리고 이 두 지향을 함께 아우르려는 실사구시(實事求是)적 노선 역시 발붙일 수 없는 지형이 만들어져 있습니다.

두 극단세력으로부터 타도의 대상이 된 참여정부

가장 큰 피해자는 참여정부입니다. 참여정부는 이 두 극단세력들로부터 매일같이 저주와 비난, 폄하와 왜곡, 나아가 타도의 대상이 되고 있습니다.

극단적 세력의 극단적 주장과 주의, 이를 민주주의와 시장경제 성숙과정에서 있을 수 있는 마지막 시련이라고도 생각합니다. 일본, 독일 등 선진국에도 히틀러시대를 부활하자거나, 히노마루를 흔들며 가미가제 특공대를 찬양하는 극우세력들이 있고, 아직도 맑스-레닌주의를 신봉하는 극좌세력들은 있기 마련입니다.

그러나 문제는 선진국과 달리 우리의 양극단 세력들은 현실적이고 물리적인 힘을 가지고 사회의 여론과 국정방향을 좌지우지하려 하고, 합리적이고 이성적이고 중도적인 공론이 자리 잡지 못하게 가로막고 있다는 점입니다.

이들은 모든 국가적 사회적 사안을 친미냐 반미냐, 친북이냐 반북이냐, 개방이냐 보호냐, 자주냐 동맹이냐, 성장이냐 분배냐,

친정부냐 반정부냐, 심지어는 친노(親盧)냐 반노(反盧)냐는 이분법적인 잣대로 구분하여 절충과 타협을 용인하지 않으면서 자기들의 주장주의를 듣지 않으면 한쪽으로 몰아치고 있습니다.

솔직히 하루 이틀도 아니고, 한 달 두 달도 아니고, 지난 3년 반을 매일같이 이렇게 두들겨 패는 세력들의 와중에서 정부가 배겨난다는 것은 말처럼 쉽지 않습니다.

참여정부는 변화와 개혁을 추구하는 실사구시 정권

이제는 참여정부의 숙명이라는 생각이 들기도 합니다. 노무현 대통령과 참여정부의 탄생에 대한 이들 극단세력들의 시각이 분명했으리라고 보기 때문입니다.

보수를 가장한 극우수구(極右守舊) 세력들은 IMF 외환위기 원죄 때문에 별수 없었지만 김대중 대통령의 국민의 정부만으로도 참을 수 없었는데, 참여정부야말로 태어나서는 안 될 정권으로 생각하기 때문입니다. 이제 다음 정권만은 자기들 입맛대로 만들겠다고 의기투합해 있습니다.

진보를 가장한 극좌(極左) 세력들은 참여정부야말로 이제 자기 뜻대로 움직일 수 있는 정권이라고 생각했을 것입니다. 자기들 세상이 되리라고 봤을 것입니다. 그런데 참여정부가 그들 뜻대로는커녕 반대로 가고 있다고 보고 역시 타도의 대상이라고 보는 것 같습니다.

참여정부는 민주주의와 시장경제의 완성도를 높이기 위해 변화와 개혁을 추구하는 실사구시 정권입니다. 이라크 파병(派兵) 비준안, 쌀개방 비준안, 한·칠레 FTA 비준안, 행정중심 복합도시특별법 등 국가대사를 가르는 주요 법과 비준안은 극단세력들의 반대 속에서도 여·야 합의를 통해 추진했습니다.

정경유착(政經癒着), 사라졌습니다. 관치경제(官治經濟), 사라졌습니다. 권력기관을 통한 국민통제, 사라졌습니다. 돈 쓰는 선거, 어지간히 사라졌습니다. 기업경영의 투명성, 제도적으로 이제 거의 선진수준에 다다라가고 있습니다.

참여정부는 한반도의 평화와 안정을 국정의 가장 중요한 목표로 안보외교 정책을 추진해 왔습니다. 솔직히 여기 계신 여러분들, 합리적인 보수를 지향하는 분들이 대부분이라 생각합니다. 참여정부가 탄생했을 때 가장 먼저 안보를 걱정했을 것입니다. 안보가 미덥지 못했을 것입니다. 그러나 지난 3년 반 한반도 평화가 깨진 적이 있었습니까. 평화는 평화에 대한 냉철한 의지와 굳건한 국방력이 없으면 불가능합니다.

안보를 정략적으로 이용하는 순간 안보는 더욱 불안해져

안보를 정략적으로, 대중적으로 이용하는 순간, 안보는 더욱 불안해졌던 것이 지난 시대의 학습효과였고, 북한의 속셈에 놀아난 결과를 가져왔습니다.

참여정부 초기, 미국의 북한 폭격설마저 국내외 언론에 나올 정도로 북핵문제로 한반도에 전운(戰雲)이 감돌 때, 이라크 파병 문제가 불거졌습니다. 좌우 극단세력들은 역시 분열, 대립을 부추 겼습니다. 한쪽은 미국의 명분 없는 전쟁에 우리 군을 파견해선 절대 안 된다는 것이고, 한쪽에선 한미동맹을 위해선 1개 사단 이상의 군대를 파병해야 한다는 것이었습니다. 문제해결을 위한 토론이 아니라 주의주장을 위한 원초적 대립이었습니다.

한반도 평화를 지키기 위해 대통령의 미국방문이 이루어졌고, 끈질긴 협상 끝에 3천여 명의 파견과 북핵문제의 외교적 해결이라는 결론을 이끌어 냈습니다. 그때, 극우극좌 세력들의 주의주장 대로 했더라면 어떠했겠습니까.

최근 북한의 미사일 발사로 인해 한반도 주변의 긴장이 높아지고, 정세가 복잡해지고 있습니다. 북한의 미사일 발사는 우선 이유가 무엇이든 한반도의 정세를 불안하게 하고, 우리 정부는 물론 국제사회의 끈질긴 중단요구에도 불구하고 발사를 강행했다는 점에서 참으로 이해할 수 없는 행동입니다. 우리 국민과 정부는 물론 국제사회로부터 규탄받아 마땅하다고 봅니다.

특히 국민의 정부 이래 햇볕정책 등 남북 화해협력 정책을 지지해온 대다수 국민들에게는 엄청난 배신감을 안겨주었습니다.

어떻게 하는 것이 한반도의 평화와 안정을 지키는 길인가

그런데 여기서 우리는 향후 대응을 어떻게 하는 것이 한반도의 평화와 안정을 지킬 것인지 냉철하게 분석하고, 짚어야 합니다. 부화뇌동(附和雷同) 하지 않는 합리적 지성인들이 해야 할 일이기도

합니다.

첫째, 북한이 한국과 국제사회의 반대에도 불구하고, 미사일을 발사한 이유는 과연 무엇인가. 둘째, 우리 정부의 대응은 합리적인 것인가. 셋째, 북한의 미사일 발사를 기화로 야단법석을 떨면서 대북 선제공격론까지 들고 나온 일본의 태도는 정당한 것인가. 넷째, 일본을 중심으로 한 대북압박과 제재수위를 높여가는 흐름에 우리 한국도 동참하는 것이 옳은 판단인가.

이런 의문에 대한 해답을 어떻게 찾느냐는 것은 궁극적으로는 한반도에서 평화를 지키느냐 아니냐의 문제와 관련돼 있다는 점에서 모든 국민이 냉철하게 평가해야 할 사안들입니다.

북한이 미사일을 발사한 이유는 과연 무엇일까요. 북한이 태평양 건너 미국과 전쟁을 할 수 있다는 의지와 능력을 보여주기 위해서였다면 이를 믿는 사람들이 있을까요. 세계의 최빈국 수준인 북한이 군사, 경제, 기술 등 모든 면에서 세계 유일의 슈퍼파워인 미국과 전쟁을 할 수 있다고 믿을 사람들이 있을까요.

지금 이 시대에 미국의 공격이 없는데도 미국을 상대로 먼저 전쟁을 일으킬 나라는 없습니다. 더구나 미국과 전쟁을 해서 이길 수 있다고 믿는 나라는 지구상에 존재하지도, 존재할 수도 없습니다. 만화 속의 상상일 뿐입니다.

그렇다면 북한은 일본과 전쟁도 할 수 있다는 능력을 보여주기 위해 미사일을 시험발사했을까요. 역시 만화 같은 이야기일 뿐입니다. 일본이 어떤 나라입니까. 세계 2위의 경제강국, 세계 2위의 국방비를 쓰는 일본입니다.

그렇다면 한국과 전쟁을 하겠다는 뜻으로 이번에 미사일을 러시아쪽 바다에 쏘았을까요. 북한이 군사적으로 한국에 위협적 존재임은 틀림없습니다. 그러나 북한이 한국과 전쟁을 한다면 북한정권에 어떤 결과를 가져오리라는 것은 불을 보듯 뻔합니다.

미사일을 발사하기 전부터 우리 정부 역시 미국이나 일본과 마찬가지로 북한의 미사일 발사 움직임을 지켜보면서 언제 쏘느냐만 보고 있었습니다. 미사일 발사 전에 한국정부는 북한에 미사일 발사중단을 끈질기게 요구했습니다. 발사 후엔 남북장관급 회담을 위해 부산에 왔습니다. 쌀과 비료지원을 요청했습니다.

북한 미사일 발사는 국제사회를 향한 정치적 시위

결국 북한의 미사일 발사는 북한 내부적 필요성과 미국이나 국제사회를 향한 정치적 시위를 목적으로 감행한 것이라는 우리의 판단은 맞다고 봅니다. 우리 국민들 역시 88%가 국제사회를 향한 정치적 시위라고 본다는 여론조사 결과가 있습니다.

우리 정부가 차분하게 대응하는 것이 옳았습니다. 주한미군도 차분한 평시상태를 유지했고, 북한군도 마찬가지였습니다. 국내외 투자자들도 과거와 달리 흔들리지 않았습니다. 북한의 의도와 목적을 알고서도 부산을 떨고, 야단법석을 떤다면 국민들이 불안해하고, 한반도 긴장이 높아지고, 시장이 출렁거리면 결국 북한의 의도에 말리는 셈이기 때문입니다.

그런데 참으로 고약한 것은 일본 정부의 태도입니다. 이미 북한의 미사일 발사 움직임을 알고 있던 일본은 새삼스럽고, 충격적인 일이 벌어졌다는 듯이 정부가 앞장서서 상황을 긴박하게 몰아갔습니다. 새벽에 비상 각료회의를 소집하고, 곧이어 북한에 대한 선제공격론까지 장관들이 입을 맞춘 듯 돌아가면서 주장했습니다.

그리고는 곧바로 유엔 안보리에 북한제재 결의안을 냈습니다. 그것도 군사적 무력조치가 포함된 유엔헌장 7장을 근거로 한 결의안 초안을 낸 것입니다.

그동안 북한에 대해 미사일 발사유예와 중단을 강력하게 촉구해온 미국도 북한이 미사일을 발사하자 '외교적으로 해결해야 한다'는 것이 공식반응이었습니다.

'김정일 위원장이 고맙다'는 일본 각료의 말뜻

그런데 일본이 선제공격론을 들고 나오면서 유엔결의안에 이어 대북제재 강화의 국제여론을 주도해 가고 있습니다. '김정일 위원장이 고맙다'고 한 일본각료의 말뜻이 무엇인지 드러난 셈입니다.

일본의 선제공격론은 단순히 북한과 일본의 문제가 아닙니다. 일본이 어떤 경우를 상정했는지는 모르지만 일본이 먼저 한반도의 북쪽을 선제공격한다면 그 경우는 한반도 전체가 전쟁터가 된다는 것을 뜻합니다.

한반도의 전쟁이냐, 평화냐를 가르는 실로 중차대한 발언을 대한민국을 의식치 않고 한다는 것은 이번 북한 미사일 발사를 보는 일본의 의도와 태도가 어떠한지 그 속내를 드러낸 것입니다. 바로 군사대국주의, 팽창주의 성향입니다.

일본은 역사적으로 한반도에 어떤 과거를 가지고 있습니까. 어떤 명분으로 한반도를 침략했습니까. 그리고 일본은 지금 침략의 과거를 어떻게 대하고 있습니까. 정신대(挺身隊) 문제, 신사(神社) 참배 문제, 독도 문제, 역사교과서 문제 등은 일본이 한반도에 대한 침략사를 진정으로 반성하지 않고 있다는 증거들입니다.

북한이 납치한 메구미 문제만 해도 그렇습니다. 과거 일이라지만 용납할 수 없는 사건입니다. 일본이 일본인 납치문제에 그토록 분노하고, 집요할 수밖에 없는 이유는 충분합니다. 우리 역시 그들의 분노를 십분 이해하고도 남음이 있습니다. 그런 일본이 과연 일제시대의 메구미라 할 수 있는 수많은 정신대 문제에 대해선 어떤 태도를 취했습니까. 침략과 식민지배의 과거를 깨끗이 정리하지 않는 상태에서 어떻게 미래만을 이야기하자고 할 수 있습니까.

그런 일본에게 옳다구나 빌미를 준 북한이야말로 참으로 이해할 수 없습니다.

한반도 평화 지키는 궁극적 책임은 우리가 져야

그렇다고 우리가 일본과 맞장구치며 갈 수는 없습니다. 한반도의 긴장이 높아지면 높아질수록, 또 '북한아 고맙다'고 소리칠지 모르는 일본과 맞장구치며 동참하는 것은 한반도의 평화를 저당잡히는 일일 것입니다.

한반도에서 전쟁을 억제하고 평화를 지키는 주인은 어떤 경우든 한국이어야 합니다. 그 길이 비록 험난할지라도 평화는 우리가 지켜가야 합니다. 무엇보다도 북한이 하루빨리 6자회담의 장으로 복귀하는 것이 가장 빠른 길입니다. 북한이 말하는 민족의 이익에 가장 부합되기 때문입니다.

그런데 북한미사일 발사로 야기된 최근 일련의 상황을 보도하는 일부 극우적 언론의 태도를 보면 가끔은 한국 신문인지, 일본 신문인지 헷갈릴 때가 있습니다. 최근 미국언론들도 이런 일본의 태도를 비판하고 있습니다. 이들 논조를 보면 때리는 시어머니보다 말리는 시누이가 더 밉다는 속담이 생각납니다. 일본보다는 참여정부가 더 싫다는 솔직한 표시로도 보입니다.

극좌든 극우든, 지식정보화 시대 세상을 이끌 수 없어

일본이든 한국이든 극우는 극우끼리 통한다는 생각이 들 정도입니다. 북한 미사일 문제의 본질과 일본이 보여주는 일련의 과정을 모를 리 없는 이 신문들은 어느 날 알리바이용으로 일본을 한 번 슬쩍 비판하고선, 국제 외교전선에 몰입하여 고뇌하고 있는 정부만 매일같이 때리고 있습니다.

한국정부가 외톨이가 된다며 일본이 주도해온 대북 강경론에 동참할 것을 부추기고 있습니다. 북한이 좋아서 우리 정부가 신중한 것이 아니라, 한국마저 강경 드라이브를 걸었을 때 돌아올 결과가 심대하기 때문에 신중에 신중을 거듭하는 것입니다.

지금은 언론의 자유가 중요한 때가 아니라 언론사(言論社)의 자유로부터 해방되는 것이 중요한 때라는 어느 학자의 이야기가 생각납니다.

'세상에서 변하지 않는 것은 모든 것은 변한다는 사실이다'라는 말이 있습니다. 지식정보화 시대에 세상은 때로는 광속도로 변하고 있습니다. 이 변화의 시대에 살아남기 위해서는 변화에 적응하거나 변화를 리드해 가야 합니다.

극좌든 극우든, 우리 사회에서 골수 꼴통식 주의주장으로 세상을 판단하고, 세상을 이끌 수는 없습니다. 극단세력들은 강해 보입니다. 그러나 찰스 다윈의 말처럼 살아남는 것은 강한 것이 아니라 변화에 적응하는 것입니다.

여러분과 같은 글로벌시대를 살아가는 사업가들이야말로 변화와 적응의 성공인들입니다. 합리적 보수, 합리적 진보, 그리고 이를 함께 아우를 수 있는 제3의 길도 추구할 수 있는 합리적이고 효율적인 사회를 위해 참여정부는 힘이 들더라도 끝까지 노력하겠습니다.

대한상공회의소 초청 특별강연, 제주 서귀포 롯데호텔, 2006. 7. 21

240

민주주의 · 지식정보화 시대 열었다

여러분, 반갑습니다. 대통령 비서실장입니다. 어느덧 참여정부도 이제 꼭 1년을 남겨두고 있습니다. 오늘은 참여정부의 지난 4년을 돌아보고, 남은 1년의 국정방향을 말씀드리고자 합니다.

엊그제 어느 방송 미디어 프로그램에서 서울대 언론정보연구소와 합동으로 조사한 결과를 보고 저 역시 그러려니 했지만, 전율(戰慄)을 느꼈습니다. 전두환 대통령 시절부터 노무현 대통령 현재의 언론보도 사설을 분석한 것입니다.

여기에서 이른바 〈조선일보〉, 〈동아일보〉로 대표되는 그 신문들의 논조를 보니까 전두환 대통령 시절에는 사설이나 논조의 98%가 긍정적 희망적 사설보도인 것으로 조사돼 있습니다. 그런데 참여정부에서는 거꾸로 대통령과 정부에 대한 사설논조의 89%가 부정적 비판적 이렇게 돼 있습니다. 이건 저희가 조사한 게 아니라 서울대 언론정보연구소에서 그동안 사설 1천 2백 몇 건을 일일이 검색하고 분석해서 내놓은 결과입니다.

그동안 대통령 사설 양을 보니까 전두환 대통령 시절에 대개 50여 건이고, 노태우 대통령 시절에 45건, 김영삼 대통령 시절도 38건입니다. 이게 김대중 대통령 시절 되니까 101건으로 급증하더니, 아직 임기가 1년 남은 대통령, 노무현 대통령의 경우에는 무려 276건으로 늘어났습니다. 276건의 89%가 비판·부정적 논조로 전개돼 있다는 분석통계 조사를 보고 정말 저 역시 그러려니 했지마는, 전율을 느끼지 않을 수 없었습니다.

4년 내내 비판만 … 여론 좋아질 리 있나

지난 4년 동안 온통 그래 왔습니다. 또 언론 탓이냐 하겠지만 저는 거꾸로 얘기하면, '언론 탓이 맞구나. 오늘날 대한민국을 움직이는 세력화된 여론 정보시장의, 신문시장의 70% 이상을 점유하는 이 신문들이 이런 논조를 펴 왔는데 여론인들 거기에 동화되지 않았을까' 하는 그런 생각을 하게 됩니다. 그 신문들이 최근에 취임 4주년이라고 해서 국정지지도 운운하며 여론조사를 하고 '형편없다'고 보도하였는데, 4년 내내 대통령을 비판만 하였으니 여론이 좋아질 리 없습니다.

그러나 또 하나 특징적인 게 있습니다. 무얼 가지고 비판을 했느냐 이걸 보니까, 정책능력을 가지고 비판한 것은 노무현 대통령이 적어요. 예를 들면 정책능력에 대해 〈조선일보〉는 노태우 대통령의 경우 66건을 사설에서 다뤘습니다. 김영삼 대통령은 87건, 김대중 대통령은 42건, 노무현 대통령 경우는 17건입니다.

그런데 나머지가 뭐냐, 인성 또는 태도품성에 대한 비판이 대다수를 차지하고 있습니다. 그래서 적어도 이걸 거꾸로 역추론해 보면, 참여정부 내에서 정책적 방향과 정책적 수행과 관련해서는 적어도 이른바 조중동이라고 이야기하는 이 프레임 (*frame*) 속에서도 '그다지 큰 잘못이 없었구나' 하는 제 나름대로 추론을 해봤습니다.

처음부터 이런 말씀을 드려서 좀 무거우시리라고 생각하는데, 우리 국내 현실이, 올해 2만 달러 시대로 들어가는 대한민국의 국내 현실에서 지성과 언론을 장악하고 있는 프레임이 이렇게 돼 있다는 점을 4년 평가의 객관성을 위해서 먼저 말씀을 안 드릴 수 없습니다.

물론 저는 노무현 대통령의 비서실장이기 때문에 이른바 '노비어천가'(盧飛御天歌)를 부를 수도 있습니다. 당연히 해야 될 책무인지도 모르겠습니다. 그러나 저, 이 연설문을 쓰면서 객관적 자료로 도표까지도 받았습니다. 그래서 그걸 참조해 주셨으면 하는 그런 말씀입니다.

KBS 미디어포커스·서울대 언론정보연구소 '대통령 사설' 분석

	전두환	노태우	김영삼	김대중	노무현
대통령별 사설량(건) 조선일보	49	45	38	101	276
동아일보	41	63	40	90	240
한겨레	-	63	42	28	67
연도별 사설량 추세(건)	언론사별로 20~30건을 오가던 대통령 관련 사설량이 2003년에 50건 내외로 급증				
조선·동아 사설 주세(건) 언론	1	1	1	4	28
인사·친인척	0	6	6	50	76
조선일보 사설 논조(%) 긍정적	98	12	6	7	6
부정적	0	59	39	80	93
동아일보 사설 논조(%) 긍정적	87	21	39	9	4
부정적	0	59	39	80	93
한겨레 사설 논조(%) 긍정적	-	0	5	23	11
부정적	-	91	11	50	68
조선일보 부정적 논조 이유(%)[a] 인성·품성·태도	-	31	13	51	56
정책능력	-	66	87	42	17
이념성향·역사관	-	3	0	7	27
동아일보 부정적 논조 이유(%)[a] 인성·품성·태도	-	32	71	79	51
정책능력	-	65	29	18	25
이념성향·역사관	-	3	0	3	24

244

대통령별 정책능력 평가	조선·동아	추진력 갈등조정능력 정책이해도 모두 높음	여론수렴능력 좋으나 추진력부족	정책이해도 갈등조정능력 긍정적	정책문제이해 추진력부족	갈등조정 여론수렴부족 정책문제이해
	한겨레	—	—	—	—	추진력 정책이해도 높으나 갈등조정능력 부족 지역
대통령 품성 평가	조선·동아	결단력	우유부단	신중·책임감·겸손	변덕·우유부단	오만·경망·책임전가
	한겨레	—	변덕·경망·책임전가	오만	우유부단	책임감·신중·겸손·결단력
이념평가	조선·동아	개혁·혁신적 긍정적 대북관	시장 친화적	개혁·혁신적 안정적	부정적 대북관 포퓰리즘	급진·반시장적 부정적 대북관 신자유주의적 포퓰리즘

* 1980. 1~2007. 1, 조선·중앙·동아·한겨레, 총 대통령 사설 1,183건.
[a] 전두환 전 대통령에 대해서는 부정적 사설이 없어 분석대상에서 제외.

권력의 민주화

먼저 지난 4년은 해방 이래 고질화된 낡은 정치문화의 대변혁기였습니다. 지난 4년 노무현 대통령께서 추구하고 수행했던 대통령직(大統領職)은 기왕의 대통령직과 대통령 문화에 대한 끊임없는 도전(挑戰)과 혁신(革新)의 과정이 아니었나 생각합니다.

우리 헌법에 대통령은 국가의 원수이며, 외국에 대하여 국가를 대표하며, 행정권은 대통령을 수반으로 하는 정부에 속한다고 되어 있습니다.

대통령의 초과권력, 대한민국 정치의 가장 큰 부정적 유산

제 생각엔 그동안 대한민국 정치의 가장 큰 부정적 유산 중의 하나는 대통령이 국가원수로서의 초과권력(超過權力)에 집중한 반면, 행정부 수반으로서의 책임과 한계는 소홀히 한 데서 비롯됐다고 생각합니다. 지금도 기억이 새롭습니다만, 노무현 대통령이 당선되자 많은 고명하신 분들, 그리고 언론 역시 성공한 대통령을 주문하고, 성공한 대통령으로서 해야 할 조건들을 제시했습니다.

그런 주문과 조건들은 대개는 선출된 권력으로서 민주적 대통령이 지켜야 할 것들이라기보다는 왕조시대 제왕(帝王)의 도리와 율법(律法)들이었습니다. 나라와 국민의 운명이 대통령 한 사람에게 달려있다는, 국민이 뽑은 대통령은 하늘이 내렸다는 제왕학적 대통령을 기대하고, 희망했습니다.

해방 이후 역대 정권 대통령들의 권위주의적 문화가 아직 남아

있고, 각인된 결과라고 봅니다.

참여정부가 출범과 함께 내건 '국민이 대통령입니다'라는 슬로건은 단지 구호가 아니라 더 이상 대통령은 군림하는 통치자가 아니고, 국민은 더 이상 복종하는 통치의 대상이 아니라는 뜻을 담고 있었습니다.

대통령부터 시작한 '권력문화 정상화'

이런 점에서 헌법과 법률이 규정한 이상의 관행적 인습적 초과권력을 국민에게 돌려주고 정상화시키는 권력의 민주화가 노 대통령과 참여정부의 첫 과제였습니다.

대통령이 집권여당의 총재로서 공천권과 당직임명권으로 여당을 지배하고, 이를 통해 사실상 국회를 지배하던 당정일체 관행을 당정분리(黨政分離)로 바꾸었습니다. 한국 정치문화의 대혁신입니다.

대통령의 제왕적 초과권력을 뒷받침하고 가능케 했던 국정원, 검찰, 국세청, 경찰 등 이른바 4대 권력기관도 제자리로 돌려놓았습니다. 4대 권력기관장 모두 인사청문회(人事聽聞會) 제도를 도입했고, 국무위원들 역시 인사청문회를 받도록 했습니다.

인사추천과 인사검증 시스템 역시 투명하게 제도화하였습니다. 불투명한 권력행사의 상징이던 이른바 밀실(密室) 인사, 비선(秘線) 인사가 사라졌습니다. 특히 장차관 등 내각은 물론, 군, 검찰, 국정원, 경찰 등 이제까지 종합검증체계에서 벗어나 있던 이른바 권력기관의 구성원들 역시 일정직급 이상은 그동안 사소하게 여기고 무시했던 음주운전부터 부동산 소유의 적법성까지 모두 철저한 검증을 받고 있습니다.

이젠 공직(公職)의 길을 성공적으로 가기 위해선 능력도 중요하지만, 얼마나 엄격하고 정제된 길을 가야 하는지 초급 공무원부터 모두가 알고 있습니다. 이 과정에서 억울한 케이스도 적지 않았습니다. 언론이나 여론에서 능력 있는 명망가들로 평가되던 인사들도 검증에서 낙마했습니다. 과거의 잣대로는 넘어갔던 일도 미래를 위해서 오늘의 잣대가 필요하기 때문입니다.

이제까지의 우리 정치문화, 공직문화에는 익숙하지 않은 선험적 도전들입니다. 그러나 투명한 사회, 선진 민주주의로 가기 위한 불가피한 선택입니다.

돈 정치, 정경유착 근절, 한국 사회발전의 이정표

새로운 정치문화가 정착되지 못한 데서 오는 갈등과 혼선도 적지 않았습니다. 그러나 분명한 것은 새로운 정치문화는 이제 되돌릴 수 없습니다.

짧은 기간이었음에도 참여정부 아래서 '돈 정치'가 거의 없어진 것도 당정분리 등 권력의 민주화가 이루어졌기 때문이라고 생각합니다. 권력기관들이 대통령의 권력을 위해서가 아니라 국민의 공적 기관으로서 눈을 부릅뜨고 있어야 권력의 부정부패, 정치권의 부정부패도 사라질 수 있습니다.

권력기관들이 가장 강하게 군림했던 독재정권과 권위주의적 정부시절 권력부패가 극심했고, 정경유착이 가장 노골적이었음을 우리는 잘 알고 있습니다. '3당 2락', '권력비자금', '권력게이트',

'공천장사', '가신그룹', '오리발', '계보정치' 등 어느 새 사라진 용어들이 우리 정치발전의 단면을 보여주고 있습니다.

2006년 11월 영국의 〈이코노미스트〉가 발표한 민주주의 지수 평가에서 우리나라가 독일, 영국, 프랑스 등과 함께 최고 수준의 평점을 받을 만큼 선거문화는 획기적으로 바뀌었습니다.

언론과의 관계정상화

국민들이 참여정부에 대해 이해하지 못한 부분의 하나가 바로 참여정부와 언론과의 관계일 것입니다.

허구한 날 왜 정부나 청와대가 언론과 싸우느냐는 국민과 정치권의 비판도 잘 알고 있습니다. 그 비판의 맥락 속에는 정치의 요체는 여론관리이고 그러기 위해선 언론은 포용하고 가든지, 확실히 구워삶든지, 심지어는 확실히 때려잡든지 선택하라는 뜻도 있었습니다.

언론과의 관계는 4년 내내 피곤한 일이었고, 때로는 후회도 없지 않았습니다.

'왜 언론과 싸우냐'는 비판 알지만 반드시 바로잡아야

언론이 없다거나 언론의 자유가 없는 민주주의는 존재할 수 없습니다. 우리 사회에서 언론인이라는 이름은 한때 학교 선생님이나 성직자처럼 사회적 존경의 대상이었고, 때로는 지성인의 대명사이기도 했습니다. 일제하에서도 지사적 풍모로 독립투쟁의 필봉

(筆鋒)을 휘둘렀던 언론인들이 적지 않았고, 암울한 독재시대 하에서도 꺼져가던 민주화의 불씨를 되살렸습니다.

특히 유신 독재시대 동아(東亞) 투위와 조선(朝鮮) 투위, 그리고 5공 군부에 항거하다 쫓겨난 수많은 언론인들은 민주화투쟁사의 한 장으로 역사에 새겨져 있습니다. 언론의 자유와 민주주의를 만끽하는 이 시대의 사람들은 그들에게 역사적 부채를 지고 있습니다.

그러나 민주화 이후 권력을 좌지우지하던 군부가 사라지고, 권력기관들이 정상화되자 일부 언론은 어느 때부터인가 막강한 권력으로 변했습니다. 독재, 권위주의 시대의 권력생태계가 민주화로 소멸되고 정상화되자, 그들이 권력의 강자로 변신한 셈입니다. 민주주의를 지키고, 권력을 견제하는 감시자로서의 '언론자유'가 언론사(言論社)의 이익을 지키고 정파적 이익을 추구하는 '언론사의 자유', '언론사주(言論社主)의 자유'로 변질되기도 했습니다.

민주화 이후 언론 권력생산자로 변질한 일부 언론

나아가 일부 신문이 권력의 감시자가 아니라 권력의 생산자, 창출자가 되려는 것은 민주주의의 심각한 위협입니다.

정통성 있는 민주정부라면 이 불합리에 도전하고, 부조리를 개선해야 합니다. 흔히 언론은 참여정부가 언론과의 전쟁을 벌여왔

	2002년	2003년	2004년	2005년
정치자유	2등급	1등급	1등급	1등급
언론자유	2등급	1등급	1등급	1등급

다고 말합니다. 그러나 이 말은 옳지 않습니다. 이 역시 일방적이고 불공평한 보도입니다.

참여정부는 일부 언론의 불합리, 불공정, 부조리에 대해 항변하고, 법과 제도로써 대응했을 뿐입니다. 부당하고, 부정확한 보도와 주장에 굴복하지 않았을 뿐입니다.

그로 인한 피해는 참여정부와 대통령이 입었을 뿐입니다. 정당한 견제와 비판 이상으로 매일매일 일방적으로 당해 왔다는 표현이 더 정확할 것입니다. 이 과정에서 언론에 의한 국민의 피해구제 제도가 보완 강화되고, 신문가판 제도도 대부분 없어지는 등 제도·문화적 개선과 발전이 이루어졌습니다.

참여정부 때문에 언론사가 피해를 입었다거나 참여정부 하에서 언론의 자유가 위축되었다는 말도 듣지 못했습니다. 언론종사자들이나 기자들을 대상으로 한 조사를 보면 지금 언론자유를 제약하는 세력은 정부나 청와대가 아니라 광고주(廣告主)로 대표되는 경제권력, 언론사 경영진 등 내부권력이라는 결과도 나와 있습니다. '프리덤하우스'나 '국경없는 기자회' 등 국제기구들은 한국의 언론자유와 정치적 자유를 세계 최상위권이라고 평가한 바 있습니다.

지금 대한민국은 '언론의 자유'가 아니라, '언론으로부터의 자유'가 필요하다는 역설적 주장마저 나오고 있습니다.

다양화된 정보화시대에 전통적인 언론도 이젠 바뀌고 변해야 발전하고 생존할 수 있습니다. 참여정부가 언론탓만 한다고 하기 전에 더 이상 '세상만사를 정부탓, 대통령탓'으로 돌리는 일부 언론의 관행과 습관도 벗어나야 합니다.

'세상만사 대통령 탓' 관행 고쳐야 지식정보화 시대 살아남아

1980년대 초, 일본의 어떤 신문이 '정부도 잘한 일은 잘한다고 쓰고 말하겠다'는 편집방침을 천명한 후 신문경쟁에서 선두로 올라섰다는 어느 원로 언론인의 말씀이 생각납니다.

지금은 막걸리 한 잔에 대통령 비방했다고 소리 없이 잡아가던, 할 말을 못하는 시대가 아닙니다. 그런데도 '할 말은 하겠다'며 4년 내내 대통령과 정부를 욕설수준으로 비판해 놓고, 그 결과에 따른 여론조사로 국정을 평가하는 악순환은 참여정부로 막을 내리길 기대합니다.

과거사 정리

참여정부가 권력의 민주화, 언론관계의 정상화 노력과 함께 힘써 온 부문이 바로 과거사(過去史) 정리작업입니다.

헌법이 국민에게 의무를 부여하고, 국가에 충성을 요구하고 명령할 수 있는 근거는 무엇입니까. 국민이 헌법과 법률을 준수하고 헌법의 의무를 따라야 하는 이유는 무엇입니까. 국가는 국민의 생명과 재산, 그리고 국민 개개인의 인권을 보호하고 지키는 최후의 보루로서 무한책임과 의무가 있기 때문입니다. 그 믿음이 있기 때문입니다.

따라서 국가와 법의 이름으로 행해지는 모든 공권력 행사는 그 과정이 공정하고, 공평하고, 투명해야 합니다. 사회정의가 살고 국민의 정기가 바로 서는 길입니다.

불행했던 과거, 부당한 권력행사로 고통당해

불행하게도 우리는 일제강점, 해방과 분단, 그리고 6·25 전쟁과 독재시대 등 기나긴 굴곡의 시대를 거쳤습니다. 그동안 법의 이름으로, 때론 권력유지를 위해 수많은 사람들이 죽음과 고통을 당하면서 당사자는 물론 가족과 후손들이 국가에 대한 한과 억울함을 안고 살아왔습니다.

일제 강점기 독립 애국지사들이 온갖 역경을 헤치며 국내외에서 목숨을 걸고 독립운동에 동분서주할 때 친일(親日)과 매국(賣國)으로 호의호식했던 불의(不義)의 역사마저 해방 60년이 지난 지금까지 정리 청산되지 못했습니다. 친일자손들은 3대가 떵떵거리고, 독립투사 후손들은 3대가 가난하다는 역사의 왜곡이 아직도 시정되지 않는 상황에서 이제는 친일매국의 자손들이 민족반역의 대가로 얻은 재산까지 되찾으려는 행태가 벌어지면서 국민의 공분(公憤)을 사고 있습니다.

제주도 4·3, 거창양민학살 등 많은 사건들이 해방공간과 6·25 전쟁의 와중에서 국가 공권력의 부당한 가해로 저질러졌다는 사실이 드러났습니다.

인혁당 사건의 재심결과가 보여주듯 유신과 군부독재 하에서 일어난 많은 사건들도 정당한 법과 원칙을 무시한 채 고문과 강압으로 이루어졌고 그 피해자들은 독재권력의 유지와 강화를 위한 정치적 희생양이었음이 밝혀지고 있습니다.

국가에게 당한 불법적 가해, 국가가 아니면 누가 풀어주나

사회에서 개개인간에 이루어진 억울함은 송사(訟事)를 통해 바로 잡습니다. 그러나 과거 국가가 국민에게 행한 부당하고 불법적인 가해는 국가 스스로 바로잡아야 합니다. 그것이 민주정부의 정도 (正道)입니다.

참여정부의 과거사 정리작업은 가해자를 찾아내 처벌하자는 것이 아닙니다. 억울한 피해자의 해원(解寃)을 통해 과거를 털고, 정확한 역사를 정리해 밝은 미래로 향하자는 것입니다. 그 길이 후손들에게 떳떳한 역사를 물려주고, 국가질서 유지의 근간인 국가의 공권력이 국민의 신뢰와 애정을 회복하는 길입니다.

노무현 대통령은 정부를 대표해 제주 4·3 사건에 공식 사과했습니다. 국정원, 경찰, 국방부 등 국가기관도 스스로 과거사위원회를 설치해 과거사를 정리하고, 국민에게 사과할 일은 사과하고 시정할 것은 시정해 가는 결단을 내렸습니다.

과거사 정리는 개개인의 사생활이나 특정 집단조직의 야사(野史)가 아니라 우리 역사와 대한민국의 정통성을 바로세우는 공적 기록이기 때문입니다.

우리 현대사의 어두운 그늘에서 벌어진 과거사의 모든 의혹이 참여정부에서 모두 정리되기를 희망합니다. 이를 통해 더 이상 과거사가 국민통합의 걸림돌이 되어선 안 된다고 생각합니다.

일부 언론과 일부 야당은 참여정부의 과거사 정리를 정략적으로 비판합니다만 이는 먼지가 나니까 청소를 하지 말자는 말과 같습니다.

254

해 묵은 국가적 과제 해결

참여정부는 역대정권에서 정책적 타당성과 시급성에도 불구하고 정치적 이해관계, 집단 이기주의나 저항 때문에 미뤄져온 국가적 과제는 정치적 희생을 치르더라도 해결해야 한다고 생각해 왔습니다. 참여정부 출범 이후 들여다보니 수십 년 혹은 십수 년 묵은 과제들이 적지 않았습니다.

2005년 12월 1일 통과된 '항만 인력공급체계지원 특별법'은 남다른 감회가 있었습니다. 지난 100년 동안 노무인력 공급을 독점 공급해 오며 부조리와 비리가 끊이지 않았던 항만노조(港灣勞組)가 마침내 투명하고 민주적인 노조로 바뀌게 되었습니다. 노조의 특권을 지키기 위한 반발과 저항으로 심지어 군사독재 정권도 손대지 못한 채 미뤄왔던 항만노조의 개혁은 참여정부의 자부심으로 생각합니다.

2005년 11월 경주로 입지가 결정된 방사성 폐기물처리장 건설문제 역시 정책적 타당성과 시급성에도 불구하고 19년간 미뤄져왔던 국책사업입니다. 이 사업은 1984년 방사성 폐기물 관리대책이 세워진 이래 굴업도, 안면도 등 7차례나 시도되었지만 좌절되었습니다. 참여정부는 부안사태의 희생에도 불구하고 주민투표에 의해 부지선정을 확정해 냈습니다.

노태우 대통령 시절부터 제기되었으나 20여 년 동안 미뤄져 왔던 용산 미군기지 이전문제도 결말을 지었습니다. 구한말 망국의 비극과 함께 120여 년 계속된 외국군의 수도서울 주둔의 역사가 마침내 종료되고, 서울 중앙의 방대한 요충지가 국민의 품에 되돌려지게 된 것입니다.

전시작전(戰時作戰) 통제권(統制權)의 한국군 이관문제 역시 노태우 대통령시절부터 시작된 20여 년 묵은 과제였습니다. 세계에서 자국군의 작전권이 없는 나라는 없습니다. 사실상 미군 통제하에 있는 이라크 군도 마찬가지입니다. 그러나 우리 국군이 전시작전권을 갖자는 것은 단순히 자주국가의 위상을 되찾자는 차원이 아닙니다.

세계 6~7위로 성장한 한국군의 역량을 더욱 강화하고, 한미동맹을 새롭게 발전시켜 궁극적으로 전략적 변환기를 맞고 있는 한반도 안보에 대처하고 동북아 안정에 주체적으로 기여하자는 것입니다.

대한민국의 21세기 발전전략의 하나인 FTA 시대를 개막한 한-칠레 FTA 체결 역시 1999년부터 추진된 과제였습니다.

아직 국회에서 모두 통과되진 않았지만 사법개혁안도 1993년 문민정부 시절부터 수차례 논의되고 시도되었으나 번번이 좌절되었던 국가과제였습니다. 대법원의 주도 아래 민관 공동으로 확정된 이번 사법개혁안이 통과된다면 사법부는 물론 검찰, 군검찰 등 우리나라 사법체계 전반에 선진적이고 혁신적인 변화가 이루어질 것입니다.

15년여를 끌어온 새만금사업 역시 시간이 걸렸지만, 대화와 타협에 의해 결말을 짓고, 희망찬 비전작업에 착수하게 되었습니다.

비록 갈등과 대립, 때로는 혼란을 야기한 사안들도 있지만 수십 년 혹은 십수 년 묵은 국가적 과제들이 참여정부에서 결론을 내고, 새롭게 출발하게 되었습니다.

국토균형발전

앞서 몇 가지 묵은 국가과제들의 처리를 말씀드렸습니다만 진짜 대한민국의 묵은 국가적 과제는 무엇이었습니까. 박정희 정권 이래 수십 년간 역대 정부가 그 심각성을 충분히 알면서도 정치적 격변과 저항 때문에 결단을 내리지 못해 결국 국가발전의 크나 큰 화근이 되고만 것이 수도권(首都圈) 비대화(肥大化)와 지방의 급속한 몰락입니다.

1970년대로부터 역대 정권이 수십 년 외쳐왔던 수도권 집중방지 정책과 지방발전 대책이 제대로만 이행되었더라도 오늘날 대한민국을 흔들고 있는 부동산, 교육, 교통, 물류, 환경 문제의 절반은 해결되었을 것입니다.

참여정부가 출범과 함께 국가적 역사적 차원에서 결단을 내린 정책이 국토균형발전(國土均衡發展) 전략이었고, 그 첫 번째 과제가 행정수도(行政首都) 건설이었습니다.

행정수도 건설 반 토막 났지만 올해부터 '첫 삽질'
우여곡절 끝에 행정수도 건설은 행정중심복합도시로 반 토막이 났지만, 행정수도가 되어야 한다는 입장에는 변함이 없으며 언젠가는 행정수도가 될 것으로 믿습니다.

행정도시와 더불어 10개 혁신도시, 6개 기업도시가 확정되어

올해부터 건설의 삽질에 들어갑니다. 한국전력 등 160여 개 공공기관이 지방으로 이전됩니다. 5~6년 후에는 행정도시, 혁신도시, 그리고 기업도시에 교육, 의료, 문화 등 고도의 정주(定住) 여건이 갖춰짐으로써 지방화시대가 결코 꿈이 아니라 현실이 될 것임을 확신합니다.

지방화시대가 제대로 완성될 때 서울과 수도권도 국제 비즈니스도시로서 세계적 경쟁력을 갖게 됩니다.

아울러 이미 발표된 서남권 종합개발 계획을 필두로 낙후지역 개발계획이 순차적으로 준비되고 완성되면, 10~20년 후 대한민국은 수도권과 지역이 함께 발전하고 소통하는 새로운 한반도 시대가 열릴 것입니다.

경제와 민생

지난 4년을 돌아보면서 가장 할 말이 많으면서도 미안한 분야가 경제(經濟)와 민생(民生)입니다.

해외에서 근무하시는 여러분께 묻고 싶습니다. 대한민국 경제가 파탄지경이라는 것이 한나라당의 주장입니다. 참여정부에서 대한민국 경제는 실패했습니까.

참여정부가 출범하기 직전인 2002년 1,600억 달러였던 수출이 매년 두 자리 수 증가율을 지속해서 지난해에는 세계 11번째로 3천억 달러를 돌파했습니다. 수출과 무역규모가 2배로 늘었습니다. 매년 경상수지도 흑자를 놓친 적이 없습니다. 지난 4년 경상수지

258

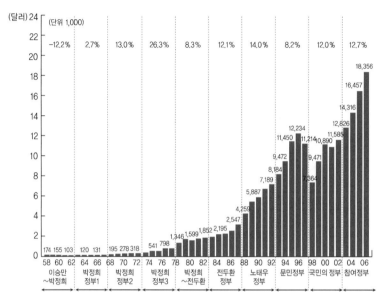

1인당 국민소득(GNI) 추이

(달러) 24
(단위 1,000)

-12.2% 2.7% 13.0% 26.3% 8.3% 12.1% 14.0% 8.2% 12.0% 12.7%

18,356
16,457
14,316
12,234 12,826
11,450 11,214 10,890 11,585
9,472 9,471
8,184
7,189 7,364
5,887
4,259
2,547
2,195
1,346 1,599 1,852
798
541
174 155 103 120 131 195 278 318

58 60 62 64 66 68 70 72 74 76 78 80 82 84 86 88 90 92 94 96 98 00 02 04 06

이승만
~박정희 | 박정희
정부1 | 박정희
정부2 | 박정희
정부3 | 박정희
~전두환 | 전두환
정부 | 노태우
정부 | 문민정부 | 국민의 정부 | 참여정부

자료: 한국은행, IMF.

흑자 합계가 5백억 달러를 넘습니다. 외환보유고도 1,553억 달러에서 2,400억 달러로 4년 동안 1,000억 달러 가까이 늘었습니다.

종합주가지수는 679에서 1,400 포인트로 2배 이상 높아졌습니다. 소비자 물가도 3.6%에서 3% 수준으로 안정되었습니다.

실업률도 3.7% 수준을 유지하고 있고, 한때 400만 명에 이르렀던 신용불량자도 280만 명 선으로 회복되었습니다.

종합주가지수(KOSPI) 추이

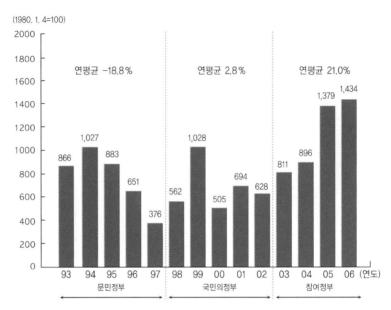

(1980. 1. 4=100)

자료: 증권거래소.

현재의 경제지표가 파탄이면, 파탄 아닌 경제는 뭔가

반면에 환율은 달러당 1,100원 선에서 평균 950원 선으로 절상되었고, 수입원유 가격은 배럴당 26달러에서 60달러 선으로 2.5배 가까이 급등했습니다.

이런 악조건을 극복하면서도 4년 평균 4.2%의 GDP 성장을 이루었습니다. 평균 4.2% 성장은 선진국 클럽인 OECD 30개 회원국 중 7위의 성적입니다. 지난 해 5% 성장은 OECD 국가 중에서는 최상위권의 성장률입니다. 국제 신용평가기관의 국가 신용등

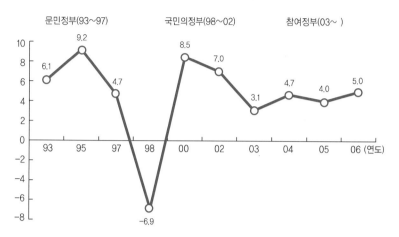

경제성장률 변화 추이

문민정부(93~97)   국민의정부(98~02)   참여정부(03~)

* 2006년은 추정치.

급도 계속 높아져 대부분 A급을 매기고 있습니다. 만족스럽지는 않지만 결코 부끄러운 성적이 아닙니다.

이런 경제가 실패한 경제라면 과연 어떤 경제, 어느 나라 경제가 성공한 경제입니까.

IMF 외환위기라는 6·25 이래 최대의 국난을 가져온 문민정부 5년 동안 매년 무역적자를 내면서 무역적자 합계만 470억 달러였습니다. 적자에 허덕이다 보니 외환보유액은 200억 달러 수준이었습니다. 지금의 10% 수준입니다. 반면에 당시 국제 원유가는 요즈음의 3분의 1 수준인 배럴당 18달러를 넘지 않았고, 환율은 계속 절하 추세였습니다.

　5년 동안 500억 달러 가까운 적자를 낸 끝에 국난(國難)을 몰고
온 한나라당 정권이 경제에 유능한 정권이었습니까. 4년 동안 500
억 달러 이상의 흑자를 낸 정권이 무능한 정권입니까. 정치권에선
참여정부가 경제엔 무능하다느니 심지어는 무능한 정권보다 부패
한 정권이 낫다는 식의 막말까지 하고 있습니다.
　책임 있는 정치인, 정직한 지도자라면 무엇을 기준으로, 어떤
정권, 어떤 나라와 견주어 무능의 기준을 삼는지 말해야 합니다.
어떤 정권이 무능한 데다 부패까지 했던가는 국민 여러분이 판단
하실 줄 믿습니다.

IMF 후유증, 민생 양극화 문제는 늘 송구

그러나 참여정부는 저소득 서민들의 민생문제 해결엔 뚜렷한 성
과를 내지 못했음을 고백합니다. 서민층과 중산층 이상 계층과의
격차가 더 벌어졌고, 서민들의 상대적 박탈감이 심화되었음을 죄
송스럽게 생각합니다.
　고용·복지대책 등 사회적 투자를 보다 획기적으로 추진하지
못했던 점을 아쉽게 생각합니다.
　굳이 원인을 따지자면 IMF 외환위기 이후 엄청나게 증가한 영
세 자영업자, 비정규직과 신용불량자 문제 때문입니다. 외환위기
가 터졌던 1997년과 1998년 두 해 동안 크고 작은 4만 개의 기업들
이 도산하면서 무려 100만 명이 넘는 근로자가 한꺼번에 직장을

잃었고, 이들 대부분이 먹고 살기 위해 음식점 등 영세 자영업과 택시, 화물트럭 등으로 몰렸습니다.

택시만 해도 3만 대가 증가했고, 화물트럭도 15만 대가 급증했습니다. 그러다보니 서울 택시 한 대당 승객 수는 도쿄의 절반 수준, 뉴욕의 1/4 수준으로 줄었고, 음식점은 일본이 140명당 1개인 데 비해 우리는 그 두 배 수준인 79명에 한 개꼴로 늘었습니다. 수요는 늘지 않는데 서민층의 생업경쟁만 격화되다 보니 더욱더 서민들의 어려움이 가중된 셈입니다.

외환위기에서 살아남은 기업들은 정규직보다는 비정규직으로 채용을 돌리면서 2001년 364만 명이던 비정규직이 작년에는 550만 명으로 급증했습니다. 대기업과 대형 금융기관들 역시 첨단 자동화 투자를 늘리는 경영이 일반화되면서 사상최대의 호황에도 불구하고 신규채용 인원은 갈수록 줄어들어 양질의 일자리 구직난이 더욱 심화되는 형편입니다.

반면에 지난 해 해외여행자가 1천만 명을 돌파하고 가계지출 중 5% 이상을 해외에서 소비함으로써 국내소비가 상대적으로 줄어들었습니다.

그럼에도 대학진학률은 83%로 세계 최고를 기록하며 교육비 지출과 청년 실업자도 급증했고, 인터넷과 휴대폰이 생필품이 되면서 통신비 비중도 가정마다 5~6배 이상 증가했습니다.

서민들의 수입은 늘지 않으면서 지출은 급증하다 보니 신용카드 돌려막기 등 신용불량자가 한때 400만 명까지 육박했습니다.

가장 중요한 국정과제로 양극화문제 극복 위해 최선

신자산층이 급증한 반면 중산층이 줄어들고 신빈곤층 역시 증가하는 IMF 외환위기 후유증과 지식정보화 시대의 세계적 추세인 양극화 현상이 우리 사회에 함께 몰려 왔습니다.

이 자리에서 분명히 말씀드릴 것은 참여정부에서 양극화현상을 초래하고 악화시킨 것이 아니라, 심화된 양극화 문제해결을 가장 중요한 국정과제로 내세웠다는 점입니다. 우리 사회의 깊은 병을 찾아내 처음으로 강력한 치료책을 강구하기 시작한 정부에게 양극화를 초래한 책임을 씌우는 것은 부당한 주장입니다.

이처럼 구조적 문제가 중첩된 민생문제를 단기간에 해결할 수는 없습니다. 많은 시간과 집중적인 노력이 절대 필요합니다. 정책과 전략을 바꾸고, 중장기적 접근이 필요합니다.

경제·민생 3가지 정책

참여정부는 그동안 경제와 민생 분야에서 3가지 정책을 일관되게 추진해 왔습니다.

일자리, 복지확대 등 사회투자 전략

우선 구조화된 양극화를 극복하기 위해 사회적 일자리 창출과 고용지원, 서민과 고령층에 대한 복지확대 등 사회투자전략을 채택했습니다.

이제 사회정책은 단순한 복지 차원이 아니라 경제정책의 핵심

복지지출 비중 추이(%)

구 분 (비중)	5공화국 ('87)	6공화국 ('92)	문민정부 ('97)	국민의 정부 ('02)	참여정부			
					'03	'04	'05	'06
복지	14.3	17.9	17.9	19.9	20.2	24.5	26.7	27.9

이 되어야 합니다. 우리 경제가 고도화되면서 물량투입 위주의 고성장정책은 가능하지도 않고, 문제를 해결할 수 있는 합리적인 정책수단도 될 수 없습니다. 복지 없는 성장은 더 이상 지속가능한 발전을 가져올 수 없습니다. 시장에서 경쟁에 실패하거나 뒤처진 계층에 대한 국가적 보호와 지원이 없으면 국가 동체마저 위험하게 됩니다.

참여정부 들어 복지를 포함한 사회적 투자는 매년 22%씩 증가했습니다. 이는 정부예산 평균증가율 11%의 2배에 달합니다. 그 결과 사회정책을 통한 분배 개선효과가 2001년 4.7%에서 7% 수준으로 높아졌습니다.

사회적 투자의 확대를 통해 사회적 서비스 분야의 일자리도 지속적으로 발굴해 왔습니다. 우리나라가 3% 중반의 실업률을 유지할 수 있는 요인입니다. 그러나 사회적 서비스 일자리는 아직도 선진국의 절반에도 미치지 못하고 있습니다.

올해부터 비정규직보호법이 발효되면 550만 명의 비정규직에 대한 차별의 시정과 근무환경의 개선에도 가시적 진전이 이루어질 것입니다.

혁신주도형 경제 전환, 동반성장 전략 추진

두 번째는 혁신주도형 경제로의 전환과 동반성장 전략의 추진입니다. 지식정보화 시대의 국가경쟁력은 핵심기술 역량과 창의적인 인적 개발투자에 달려 있습니다. 기술혁신의 GDP 기여도는 1970년대 13% 선에서 90년대 후반에 55% 선으로 급증한 것이 선진국의 추세입니다.

참여정부는 국가 과학기술 혁신체계(NIS) 구축을 위한 기본전략을 세워 R&D 투자를 집중 관리하는 과학기술혁신본부를 만들었고, 차세대 이동통신, 디지털 TV, 지능형 로봇, 디스플레이, 바이오 신약 등 10대 분야를 차세대 성장동력으로 집중 지원해 왔습니다.

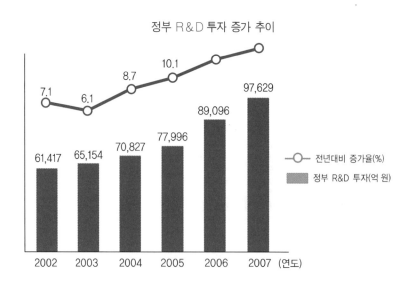

정부 R&D 투자 증가 추이

차세대 성장동력 분야별 선진국과의 기술격차 및 기술수준

분야	'03년	'06년
지능형 로봇	4.0년 (65%)	2.2년 (82%)
미래형 자동차	5.0년 (65%)	4.0년 (75%)
차세대 전지	6.0년 (50%)	3.0년 (70%)
디스플레이	1.5년 (90%)	1.0년 (95%)
차세대 반도체	4.0년 (60%)	1.6년 (84.1%)
디지털 TV/방송	1.5년 (85%)	0.7년 (94.2%)
차세대 이동통신	5.0년 (80%)	0.9년 (90.4%)
지능형 홈네트워크	2.0년 (80%)	1.0년 (90.0%)
디지털 콘텐츠/SW솔루션	3.0년 (77.5%)	2.2년 (80.1%)
바이오 신약/장기	5.0년 (60%)	4.0년 (70%)

효과가 나타나고 있습니다. 이미 세계 최초로 휴대 인터넷 (WIBRO)을 개발하여 제4세대 이동통신 시대를 열었고, 위성과 지상파 DMB 개발로 제2의 CDMA 신화를 기대하고 있습니다. 산업로봇은 물론 생활형로봇 연구개발 등에서도 급부상하고 있으며, 줄기세포와 동물복제 연구 등 생명공학 분야도 세계적 경쟁력을 발휘하고 있습니다.

중소기업 육성정책도 혁신을 단행했습니다. 벤처기업은 벤처 생태계를 통해 변화 발전할 수 있도록 지원체계를 바꾸었고, 전통 중소기업정책도 수십 년 계속돼 온 형식적이고 도식적인 지원체계에서 자발적인 혁신역량 중심으로 바꾸어 가고 있습니다.

또한 대기업과 중소기업 간의 상생협력을 개별기업적 차원에서 대기업 경영전략으로 발전시켜 상당한 효과들이 나타나고 있습니다.

개방을 통한 경제고도화 전략

세 번째는 개방을 통한 경제의 고도화 전략입니다. 참여정부는 한 -칠레, 한-싱가포르 FTA 체결로 세계적인 FTA 흐름에 동참했습니다. 한미 FTA는 이러한 경제의 고도화 전략을 주도하고, 국가 경쟁력을 한 단계 높이게 될 것입니다.

2만 달러 패러다임-'비전 2030'

경제와 민생문제에 관한 한 참여정부는 부끄럽지 않을 만큼 노력했습니다. 그러나 양극화로 대변되는 민생문제에서는 참여정부를 만들어준 대다수 서민의 기대에 미치지 못했습니다.

지난 4년을 돌아보면 몇 가지 교훈이 남습니다.

무엇보다 경제정책, 그 중에서도 민생정책은 1~2년에 성과를 낼 수 없고, 본질적인 문제에 대한 일관된 정책의지가 중요하다는 점입니다. 특히 IMF 외환위기라는 대격변을 겪고 난 우리 경제체질은 엄청난 변화를 겪으면서 불가피한 구조적 문제와 심각한 후유증을 앓고 있습니다.

IMF 외환위기 이전의 사고와 발상으로 문제를 해결할 수 없습니다. GDP 1만 달러가 못되었던 개발연대 산업화시대의 고성장 신화를 버려야 합니다. 지금도 GDP 5천 달러 내외의 중진국에선

7~8% 성장이 가능합니다.

2만 달러 시대, 개발연대식 패러다임으로는 헤쳐나갈 수 없어

그러나 한국은 올해 GDP 2만 달러에 접어든 지식정보화, 민주화, 다양화, 세계화 시대를 달려가고 있습니다. 정부가 자원을 관리하고, 시장을 통제하고 국민을 동원했던 시대에 이루어진 '성공의 덫'에서 벗어나지 않으면 미래를 설계하고 대비할 수 없습니다.

그 비극적 결과가 바로 10년 전 닥쳤던 IMF 금융위기였고, 양극화 현상의 심화라는 그 비싼 대가를 지금 치르고 있는 것입니다. 그럼에도 진짜 민생과 경제파탄을 초래한 정권의 후신들이 참여정부를 향해 민생파탄, 경제파탄을 주장하는 것은 아직도 IMF 위기의 후유증에서 벗어나지 못하고 있는 수많은 서민들에 대한 모독(冒瀆)입니다. 오만(傲慢)입니다.

양극화 현상을 극복하고, 현실화된 저출산(低出産) 고령화(高齡化) 사회의 심각한 문제들을 해결하기 위해선 정부의 새로운 역할이 중요합니다. 보육과 출산지원, 30~40년으로 크게 늘어난 노후대비, 경쟁에서 낙오하고 뒤처진 계층의 보호와 지원을 위해선 확고한 장기대책이 시급합니다.

저출산 문제만 하더라도 출산율이 2% 이하로 떨어진 1984년부터 정부의 장기대책이 세워졌더라면 세계 최저의 저출산 시대가 오진 않았을 것입니다. 지금이라도 교훈으로 삼아야 합니다.

이들 문제에 관한한 구시대적인 큰 정부-작은 정부, 좌파-우파, 진보-보수, 성장-분배의 편가르기는 해답이 될 수 없습니다.

누가 대통령이 되든 정부가 해야 할 일이기 때문입니다.

그런 점에서 학계와 연구기관, 정부가 함께 만들어 제시한 '비전 2030'은 이름을 바꾸든, 내용을 수정하든 대한민국이 가야할 길임을 확신합니다.

부동산 대책

부동산 버블문제는 한국뿐만 아니라 세계적인 현상입니다. 미국과 유럽 각국도 지난 몇 년 동안 대도시를 중심으로 집값이 크게 올라 걱정들이고, 사회문제가 되고 있습니다. 유럽에서 오신 대사님들은 그 내용을 잘 아실 것입니다.

참여정부는 지난 4년 부동산 투기에 사실상 전쟁을 치르듯 대처해 왔습니다. 시행착오도 있었고, 혼란도 적지 않았으나, 8·31, 3·30 대책을 통해 투기억제를 위한 가장 강력하고 완벽한 제도를 갖추었습니다. 11·15 대책을 통해 서민주택의 대량공급 문제도 방향을 잡았습니다. 마지막 단계인 분양가 억제와 인하를 위한 1·11 분양제도 개혁방안도 발표했습니다.

시중 여유자금을 흡수하고, 금융대출의 주택편중을 시정하기 위한 다양한 대책도 시행되고 있습니다. 정책효과가 나타나고 있습니다.

제도적 인프라 갖춰 … 국민신뢰 안 흔들리면 반드시 잡혀
모든 정책이 그렇지만 부동산 정책은 국민의 신뢰가 중요합니다.

우여곡절은 있었지만 부동산 정책에 관한 한 후퇴한 적이 없고, 앞으로도 결코 후퇴하지 않을 것입니다. 대다수 국민도 용납하지 않을 것입니다. 여당은 물론 한나라당도 종부세 등 근간 정책에 반대하지 않고 있습니다.

부동산 문제는 중앙정부의 문제이면서 서울시 등 지방자치단체도 상당부분 책임을 공유하고 있습니다. 도시재개발과 뉴타운 조성 등 지방자치단체의 사업도 부동산 투기를 유발하지 않도록 함께 노력한다면 부동산 안정은 가시적 효과가 나타날 것입니다.

교육 문제

주택문제만큼이나 교육문제도 힘든 분야입니다. 이 두 문제는 한국인의 삶을 규정하는 가히 신앙적 요소입니다. 대학진학률 83%로 세계 최고를 기록하고 있는 우리 국민의 교육열을 감안할 때 당연한 일이기도 합니다.

지난 4년 참여정부는 교육문제와 관련해 수많은 비판을 받아 왔습니다. '공교육이 무너졌다', '교실이 붕괴됐다', '수학능력이 형편없다'는 등 우리 교육에 대한 불신이 팽배했습니다. 그 원인을 공교육 평준화로 몰아붙이고 있고, 고교는 물론 대학별 입시의 부활을 요구하기도 합니다. 마치 교육문제가 참여정부에서 한꺼번에 터져 나온 것처럼 주장하기도 합니다.

그렇다면 과연 우리 교육은 이처럼 뭇매를 맞을 만큼 잘못돼 온 것일까요.

우리 교육정책은 지난 10여 년간 일관된 기조를 유지해 왔습니다. 바로 초·중·고등학교까지의 공교육을 내실화시키고 정상화시키는 일이었습니다. 이 과정에서 한국 초중고 학생들의 학력이 떨어졌다거나 후퇴했다는 증거는 없습니다. 오히려 세계적 교육기관의 평가는 한국의 학생들이 우수하고, 제대로 공부하고 있음을 보여줍니다.

공교육 내실화 정상화 10년, 우수한 국제적 평가로 나타나

PISA(국제학업성취도 평가)가 OECD 30개국을 대상으로 중등학생까지의 학력을 비교한 결과 한국 학생들이 문제해결력, 읽기, 수학, 과학 등 전 분야에서 1위에서 4위를 차지하고 있습니다. 역시 수학과 과학 학력의 세계적 평가인 TIMSS(제3차 수학·과학성취도)의 결과에서도 한국이 수학 2위, 과학 3위를 기록했습니다.

고교평준화 첫 세대, 이른바 '뺑뺑이 세대'가 지금 40대 중반을 넘어섰습니다. 과연 그들은 실패한 교육의 피해자일까요. 그들은 지금 대학 연구실의 주인들입니다.

*The Times*가 매긴 대학별 경쟁력 평가를 보면 서울대가 2005년에 93위로 비로소 100위권 안에 들어섰고, 지난해에는 63위로 뛰었습니다. 고려대도 2005년에 200위 이내로 진입해 지난해엔 150위를 나타냈고, KAIST, 포항공대 등도 200위 이내에 진입한 바 있습니다.

SCI(과학기술논문 인용색인) 논문발표순위 집계는 한국대학들이 1995년 세계 24위에서 2005년에는 12위로 상위권에 진입했습

272

니다. 서울대의 경우 1999년 72위에서 2005년엔 30위가 되었습니다. 하버드대에 이어 계속 세계 2위를 유지하고 있는 일본 동경대와 비교하면 1999년 논문수가 3분의 1 수준이었으나, 2005년엔 2분의 1 수준으로 격차도 줄었습니다. 더디지만 놀라운 발전속도입니다. 다른 대학들도 돋보인 속도를 보이긴 마찬가지입니다.

그동안 30여 년 지속된 고교평준화와 중등교육 정상화 정책이 실패했다면 세계 10위권의 경제력을 갖춘 오늘의 대한민국은 성립할 수 없습니다.

고교평준화, 중등교육 정상화 속에서 IT한류의 주역들 탄생

첨단 IT 제품은 한국시장에서 시험을 받아봐야 성공할 수 있다고 할 만큼 세계 IT 시장의 선두를 지키며 지식정보화 시대를 이끄는 주역들이 결코 실패한 교육세대들일 수는 없습니다.

세계시장에 퍼져 가는 한류(韓流) 문화의 주역들도 이른바 '빽빽이 세대'들입니다.

교육을 보는 인식과 평가도 산업화시대의 사고에서 벗어나, 개방화, 민주화, 지식정보화 시대에 맞게 교정할 필요가 있습니다.

물론 우리 교육에 문제는 여전히 많습니다. 영어 등 외국어 상용교육, 사교육 문제, 대학의 구조조정과 경쟁력 강화 등 여러 가지가 산적해 있습니다. 일거에 풀 수 있는 방법은 없습니다. 꾸준히 개선하고, 교육주체들이 함께 노력해야 합니다.

방과후 학교제도 및 교원평가제도 도입, 내신제도 강화, 제주도 영어교육도시 건설, EBS의 수능전문 프로그램 혁신 등 정부도

끊임없이 노력해 왔습니다. 그러나 무엇보다 교육을 맡고 있는 일선교사와 학교에 대한 지지와 신뢰가 선행돼야 합니다. 부정과 비판만이 능사는 아닙니다.

우리 학생들이 아직도 대학입시에 시달리고 취직시험에 눌려 있지만, 학생들이 데모로 강의실을 포기하고 경찰과 최루탄에 쫓기던 시대가 지났다는 것만으로도 우리 교육현장의 엄청난 진전이고 변화입니다.

대한민국의 선 자리, 갈 길

올해는 1987년 민주화 항쟁 20년, 1997년 IMF 금융위기 10년이 되는 해입니다.

1987년 6월 민주화 항쟁과 1997년 IMF 금융위기는 대한민국의 두 축인 민주주의와 시장경제에 결정적 영향을 미쳤던 사건입니다. 6월 항쟁을 통해 1972년 유신독재 이래 계속된 체육관 선거가 무너졌고, IMF 위기를 통해 관치 중심의 산업화시대가 종말을 고했으며, 투명·자율성·창의성을 근간으로 하는 지식정보화 시대가 개막되었습니다. 그리고 6월 항쟁 20년 후, IMF 위기 10년 후, 우리는 세계에 손색없는 민주주의와 지식정보화 시대를 병행 발전시키고 있습니다.

6월 항쟁 20년, IMF 10년, 민주주의와 지식정보화 시대 열자
그러나 아직 선진 민주주의, 선진 시장경제에는 여전히 미흡한 부

274

분들이 많이 있습니다. 대화와 타협의 정치가 이루어지지 못했고, IMF 위기의 후유증들이 민생을 어렵게 하고 있습니다.

그러나 6월 항쟁의 뜨거운 열정과 IMF 위기를 극복했던 '금 모으기 정신'은 살아 있습니다. 바로 우리 국민의 위대한 역량입니다. 우리 국민의 위대한 역량이 살아 있는 한 선진 민주주의, 선진 경제의 시대는 머지않았습니다.

경청해 주셔서 감사합니다.

비서실장 재외공관장회의 특별강연 — 참여정부 4년 평가와 과제, 2007. 2. 26

사실·진실 갖고 책임있게 토론하자

대통령 비서실장입니다. 좀 엉뚱한 얘기부터 하겠습니다.

우리 국민들이 우리 역사에서 가장 위대한 정치인을 들라 하면 아마 대부분 세종대왕을 꼽을 것입니다.

북방영토 개척을 통해 두만강, 압록강을 경계로 사실상 오늘날 대한민국의 국토를 완성했고, 세계에서 유일하게 발명자가 분명한 훈민정음이라는 한글창제를 통해 우리 문화의 정수(精髓)를 이뤘습니다. 측우기를 발명한 장영실 등 과학기술자들을 육성하여 중국이 아닌 조선의 과학과 영농기술도 새롭게 집대성했습니다. 이종무 장군의 대마도 정벌을 통해 왜국을 징벌한 최초의 왕이기도 합니다. 세종대왕의 업적을 뛰어넘는 역사적 인물은 없을 것입니다.

모든 것을 떠나서 오늘날 대한민국의 영토를 물려주고, 한글이라는 고유의 문자를 창제했다는 것만으로도 세종대왕은 대한민국의 물적, 정신적 토대를 구축한 영웅이십니다.

최근 세종대왕의 훈민정음 창제를 둘러싼 궁중의 음모와 비밀을 그린 《뿌리 깊은 나무》라는 2권의 소설을 밤새 읽었습니다. 이른바 Faction, 즉 Fact와 Fiction을 조합한 재미있고, 숨막히는 소설이었습니다.

　그 소설 속에서 천자의 나라 명(明)과의 사대외교 속에서도 국방력을 강화하여 영토를 넓혀가고, 사대파들의 음모와 훼방을 뚫고 훈민정음이라는 조선의 글자발명을 통해 이 땅에 새로운 문화와 문물을 보급하려는 세종대왕의 눈물겨운 자주정신과 뛰어난 시대정신이 소설적 감동을 더해 주었습니다.

세종대왕, 사대파 훼방 뚫고 백년대계 구상

그렇다고 세종대왕이 자주론자만은 아니었습니다. 왕조실록을 보면 세종은 명나라에 대한 지고지성(至高至誠)의 사대(事大)를 다하고 있습니다.

　세종 3년과 5년에 명나라가 말 1만 필과 2만 필을 요구하고, 세종 14년에는 소 1만 두를 요구합니다. 말 1필은 곧 기마병 1명이고, 소 1두는 농가 한 채 격이니 그 폐해가 말이 아니었습니다. 세종은 그러나 신하들의 반대를 무릅쓰고 그대로 보냅니다. 이 나라의 처녀들을 공녀(貢女)로도 바치곤 눈물을 흘립니다.

　세종은 이런 사대의 이면에 선 왕조의 백년, 천년대계를 생각하며 김종서를 중심으로 군대를 강화하여 명나라 쪽으로 국토를 넓히고, 누구도 꿈꾸지 못하던 한글을 창제하고, 단군사당을 건립하여 천자(天子)의 나라가 아닌 조선의 정통성과 주체성을 세웠습니다.

　또한 중국의 황제만이 만들 수 있고, 소유할 수 있던 중국 역법

(曆法)을 대체할 조선 중심의 역법인 칠정산(七政算)을 완성한 것은 일종의 조선 표준시를 만든 것으로, 명나라에 대한 혁명적 발상이었습니다.

소설 속에서도 이때마다 사대모화(事大慕華)주의자들과 개혁적인 집현전 학사들 간의 극렬한 저항과 대립이 왕권을 위협할 정도로 리얼하게 그려져 있습니다.

역사에 가정은 금물이라지만 만일 세종을 이은 문종과 단종이 세종만한 주체적 역량과 사고를 지닌 왕들이었다면 과연 우리 역사는 어떻게 달라졌을까 하는 상념을 지울 수 없었습니다.

진보 보수 아우르는 통합적 시각으로 참여정부 바라봐야

참여정부를 보는 시각이 극단적으로 갈라져 있습니다. 극우 수구 세력들은 참여정부를 반미, 좌파, 친북정권이라고 극렬히 매도합니다. 극좌 급진 세력들은 참여정부를 친미 굴종정권, 사대주의 정권이라고 역시 매도합니다.

친미든 반미든 하나를 선택하란 듯이 참여정부를 몰아붙입니다. 때론 몇만 명, 몇천 명씩 몰려다니며 한쪽에선 성조기를 흔들고, 한쪽에선 성조기를 불태우기도 합니다. 참다운 보수, 진정한 진보, 그리고 보수와 진보를 아우르는 합리적 통합세력들은 발붙일 수 없는 목소리들만이 난무합니다.

전시 작전통제권 환수와 한미 FTA 문제를 놓고 벌어지는 우리 사회의 분열양상을 보면서 한편으론 안타까운 마음을 금치 못하면서도, 왕권시대 세종 때도 대명(對明) 관계를 두고 왕과 신하 간의 대립과 갈등이 그토록 심했었거늘, 민주화된 자유국가에서 당연한 논쟁이겠거니 위안을 삼기도 합니다. 참여정부가 다리가 되어야 할 역사발전, 민주주의 발전의 코스트를 치르고 있다고도 생각합니다.

전시 작전통제권 환수문제만 해도 그렇습니다. 자기나라 군대에 대한 작전통제권이 자기나라 군통수권자에게 없는 나라는 지구상에 우리나라를 빼고는 한 나라도 없다는 원론적인 자주권을 이야기하자는 것이 아닙니다.

세계 10위권의 경제실력을 바탕으로 세계 7~8위권의 60만 정예 강군으로 성장한 한국군의 전시 작전통제권이 2만 5천 명의 주둔군 사령관에게 주어져 있다는, 그래서 국군과 국민의 자존심을 찾자는 감성적 이야기를 하려는 것은 더욱 아닙니다.

더구나 미국의 럼스펠드 국방장관이 말한 것처럼 북한의 군사력이 한국에 실제론 위협이 되지 못한다는, 남북간의 국력차이나 국방력 차이가 크게 벌어져 있다는 현실론을 말하자는 것도 아닙니다. 북한 전투기가 대부분 1950년대 구식이고, 기름과 부품이 없어 전투기 조종사의 비행훈련 시간이 한국의 10분의 1이든 5분의 1이든 북한의 군사적 모험성과 불가측적인 위험성 역시 현실이기 때문입니다.

작통권 환수, 극단적 선동이나 정치적 음모로 반대해선 안 돼

문제는 작통권(作統權) 환수를 반대한 세력들의 극단적인 선동주의와 정치적 음모론이 핵심입니다. 정치적 반대론자들은 참여정부가 작통권 환수문제를 2007년 대선을 겨냥해 정치적 음모로 끌고 가고 있다는 황당한 주장을 하고 있습니다.

잘 아시다시피 작통권 환수문제는 벌써 20년 전인 1987년 신군부출신 노태우 후보가 대선공약으로 제시했고, 집권 이후 바로 한국군과 미국군 사이에 협의를 통해 시작된 것이 작통권 환수작업의 시작입니다.

결국 정치적 음모론을 뒤집어 보면, 한국군을 누구보다 잘 알고 군부의 절대적 지지를 업고 있던 노태우 후보의 한나라당 정권이 대선승리를 위해 작통권을 이용했다는 말에 다름 아닌 것입니다.

작통권 환수를 두고 국가의 자주성과 국민의 자존심이라는 말을 처음 쓴 것도 바로 한나라당 정권이었습니다.

김영삼 대통령은 1994년 평시 작통권 환수가 성사되자, 군 수뇌부들 앞에서 오늘이야말로 '제 2의 창군일'이라고 말했습니다. 되도록 빠른 기간에 전시 작통권도 환수하겠다고 다짐했습니다.

국가의 자주성과 국민의 자존심이라는 감성을 이보다 더 원색적으로 자극하는 표현은 없을 것입니다. 요즘 작통권 환수를 반대하는 극우수구 세력들의 눈으로 본다면, 한미동맹을 해치고, 안보를 불안케 하는 반미적 발언인 셈입니다.

1994년이 어떤 해입니까. 북한의 핵위협으로 한반도의 안보불안이 절정에 달한 시기였습니다. 1993년 북한이 NPT(핵확산금지조약) 탈퇴를 선언하고, 유엔 안보리가 북한 핵사찰 결의안을 통과시켰고, 1994년 6월에는 북한이 IAEA(국제원자력기구)마저 탈퇴하고, 북한의 '서울 불바다' 발언이 나온 때였습니다. 미국의 북한 폭격설이 떠돌았습니다. 서울 강남에서 사재기로 슈퍼와 백화점의 라면이 동이 났습니다.

참여정부가 작통권 환수문제를 공식적으로 처음 제기한 것은 2003년 5월입니다. 당시 국방부장관이 2010년이면 작통권 환수가 가능하다고 보고했고, 한미 간에 본격적인 논의가 시작되었습니다. 그 뒤 한미 군사당국간에 작통권 환수를 2010년 전후로 예정한 로드맵 작성에 들어갔고, 노무현 대통령은 수시로 국민들에게 작통권 환수문제를 공표해 왔고, 국방부는 국회에 보고해 왔습니다. 올 대통령 연두기자회견과 사관학교 졸업식에서도 언급했습니다. 어느날 갑자기 하늘에서 떨어진 문제가 아닙니다.

그렇다면 참여정부는 집권 첫해인 2003년부터 2007년 대선을 겨냥한 작통권 환수 음모를 꾸몄다는 얘기입니까. 참여정부의 정치적 역량과 예지력을 높이 평가하는 것까지는 좋지만, 도대체 사리에 맞고 앞뒤가 맞는 주장을 해야 제대로 대꾸라도 할 텐데, 음모론자들의 저급한 수준에 기가 막힐 뿐입니다.

보수세력 정치언론, 안보불안 부추겨 작통권 환수 반대

결국 반대론자들의 본질은 간단합니다. 작통권 환수문제를 안보불안으로 연결시켜 보수 수구세력을 결집시킴으로써 내년 대선에서 기어코 정권을 자기들 손으로 가져가자는 정략적인 음모로밖에 해석이 안 된다는 것입니다.

그러나 이와 같은 정략적 태도가 여론에 역풍을 맞는 듯싶자, 일부 정파적 보수신문들이 국방비(國防費) 문제를 건드리라고 부추겼습니다. 그런데 그것도 헛짚은 꼴이 되었습니다.

국방개혁 2020은 우리 국방부가 2020년까지 국방개혁을 통해 국군을 정예 과학군으로 변화시키겠다는 장기계획입니다. 이 개혁안에는 2020년까지 620조 원이 투입되도록 되어 있는데, 병사 월급에서부터 군 복무기간 단축과 현역병의 간부정예화, 병영시설 현대화, 첨단무기 보강 등이 모두 망라된 2020년까지의 총 국방비 개념입니다. 매년 들어가는 국방예산의 총 합계를 별도로 새로 투입하는 양 왜곡한 것입니다.

이 개혁안을 추진하지 않은 채 현재대로 간다면 국방비가 2020년까지 625조 내지 630조 원이 들어가는 반면에 국군전력은 크게 향상될 수 없다는 것이 국방부와 합참이 수 년의 연구 끝에 내놓은 결과입니다.

작통권 환수와는 아무 관계가 없고, 작통권 환수를 하든 안하든 국방력 강화를 위한 국방 장기개혁 플랜인 것입니다. 야당도 보수신문들도 모를 리가 없습니다.

사실이 이렇고, 정부가 사실을 해명하자 작통권 환수와 돈 문제를 교묘히 엮어내려던 정략적 선동도 쑥 들어간 것 같습니다.

이 과정에서 재미있는 사실이 하나 눈에 띕니다. 한나라당이 작통권 환수문제를 놓고 갈팡질팡한다는 보도가 있었습니다. 의원총회를 통해 작통권 환수반대 결의안을 채택하려던 계획이 의원들의 참석이 저조한 데다, 일부 의원들이 작통권 환수반대에 대한 반대론마저 제기하자 의원총회마저 무산되어 버린 사건이 있었습니다. 그런데 다음날 어떤 신문이 1면 머리기사로 '이런 야당이 있을 수 있냐'라고 대갈하자 바로 다음날 후다닥 의원총회를 다시 열고, 반대 결의안을 채택했습니다. 적어도 보도를 통해 본 과정입니다.

작통권 환수는 경제·군사력 걸맞는 나라를 세우기

사실은 이렇습니다. 작통권 환수문제는 20여 년에 걸친 국가과제였고, 우리 군(軍)의 숙원사업입니다. 지금 진행되고 있는 작통권 환수반대 논란도 야당이 먼저 제기한 것이 아니고 갑자기 일부 신문이 키우고, 부추겼고, 야당이 거기에 편승한 것입니다.

군 작전통제권을 원래 위치대로 한국군에게 돌려주겠다는 미국에까지 가서 돌려주지 말라고 소동을 피우는 정치권을 보거나, 1990년대엔 작통권 환수를 찬양하고 격려하다 이제 와서는 반대를 선동하는 일부 신문을 보면서, 지구촌 시대의 외국인들, 특히 한민족에 대해 특별한 편견을 갖고 있는 중국이나 일본인들은 어떤 생각을 할지 생각해 보면 등에 식은땀이 나기도 합니다.

한미관계는 갈수록 발전, 성숙돼 가고 있습니다. 한미관계나 미국의 한국에 대한 전략적 관점은 한국의 역량과 지위에 따라 변화되고, 발전돼 왔습니다.

미국 대통령 중에는 2명의 루스벨트가 있습니다. 100년 전 시어도어 루스벨트 대통령은 당시 조선에 대해 '자립하거나 스스로 나라를 지키기에는 절대적으로 무력한 나라'라고 평가하고 일본의 식민지배를 용인합니다. 가쓰라-태프트 협약입니다.

2차 세계대전을 치른 프랭클린 루스벨트 대통령은 '코리아가 완전한 독립을 얻기 위해서는 최소 20~30년의 수습기간이 필요하다'고 언급합니다. 신탁통치 구상입니다. 그 뒤 한국은 6·25 와중에서 작통권을 넘겨줬습니다. 냉전시대를 거치며 산업화와 민주화를 통해 2차 대전 이후 독립국 중 가장 성공적인 민주주의와 시장경제의 쇼윈도가 되었습니다.

이제 세계 10위권의 경제력과 7~8위권의 군사력을 갖춘 21세기 한국에 작통권을 모두 돌려주겠다는 것은 미국의 전략적 선택인 것입니다. 작통권 환수계획은 이에 대한 우리의 주체적 대응과 준비과정입니다.

작전통제권 문제를 둘러싼 우리 사회의 구조적 문제를 말씀드렸습니다만, 한미 FTA 협상과 관련한 우리 사회의 극단적 시각도 마찬가지입니다.

한국경제 발전사는 개방의 역사 … 실패한 적 있나

한미 FTA 협상을 반대하는 극단적 주장의 대표적 표현이 무엇이었습니까. '제 2의 을사늑약'이라는 말이었습니다. 한미 FTA가 21세기 을사늑약이라고 국민을 선동했습니다. 을사늑약이 무슨 말입니까. 민족 배신자들이 일본에 나라를 팔아먹은 1905년 을사보호조약 아닙니까.

혹시 여러분 중에도 그렇게 생각하시는 분이 계십니까. 이런 주장과 선동을 하는 사람들이 오히려 정부가 국민을 속이고, 호도한다고 외치고 다닙니다.

제백사(除百事) 하고 을사늑약이라는 망국적 비극과 역사의 수치가 왜 일어났습니까. 조선말 위정자들이 세계정세를 외면하고, 권력투쟁과 당파싸움에 매달린 채 결국 일본보다 문호개방의 때를 한 발짝 놓쳐서 일어난 일입니다.

조선은 일본의 무력시위 앞에 1876년 병자수호조약이라는 불평등 조약으로 나라의 문호를 개방합니다. 일본의 조선에 대한 침략의 서곡인 셈입니다. 일본은 이보다 불과 20여 년 앞선 1854년 미 메튜 페리 제독이 이끄는 흑선(黑船)의 무력시위에 놀라 재빨리 나라를 개방하였습니다.

결국 20여 년의 차이가 조선이 일본의 식민지로 추락하는 비극의 시간이 되었고, 40년간의 식민지, 남북분단과 전쟁, 남북대립이라는 한 세기가 넘는 한반도의 운명의 시간표를 정해버린 셈입니다.

개방하지 않는 나라는 모두 망했습니다. 개방한 나라는 대부분

흥했습니다. 경제개방뿐만 아니라 제도개방, 종교개방, 문화개방, 인종개방을 한 나라는 흥했습니다. 대한민국은 세계 10위권의 경제강국입니다. 민주주의, 시장경제 모두가 이제 선진국 진입의 문턱을 넘고 있습니다. 여기까지 오는 동안 대한민국은 개방의 역사였습니다. 문화, 기술, 산업, 금융서비스 등 개방을 통해 도전했고, 경쟁력을 키워왔습니다.

그 동안은 압력에 의해서 개방을 해왔고, 그때마다 나라가 요동을 쳤습니다. 과거 바나나 수입을 개방한다고 하자 배, 사과 등 국산 과수농가가 모두 망할 것처럼 떠들썩하고 반대가 심했지만, 우리나라 배, 사과 농사 끄떡없이 성장하고 있습니다.

일본문화 수입을 개방한다고 하자 온 나라가 왜색 일본문화에 점령될 것처럼 소란스러웠으나 오히려 우리 역사상 처음으로 한류(韓流) 문화가 일본과 중국, 아시아를 넘어 전 세계로 뻗어가고 있습니다.

한-칠레 FTA하면 우리나라 포도 등 과수농가가 다 망한다고 반대했습니다. 지금 우리가 어느 나라 포도, 어느 나라 사과와 배를 먹고 있습니까.

유통시장 개방하면 월마트, 까르푸가 국내시장을 점령할 것처럼 걱정했으나 월마트, 까르푸가 결국 한국을 떠났습니다. 한때 신분을 과시하는 양 미군 PX까지 가서 몰래 사다 먹던 칼로스 쌀, 요즘 누가 먹고나 있습니까. 코끼리 밥통, 소니 TV, 자동차, 콜라, 맥도날드 모두가 마찬가지입니다.

한·미 FTA, 중국 추격 뿌리치고
일본 추종을 극복하기 위한 불가피한 선택

자만하거나, 낙관주의에 빠진 이야기를 하자는 것이 아닙니다. 이제 또 한 번 한국경제가, 한국사회가 도약하기 위해선 우리의 선택이 불가피하기 때문입니다. 중국의 추격을 뿌리치고, 일본 추종의 경제체질을 극복하기 위해선 우리가 먼저 도전해야 합니다. 세계 최대의 시장, 최고의 매니지먼트, 최고 자본과 기술시장인 미국과 먼저 손을 잡자는 것입니다.

찬성 못지않게 반대와 우려도 충분히 있을 수 있습니다. 협상이기 때문에 주고, 받고, 당기기를 최선을 다해서 치열하게 해야 합니다.

제 2의 을사늑약이라는 황당한 선동으로 국민을 왜곡시켜서는 안 됩니다. 일방적이고 검증되지 않은 주장만을 방송해서 국민을 오도하는 일은 공영방송의 길이 아닙니다.

정부가 모두 옳을 수도 없고, 그것은 불가능한 일입니다. 그러나 정부는 어느 상황에서든 국가를 위해서, 또는 미래를 위해선 필요한 선택과 결단을 해야 합니다. 한미 FTA 뿐만 아니라 모든 정책은 찬성과 반대, 명과 암을 공정히 다루어서 국민의 이해와 판단을 돕는 일이 언론기관의 역할이어야 합니다.

국가의 중대사일수록 차분하게 찬반을 토론하고 서로의 주장을 인정하는 논전을 벌이는 마당을 제공하는 것이 국민과 독자를 위한 언론의 책무입니다.

언론보도 기사의 기본은 '누가, 무엇을, 언제, 어디서, 왜, 어떻게'라는 이른바 6하 원칙(5W1H)이라는 것은 상식입니다. 그런데 불행하게도 일부 언론은 기자가 기사를 쓰는 게 아니고, 사설을 쓰고 있다는 비판을 받기도 합니다. 달을 가리키는데 손가락만 보고〔視指忘月〕비판하면서, 본질보다는 입맛에 맞고, 주의주장이 난무하는 사설식 기사를 쓴다는 비판입니다.

신문과 방송 등 언론은 세상을 보는 창(窓)입니다. 창이 투명하고, 공정하지 않으면 독자와 시청자들이 의식의 장애를 일으킵니다. 사실과 공정을 생명으로 지켜야 할 대규모 언론사가 회사의 이익에 급급해서, 정파적 이해관계에 매달려서 정해진 주의, 주장을 위한 기사만을 생산한다면 언론이 아닌 기관지나 사보(社報)일 수밖에 없을 것입니다.

언론, 왜곡 선동 말고 투명하고 공정한 논쟁마당 제공해야

언론사도 불행한 일입니다. 세상을 보는 국민의 창이 몇몇 대규모 언론사가 주도하던 뉴스 공급자 시대가 아니고, 국민이 필요한 뉴스를 찾아보는 뉴스 수요자 시대가 갈수록 다양하게 커져가고 있기 때문입니다.

참여정부의 탄생을 애초부터 반대했고, 여전히 참여정부가 맘에 들지 않는다 하더라도, 반대만을 위한 반대로 국민을 호도(糊塗)하고, 자원을 낭비해서는 안 될 것입니다. 정권이야 5년마다 국민의 심판과 선택을 받지만 그로 인한 국정혼란은 결국 국민과 국가의 피해로 돌아가기 때문입니다.

288

한때 큰 교회를 이끌었던 원로목사 한 분이 이런 말씀을 하셨습니다.

"아침에는 신문을 안 본다. 수십 년 보던 신문이 어느 날부터 도가 넘어 정신을 흐리게 하더라. 후배 목사들에게도 설교 준비하고 목회 준비할 때는 신문을 보지 말라고 충고한다."

한 언론계 인사가 우스갯소리로 해준 말이었지만 결코 웃을 일이 아닌 이야기도 생각납니다. 몇몇 신문들은 정부나 대통령을 비판하는 이른바 반노(反盧武鉉) 기사를 매일 4건씩 써야 하는 것이 불문율이고, 회사의 영업전략이라는 것이었습니다. 1면에 1건, 해설면에 1건, 칼럼 1건, 사설 1건이라는 것입니다. 따지고 보니 사실인 것 같기도 했습니다.

문제는 이런 제작과 편집방향이 결코 언론으로서의 성공을 거두기 어렵다는 점입니다. 얼마 전 기자협회가 기자들을 상대로 한 언론의 영향력과 신뢰도 조사결과를 보면, 영향력 1위는 KBS, 2위는 조선일보로, 신뢰도는 한겨레가 1위, KBS가 2위로 조사돼 있습니다. 문제는 어떤 언론사도 신뢰하지 않는다는 응답이 45%에 달하고, 더욱 충격적인 것은 이른바 메이저라는 3개 신문사의 신뢰도 전체 합계가 한겨레의 신뢰도 하나에도 미치지 못했다는 점입니다.

무조건식 정부 반대, 독자신뢰 못 얻고 국민 무시하는 것

왜 그럴까. 저는 정부에서 미래구상으로 '비전 2030'을 발표했을 때 두 신문의 사설(社說) 제목에서 그 해답을 찾았습니다. 한 신문의 사설 제목은 '허황된 미래상으로 국민을 현혹하려는가'였고, 다른 한 신문은 '좌파 30년 집권 겨냥한 복지 포퓰리즘'이라는 제목을 달았습니다.

갑자기 1980년대 대학가에 나붙던 학생들의 격정적 대자보(大字報)가 떠올랐습니다. 대학 진학률 82%로 세계 최고의 지식정보화 시대를 사는 우리 국민들을 향해 이런 식의 사설밖에 쓸 수 없구나 하는 허탈한 심경을 지울 수 없었습니다. 누가 현혹되고, 누가 30년 집권을 겨냥했다고 믿는다는 것인지, 국민수준을 이 정도로 내리깔아 보면서 세상을 주재하듯 사설을 쓴다는 사실이 비극적 코미디입니다.

1년 이상 60여 명의 학자와 전문가들이 참여한 '비전 2030'을 이런 식으로 단칼에 내리치는 쾌감만으로 어떻게 수많은 독자의 신뢰와 동의를 얻어내는 사설이 나올 수 있겠습니까. 이른바 3류 주간지의 제목장사도 이래서야 누가 믿겠습니까.

어떤 권력보다도 영향력이 큰 언론이 품격 있고, 공정하고, 투명해지는 만큼 우리 국민과 사회의 품격도 그만큼 높아지고, 공정해지며 투명해지는 선진국이 되는 첩경이라고 생각합니다.

갈수록 어려워지는 여건 속에서도 대다수 기자들이 고뇌하면서 그런 노력을 끊임없이 하고 있다는 사실은 대한민국의 미래를 고 무시키는 일일 것입니다. 국민의 알권리를 위해 일선에서 동분서주하는 기자들을 사랑하고, 존경해줘야 할 이유입니다.

　지난 여름 참 더웠습니다. 선풍기 바람이 일시적으로는 땀을 씻어주지만 역시 부채를 부칠 때 진득하게 여름을 날 수 있습니다. 진실과 사실을 쥐고 있다면 조그만 부채로도 선동(煽動)과 왜곡(歪曲)의 선풍기를 이길 수 있다고 봅니다.

　감사합니다.

인간개발경영자연구회 초청 특별강연, 서울 조선호텔, 2006. 9. 7

2006년 한 해를 보내며 드리는 글

친애하는 대통령 비서실 가족 여러분. 오랜만입니다.

어느덧 올해도 긴 그림자를 남기며 저물어가고 있습니다. 녹지원 뒤편, 팔다리를 훤히 드러낸 나무들과 수북이 쌓인 낙엽들이 더욱 계절의 미감을 자아냅니다. 그래서인지 어느 비구니 스님의 시(詩) 한 자락이 들춰집니다.

'세상에서 가장 아름다운 고통 — 그리움'

한 페이지에 딱 이 한 줄만 쓰인 시이지만 한참동안 다음 페이지로 넘어가질 못했습니다. '그리움'을 '기다림'으로 바꿀 수는 없을까 하는 맥놀이 같은 상념 때문입니다. 이 시점, 이 시간도 그렇게 넘기기엔 많은 생각과 미련이 엇갈리고 있습니다.

지난 한 해를 생각해 봅니다. 항용 그래왔듯이 정말 다사다난했습니다. 여전히 많은 일과 사건들이 시간을 타고 흘러가고 기다리고 있습니다. 양극화 논쟁, 5·31 지방선거, 부동산 문제, 바다 이야기, 한미 FTA 갈등, 평택 미군기지 이전 관련사건, 전시 작전통제권 환수문제, 북한 미사일 발사와 핵실험 등 끊임없이 이어지는 사건과 이슈의 연속이었습니다.

불가피한 논쟁과 갈등을 가져오고, 예기치 않은 대립과 충돌로도 이어졌지만 하나 둘 해답을 찾아가고 있습니다. 시간의 위력인가 봅니다.

우리는 과연 선진국임을 자신할 수 있는가

함께 기뻐하고 감격했던 일들도 적지 않았습니다. 그 중에서도 국산 초음속훈련기 T-50의 생산, 메이저리그를 압도한 한국 야구의 WBC 4강과 김연아 선수의 세계피겨스케이팅 우승, 반기문 외교통상부장관의 유엔 사무총장 당선, 그리고 수출 3천억 달러 돌파는 우리의 자긍심을 고취한 소중한 기억들입니다.

특히 이들은 따져볼수록 대한민국이 이젠 선진국 반열에 진입했다는 징표로 볼 만한 성격들을 지니고 있다고 봅니다. 어느날 갑자기 이루어질 수 있는 결과들이 아니라 우리나라 각 분야 역량의 종합된 바탕 위에서만 나타날 수 있는 과실들이기 때문입니다.

그러나 다시 고개를 젓게 됩니다. 우리는 과연 선진반열에 들었다고 자신할 수 있는가. 지표로만 풀 수 없는 선진국의 조건을 따져 봅니다. 정량평가가 아닌 정성평가로 우리 사회를 진단할 때, 왜 우리는 선진국을 자임할 수 없는지 생각해 봅니다.

저는 그 대답의 하나를 감히 대한민국 지성(知性)과 언론의 위기에서 찾고자 합니다. 그리고 2006년은 이를 단적으로 보여주는 중요하고 상징적인 세 가지 사건이 있었습니다.

복권된 일제 식민통치와 독재의 역사

단연 첫 번째 사건은 우리 사회의 신우익(뉴라이트)의 두뇌들이라
는 몇몇 학자들의 모임인 교과서포럼이 내놓은 이른바 '한국 근현
대 대안교과서' 시안 발표입니다. 아시다시피 '교과서 포럼'은 일
제 식민지시대를 '근대(近代)로의 주체적 이행과정'이고, '이 땅에
시장경제와 사회간접자본이 도입 구축되고 도시화 산업화 등이
이뤄진 근대적 경제성장기'라고 서술하고 있습니다.

일본의 극우 지식집단인 '새역모'(새 역사교과서를 만드는 모임) 가
주장, 강변하고 있는 식민사관의 한국적 변형이 아닐 수 없습니다.

'새역모'는 일제의 조선합병은 동아시아를 안정시키고, 식민지
배가 조선 근대화에 많은 도움을 주었다고 강변하고 있습니다. 따
지고 보면 이런 논리는 식민시절 일제가 이른바 '문화(文化) 통치'
로 식민지배 전략을 바꾸면서 조선인들에게 신문을 발행하게 하
고, 학교를 보급하면서 줄곧 이 땅의 지식인들을 일본화시키던 궤
변들입니다.

'교과서 포럼'은 또한 4·19 혁명을 4·19 학생운동으로, 유신
독재를 국가적 과제달성을 제고시킨 체제로 평가하고 있습니다.
또한 5·18 민주화운동의 원인 역시 '중앙권력에서 소외된 광주지
역의 분노'에 맞추고 있습니다.

과연 이 '교과서 포럼' 사건은 어떤 의미를 갖고 있습니까. 단순
히 정신나간 학자들의 해프닝일까요. 이 사건은 특정세력이 꿈꾸
는 우리 역사에 대한 역모(逆謀) 사건입니다.

매일 수십 페이지에 달하는 지면구성을 감안하면 대다수 언론은 이번 사건을 일과성으로 치부해 버렸습니다. 정치권도 몇 마디 비판논평을 끝으로 외면하고 있습니다. 기껏 4·19와 5·16 문제만을 정파적 견지에서 시시비비식으로 다루었습니다. 우리의 지성계마저 우물우물 넘어갔습니다.

언론과 지성의 침묵 혹은 방관, 무죄인가

왜 그랬을까요. 보수 우익신문들이 조용한 이유는 분명합니다. 그들이 지원하고, 키워오고, 다음 정권의 담임세력으로 밀어온 이른바 뉴라이트 세력이 만든 역사기술(歷史記述)이기 때문입니다. 자신들의 과거사를 가리고, 정당화시키는 이론을 제공하기 때문일 것입니다.

그들은 그렇다고 치고, 대다수 우리 지성계가 이 문제에 대해 큰 관심이 없는 이유는 무엇일까요. 몇몇 보수 우익신문들의 덫에 갇혀 있기 때문 아닌가요. 이들과의 피곤한 싸움을 피하려는 것 아닐까요.

무서운 현실이고, 두려운 현상입니다. 파쇼적 분위기가 넘실거립니다. 보수를 가장한 극우세력의 정파적 책략에 의해 우리 역사가 일본의 주변부 역사로 뒤집혀지고, 한민족의 혼(魂)과 맥(脈)을 끊으려 했던 강점과 침탈의 일제시대가 사실상 찬양되고, 피로 얼룩진 민주화 역사가 짓밟히는데도 대다수 지성과 대다수 언론이 침묵 내지 방관을 하고 있는 것입니다.

특히 일부 신문의 전매특허인 사상검증(思想檢證)은 어디로 갔습니까. '교과서 포럼'의 뉴라이트 세력은 불령선인(不逞鮮人)이 아니라서 면죄부를 주자는 것입니까. 최소한의 이성과 지성이 있다면 '교과서 포럼의 그 더러운 펜을 꺾어라'고 질타해야 할 일 아닙니까. 그런데 이 문제에 우리는 왜 그토록 점잖아야 합니까.

여성, 호남, 비주류에 대한 뿌리 깊은 비토

두 번째 사건은 전효숙 헌재소장 임명동의안 문제의 처리과정입니다. 전효숙 헌재소장 임명동의안의 철회는 사실 우리 의회민주주의의 조종(弔鐘)이나 다름없습니다. 한나라당은 반대와 찬성마저 거부한 채 단상점거를 통한 물리력으로 의회민주주의의 요체인 표결절차마저 봉쇄했습니다. 최소한의 민주주의 절차도 뭉개버린 한나라당의 '안하무인'(眼下無人), '기고만장'(氣高萬丈)만을 탓할 수 없습니다.

과정이 어찌됐든 결과적으로 의정절차를 진행시키지 못한 국회 역시 책임을 피하기 어렵습니다. 또 이 모든 것에 끝내는 굴복하고 만 참여정부는 스스로 민주주의의 조종(弔鐘)을 친 종지기가 된 셈입니다. 부끄럽습니다. 굳이 덧붙인다면, 시급하고 중요한 입법안과 예산안의 통과라는 국정의 고육지책(苦肉之策)이라고 변명할 수밖에 없습니다.

더 큰 문제는 따로 있습니다. 이 명백한 불합리와 부조리에 대한 언론과 지성의 침묵과 외면입니다. 한때는 국민모두에게 생소한 관습헌법의 논리까지 끄집어내 법리적 쟁투를 벌였던 법조계는 물론이고, 대부분의 언론과 지성들마저 이 사안의 본질을 외면한 채 동네 불싸움 보듯 구경하고 있었습니다. 수치스러운 일입니다. 김한길 열린우리당 원내대표가 국회연설에서 "전효숙은 무죄입니다"라고 한마디를 던졌지만 그 함의(含意)는 수수께끼로 묻혔습니다.

우리는 이제 확실하고 정확하게 말해야 합니다. 에밀 졸라가 "거듭 말하지만 드레퓌스는 무죄입니다"라고 외쳤듯이, "거듭 말하지만 전효숙은 무죄입니다"라고 외쳐야 합니다. "나의 임무는 말하는 것이지 공범자가 되자는 것은 아닙니다"라고 말했던 에밀 졸라에게 우리 모두는 결국 공범자가 되었습니다.

전효숙 전 재판관에게 덧씌운 허위의 거품들을 보면서 우리 사회에도 1900년대 초 프랑스를 휩쓸던 반(反) 셈족주의와 같은 극우의 광기가 흐르고 있다고 생각합니다. '여성', '호남', '비주류', '진보', '코드'… 내장된 색깔론을 애써 감추면서 그들은 적반하장(賊反荷杖) 식으로 헌정수호라고 호도했습니다. 유신, 5공을 거치며 헌정과 헌법은 그들의 사유물이 된 지 오래되었습니다. 극우세력과 극우언론, 그들의 비호와 지원을 받는 정치세력에게 지성마저 두려움을 느끼고 있는 것일까요.

"이 사실을 크게 외친다면 모든 세상사람들이 비웃을 것이다. 그러나 어쩌면 5년, 적어도 50년 안에 모든 사람들이 이 사실을 확인하게 될 것이다."

드레퓌스 사건에 충격을 받고 유대인, 아랍인, 크리스천이 함께 어울리는 꿈의 팔레스타인 건설을 추구했던 헤르즐의 독백처럼 어쩌면 모든 사람들이 이 사실을 알게 될 날은 그리 멀지 않다고 확신합니다.

만취한 술자리의 부적절한 정언유착

이제 마지막으로 세 번째 사건은 이른바 한나라당 사무총장의 여기자 성추행(性醜行) 사건입니다. 우리는 이 사건을 법정에서 법리논쟁으로 가릴 단순한 형사문제로 보아야 할까요. 이 사건은 우리 민주주의의 후진성과 아직도 잔존하는 일부 언론계의 깊은 내상을 드러낸 상징적 사건입니다.

우리 정치에서 외형상 '차떼기', '사과상자'로 대표됐던 정경유착은 이제 대부분 사라졌습니다. 적어도 돈 안 쓰는 선거의 기본은 잡혔습니다. 참여정부 들어 '권언유착'도 구시대의 유물로 넘어갔습니다. 과거 권언유착은 집권세력과 일부 언론사나 언론인 간의 주고받기식 구조를 말해 왔습니다.

그런 점에서 제1야당 사무총장의 여기자 성추행사건은 일부언론과 정치세력 간의 새로운 구조적 문제를 보여줍니다. 정치인이 아니더라도 뉴스원과 기자, 언론인 간의 회합과 교감은 언론의 임무를 서로가 유지 발전시키는 너무나 당연한 일입니다. 밥 먹고, 술 마시고, 노래할 수도 있다고 봅니다. 적어도 취재와 소통을 위한 개별적인 만남과 유대관계의 차원에서 그렇습니다.

그러나 차기 집권을 노리는 유력 당 간부 대부분과 신문사의 간부진과 기자들이 한데 모여 밥 먹고, 폭탄주 돌리고, 2차로 노래 방까지 함께 갔다면 이를 단순한 정언(政言) 간 회합이라고 볼 수 있을까요. 일반회사나 단체에선 이런 경우 흔히 단합대회의 뒤풀이라고 생각합니다.

과거 벌건 대낮에 벌어졌던 권언유착구조가 사라진 뒤 어두운 야밤에 생겨난 정언유착 관계의 일단이 성추행 사건으로 드러났을 뿐이라면 지나친 비약일까요. 유착은 짝사랑으로 이뤄질 수 없습니다. 물질적이든 정신적이든 상호간의 관계입니다.

그런데 우리는 구조적 문제를 외면한 채 만취로 기억이 없다는 사무총장의 손바닥만을 손가락질했습니다. 대다수 언론과 지성인들의 비판마저도 국회의원의 손바닥만을 나무랐습니다. 사건 자체가 또 다른 술좌석의 안주거리로 전락했습니다.

과연 만취한 정치인이 욕보인 실체는 무엇이고, 이 사건의 진정한 피해자는 누구입니까. 술취한 언론입니까. 애꿎은 여기자입니까. 아니면 모욕당한 독자들입니까.

우리의 지성, 과연 정치언론으로부터 자유로운가

저는 앞서 제기한 세 가지 사건을 2006년에 일어난 그 어떤 사건보다도 이 시대의 내면을 들여다볼 수 있는 중요한 사건이라고 생각합니다. 그리고 그 사건의 중심엔 항상 '언론'이 자리잡고 있습니다. 스스로 민주주의의 파수꾼이자 감시견으로서의 소임과 역할을 포기하고 외면하는 '정치언론'과 '언론정치'입니다.

꽤 얼마 전 일단의 학자들이 지성의 근원학문이라 할 문사철(文史哲)이 죽었다고 선언했습니다. 저는 이 말을 우리 사회의 지성이 상당부분 막강한 '정치언론'에 휘둘리고 있고, '언론정치'에 의해 유실돼 가고 있다는 증거로 해석하고 싶습니다. 탁류처럼 흐르고 있는 정치언론과 언론정치로부터 지성의 정체성을 유지한다는 게 얼마나 어려운 일인가도 생각하게 합니다.

그러나 대다수 국민들은 '정치언론'과 '언론정치'의 짙은 안개를 뚫어 보는 혜안과 지혜를 잃지 않고 있다는 믿음이 있습니다. 국민들은 그것을 필요한 시점, 필요한 공간에서 발휘할 뿐입니다. 그랬기에 대한민국이, 우리가 여기까지 올 수 있었습니다. 10년 전에도 그랬고, 5년 전에도 그랬습니다.

정치언론과 언론정치는 속성상 그들이 속한 환경에 탐닉하고, 스스로 만든 상황만을 전할 뿐입니다. 정치언론과 언론정치의 피할 수 없는 한계이고, 그들이 보여준 십수 년의 학습효과입니다.

역사는 본질상 진보의 흐름 … 방향감각 잃지 말아야

그럼에도 때로는 혼돈스럽습니다. 이럴 때일수록 방향감각이 중요합니다. 방향감각을 잃지 않는다는 것은 지향하는 가치에 대한 정체성의 유지라고 생각합니다.

"그 이름에 걸맞는 역사는 그 자체 안에서 방향감각을 찾아내어 그것을 받아들이는 사람들만이 쓸 수 있습니다. 우리가 어딘가로부터 왔다는 믿음은 우리가 어딘가로 가고 있다는 믿음과 연관되어 있습니다.”

'진보로서의 역사'를 주장한 E. H 카의 말처럼 우리가 가고 있는 역사는 본질상 진보의 흐름이라고 믿습니다. 이 흐름을 일시적으로 기득권과 반동의 저수지에 가둘 수는 있어도 곧 둑이 터지고 마는 것은 역시 시간의 조화라고 봅니다.

2006년에 묻혀 가고 있는 '교과서 포럼', '전효숙', '여기자 성추행' 이 세 가지 이름을 우리가 기억해야 될 이유입니다.

비서실 가족 여러분. 올해 남은 과제들을 힘껏 정리합시다. 새해를 기다리는 시간을 즐겁게 보냅시다.

새해가 겨울의 한복판에 자리 잡은 까닭은 낡은 것들이 겨울을 건너지 못하기 때문인가 봅니다. 낡은 것으로부터의 결별이 새로움의 한 조건이고 보면 칼날 같은 추위가 낡은 것들을 가차 없이 잘라버리는 겨울의 한복판에 정월 초하루가 자리 잡고 있는 까닭을 알겠습니다. 나무의 나이테가 우리에게 가르치는 것은 나무는 겨울에도 자란다는 사실입니다. 겨울에 자란 부분일수록 여름에 자란 부분보다 훨씬 단단하다는 사실입니다.

신영복 선생의 옥중서간, 《감옥으로부터의 사색》 중에서 겨울에 관한 글을 뽑아 비서실 가족들과 함께 읽고자 합니다.

지난 4년 그랬듯이 멀리보고 뚜벅뚜벅 갑시다. 새해의 희망이 보입니다. 새로운 희망이 있습니다.

감사합니다.

2006. 12. 11

환희 · 분노 · 비탄.

지난 10년, 불혹(不惑)의 중반부터 나를 사로잡고, 그래서 나를 실존케 했던 열정의 표현이다.

하지만 내 주변의 누구도, 처자식들도 느끼지 못하고 눈치 채지 못할 만큼 내밀하게 간직하고 엄밀하게 보호했던 열정이었다.

표현할 수 없었다. 끄집어내기엔 그 정수(精髓)들이 너무 깊숙이 박혀 있다고 생각했다.

그렇게 판단하고 해석해 버렸다.

그래서 버릇이 되었고, 습관이 체질로 변했다고 생각했다.

그런데 이제 와서, 아니 기축년(己丑年)의 중반을 보내면서 지난 10여 년 나를 사로잡았다고 생각했던 그 열정들이 사실은 내 것이 아니었다는 자각이 들었다.

차용된 열정, 이입된 열정들이었다.

퍼내고 싶었다.

그래야만 진정으로 자유로워지고, 그 열정들이 내 삶과 하나가 될 것 같았다.

대통령 참모의 삶 10년(年), 모래알 같은 사람들 중의 한 톨이 되어 가장 최근까지 걸었던 내 삶의 족적이다.

'국민의 정부' 김대중 대통령의 비서관으로 2년을 지내며 IMF 외환위기를 극복해 낸 안도의 한숨과 성취의 기쁨을 함께했다.

분단 이후 첫 남북정상회담과 6·15 공동선언의 뜨거운 감격과 역사적 의미를 가장 가까운 울타리 안에서 느낄 수 있었다.

이른바 '옷로비' 사건의 마녀사냥을 보며 권력과 정치의 허황한 속성에 분노도 삼켰다.

새천년민주당의 국가전략연구소 2년간은 첫 정치벤처의 꿈과 희망을 완성하는 환희도 만끽했다.

참여정부 5년, 비서관에서 비서실장까지 노무현 대통령과 꼬박 시간을 함께하며 파란의 세월을 보냈다.

도전과 성취, 좌절과 분노, 환희와 비탄이 씨줄과 날줄로 얽힌 5년이었다.

때로는 멀리서, 때로는 가까이서 내 생의 지난 10년을 규정했던 두 분 대통령이 채 석 달이 못 된 사이에 서거하셨다.

그분들이 계실 땐 만지작거리면서도 남이 볼세라 일기장처럼 덮어두었던 편린들을 다시 모았다.

지난 10여 년을 청와대 안팎에서 보내면서 아무리 걸러내도 여전히 남아있던 의문과 의혹들을 재생시켜 보았다.

소문의 벽에 갇혀서, 편견의 동굴에 빠져서 모른 체했던 우리 대선사(大選史)의 구조들을, 참여정부의 맨살들을 들춰내 보고 싶었다.

깊은 새벽만 골라서 나를 으깨듯 괴롭히던 담석 같은 열정의 정수(精髓)들을 꺼내들고 싶었다.

존경했던 김대중 대통령님, 사랑했던 노무현 대통령님의 영전에 삼가 이 책을 바치고 싶다.

나의 부끄러움을 항상 사랑해 준 나남출판 조상호 형(兄)께 감사드린다.

권태준 님의 노작 《한국의 세기 뛰어넘기》를 두 번 읽으며 영감과 용기를 얻었다. 권태준 선생님께 감사드린다.

낙서처럼 기워진 난삽한 글자들을 해독하여 자료도 찾아준 오종식 국장과 정메리 국장에게도 감사드린다.

2009년 9월

高 炳 浣

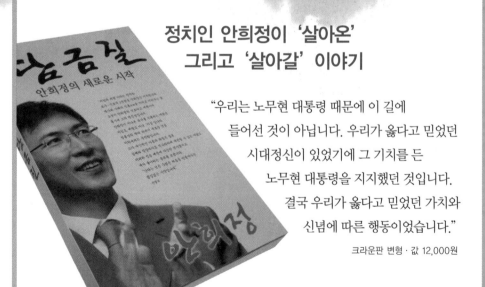